明史

清 張廷玉等撰

第二六册

卷三〇四至卷三一二（傳）

中華書局

明史卷三百四

列傳第一百九十二

宦官一

明太祖既定江左，鑒前代之失，置宦者不及百人。迨末年頒祖訓，乃定爲十有二監及各司局，稍稱備員矣。然定制，不得兼外臣文武銜，不得御外臣冠服，官無過四品，月米一石，衣食於內庭。嘗鐫鐵牌置宮門曰：「內臣不得干預政事，預者斬。」敕諸司不得與文移往來。有老閹供事久，一日從容語及政事，帝大怒，卽日斥還鄉。嘗用杜安道爲御用監。安道，外臣也，以鑷工侍帝數十年，帷幄計議皆與知，性縝密不泄，過諸大臣前一揖不啓口而退。太祖愛之，然亡他寵異，後遷出爲光祿寺卿。有趙成者，洪武八年以內侍使河州市馬。其後以市馬出者，又有司禮監慶童等，然皆不敢有所干竊。建文帝嗣位，御內臣益嚴，詔出外稍不法，許有司械聞。

及燕師逼江北，內臣多逃入其軍，漏朝廷虛實。文皇以爲忠於己，而狗兒輩復以軍功得幸，即位後遂多所委任。永樂元年，內官監李興奉敕往勞暹羅國王。三年遣太監鄭和帥舟師下西洋。八年，都督譚青營有內官王安等。又命馬靖鎭甘肅，馬騏鎭交阯。十八年置東廠，令刺事。蓋明世宦官出使、專征、監軍、分鎭、刺臣民隱事諸大權，皆自永樂間始。

初，太祖制，內臣不許讀書識字。後宣宗設內書堂，選小內侍，令大學士陳山教習之，遂爲定制。用是多通文墨，曉古今，逞其智巧，逢君作奸。數傳之後，勢成積重，始於王振，卒於魏忠賢。考其禍敗，其去漢、唐何遠哉。雖間有賢者，如懷恩、李芳、陳矩輩，然利一而害百也。今摭其有關成敗者，作宦官傳。

鄭和 侯顯　金英 興安 范弘等　王振　曹吉祥 劉永誠　懷恩 覃吉

汪直 梁芳 錢能等　何鼎 鄧原等　李廣　蔣琮　劉瑾　張永

谷大用 魏彬等

鄭和，雲南人，世所謂三保太監者也。初事燕王於藩邸，從起兵有功，累擢太監。

成祖疑惠帝亡海外，欲蹤跡之，且欲耀兵異域，示中國富强。永樂三年六月命和及其儕王景弘等通使西洋。將士卒二萬七千八百餘人，多齎金幣。造大舶，修四十四丈、廣十八丈者六十二。自蘇州劉家河泛海至福建，復自福建五虎門揚帆，首達占城，以次徧歷諸番國，宣天子詔，因給賜其君長，不服則以武懾之。五年九月，和等還，諸國使者隨和朝見。和獻所俘舊港酋長。帝大悅，爵賞有差。舊港者，故三佛齊國也，其酋陳祖義，剽掠商旅。和使使招諭，祖義詐降，而潛謀邀劫。和大敗其衆，擒祖義，獻俘，戮於都市。

六年九月再往錫蘭山。國王亞烈苦奈兒誘和至國中，索金幣，發兵劫和舟。和覘賊大衆既出，國內虛，率所統二千餘人，出不意攻破其城，生擒亞烈苦奈兒及其妻子官屬。劫和舟者聞之，還自救，官軍復大破之。九年六月獻俘於朝。帝赦不誅，釋歸國。是時，交阯已破滅，郡縣其地，諸邦益震讋，來者日多。

十年十一月復命和等往使，至蘇門答剌。其前僞王子蘇幹剌者，〔一〕方謀弒主自立，怒和賜不及己，率兵邀擊官軍。和力戰，追擒之喃渤利，並俘其妻子，以十三年七月還朝。帝大喜，賚諸將士有差。

十四年冬，滿剌加、古里等十九國咸遣使朝貢，辭還。復命和等偕往，賜其君長。十七年七月還。十九年春復往，明年八月還。二十二年正月，舊港酋長施濟孫請襲宣慰使職，和齎敕印往賜之。比還，而成祖已晏駕。洪熙元年二月，仁宗命和以下番諸軍守備南京。

南京設守備，自和始也。〔二〕宣德五年六月，帝以踐阼歲久，而諸番國遠者猶未朝貢，於是和、景弘復奉命歷忽魯謨斯等十七國而還。〔三〕

和經事三朝，先後七奉使，所歷占城、爪哇、眞臘、舊港、暹羅、古里、滿剌加、渤泥、蘇門答剌、阿魯、柯枝、大葛蘭、小葛蘭、西洋瑣里、瑣里、加異勒、阿撥把丹、南巫里、甘把里、〔四〕錫蘭山、喃渤利、彭亨、急蘭丹、忽魯謨斯、比剌、溜山、孫剌、木骨都束、麻林、剌撒、祖法兒、沙里灣泥、竹步、榜葛剌、天方、黎伐、那孤兒，凡三十餘國。所取無名寶物，不可勝計，而中國耗廢亦不貲。自宣德以還，遠方時有至者，要不如永樂時，而和亦老且死。自和後，凡將命海表者，莫不盛稱和以夸外番，故俗傳三保太監下西洋，爲明初盛事云。

當成祖時，銳意通四夷，奉使多用中貴。西洋則和、景弘，西域則李達，迤北則海童，而西番則率使侯顯。

侯顯者，司禮少監。帝聞烏思藏僧尙師哈立麻有道術，善幻化，欲致一見，因通迤西諸番。乃命顯齎書幣往迓，選壯士健馬護行。元年四月奉使，〔五〕陸行數萬里，至四年十二月始與其僧偕來，詔駙馬都尉沐昕迎之。帝延見奉天殿，寵賚優渥，儀仗鞍馬什器多以金銀爲之，道路烜赫。五年二月建普度大齋於靈谷寺，爲高帝、高后薦福。或言卿雲、天花、甘露、甘雨、青鳥、青獅、白象、白鶴及舍利祥光，連日畢見，又聞梵唄天樂自空而下。帝益大喜，廷臣表賀，學士胡廣等咸獻聖孝瑞應歌詩。乃封哈立麻萬行具足十方最勝圓覺妙智慧善普應祐國演教如來大寶法王西天大善自在佛，領天下釋教，給印誥制如諸王，其徒三人亦封灌頂大國師，再宴奉天殿。顯以奉使勞，擢太監。

十一年春復奉命，賜西番尼八剌、地涌塔二國。尼八剌王沙的新葛遣使隨顯入朝，表貢方物。詔封國王，賜誥印。十三年七月，帝欲通榜葛剌諸國，復命顯率舟師以行，其國即東印度之地，去中國絕遠。其王賽佛丁遣使貢麒麟及諸方物。帝大悅，錫予有加。榜葛剌之西，有國曰沼納樸兒者，地居五印度中，古佛國也，侵榜葛剌。賽佛丁告於朝。十八年九月命顯往宣諭，賜金幣，遂罷兵。宣德二年二月復使顯賜諸番，徧歷烏斯藏、必力工瓦、靈藏、思達藏諸國而還。途遇寇劫，督將士力戰，多所斬獲。還朝，錄功陞賞者四百六十餘人。顯有才辨，强力敢任，五使絕域，勞績與鄭和亞。

金英者，宣宗朝司禮太監也，親信用事。宣德七年賜英及范弘免死詔，辭極褒美。英宗立，與興安並貴幸。及王振擅權，英不敢與抗。正統十四年夏旱，命英理刑部、都察院獄囚，築壇大理寺。英張黃蓋中坐，尚書以下左右列坐。自是六年一審錄，制皆如此。其秋，英宗北狩，中外大震。郕王使英、安等召廷臣問計。侍讀徐珵倡議南遷，安叱之，令扶珵出，大言曰：「敢言遷者斬！」遂入告太后，勸郕王任于謙治戰守。或曰叱珵者，英也。也先入寇，至德勝門，景帝敕安與李永昌同于謙、石亨總理軍務。永昌，亦司禮近侍也。景泰元年十一月，英犯贓罪，下獄論死。帝令禁錮之，終景帝世廢不用，獨任安。也先遣使議和，請迎上皇，廷議報使。帝不懌，令安出，呼羣臣曰：「公等欲報使，孰可者？孰爲文天祥、富弼！」詞色俱厲。尚書王直面折之，安語塞。及遣都給事中李實往，敕書不及迎上皇。實驚，走白內閣，遇安。安復詬曰：「若奉黃紙詔行耳，他何預！」及易儲，人遂疑安預謀矣。

安有廉操，且知于謙賢，力護之。或言帝任謙太過，安曰：「爲國分憂如于公者，寧有二人！」

英宗復辟，盡礫景帝所用太監王誠、舒良、張永、王勤等，謂其與黃竑搆邪議，〔六〕易太子，且與于謙、王文謀立外藩。於是給事、御史皆言安與誠、良等爲黨，宜同罪。帝宥之，但奪職。是時，中官坐誅者甚衆，安僅獲免云。

安佞佛，臨歿，遺命舂骨爲灰，以供浮屠。

范弘、交阯人，初名安。永樂中，英國公張輔以交童之美秀者還，選爲奄，弘及王瑾、阮安、阮浪等與焉。占對嫺雅，成祖愛之，敎令讀書，涉經史，善筆札，侍仁宗東宮。宣德初，爲更名，累遷司禮太監，偕英受免死詔，又偕英及御用太監王瑾同賜銀記。正統時，英宗眷弘，嘗目之曰蓬萊吉士。十四年從征，歿於土木，喪歸，葬香山永安寺，弘建也。而王瑾至景泰時始卒。

瑾，初名陳蕪。宣宗爲皇太孫時，朝夕給事。及卽位，賜姓名。從征漢王高煦還，參預四方兵事，賞賚累巨萬，數賜銀記曰「忠肝義膽」，曰「金貂貴客」，曰「忠誠自勵」，曰「心跡雙淸」。又賜以兩宮人，官其養子王椿。其受寵眷，英、弘莫逮也。

阮安有巧思，奉成祖命營北京城池宮殿及百司府廨，目量意營，悉中規制，工部奉行而已。正統時，重建三殿，治楊村河，並有功。景泰中，治張秋河，道卒，囊無十金。

阮浪至景帝時，爲御用監少監。英宗居南宮，浪入侍，賜鍍金繡袋及鍍金刀。浪以贈門下皇城使王瑤。錦衣衞指揮盧忠者，險人也，見瑤袋刀異常製，醉瑤而竊之，以告尙衣監高平。平令校尉李善上變，言浪傳上皇命，以袋刀結瑤謀復位。景帝下浪、瑤詔獄，忠證之，浪、瑤皆磔死，詞終不及上皇。英宗復辟，磔忠及平，而贈浪太監。

王振，蔚州人。少選入內書堂。侍英宗東宮，爲局郎。初，太祖禁中官預政。自永樂後，漸加委寄，然犯法輒置極典。宣宗時，袁琦令阮巨隊等出外採辦。事覺，琦磔死，巨隊等皆斬。又裴可烈等不法，立誅之。諸中官以是不敢肆。及英宗立，年少。振狡黠得帝歡，遂越金英等數人掌司禮監，導帝用重典御下，防大臣欺蔽。於是大臣下獄者不絕，而振得因以市權。然是時，太皇太后賢，方委政內閣。閣臣楊士奇、楊榮、楊溥，皆累朝元老，振心憚之未敢逞。

至正統七年，太皇太后崩，榮已先卒，士奇以子稷論死不出，溥老病，新閣臣馬愉、曹鼐勢輕，振遂跋扈不可制。作大第皇城東，建智化寺，窮極土木。興麓川之師，西南騷動。侍講劉球因雷震上言陳得失，語刺振。振下球獄，使指揮馬順支解之。大理少卿薛瑄、祭酒李時勉素不禮振。振摭他事陷瑄幾死，時勉至荷校國子監門。御史李鐸遇振不跪，謫戍鐵嶺衞。駙馬都尉石璟詈其家閹，振惡賤己同類，下璟獄。怒霸州知州張需禁飭牧馬校卒，逮之，並坐需舉主王鐸。又械戶部尚書劉中敷，侍郎吳璽、陳瑺於長安門。所忤恨，輒加罪謫。內侍張環、顧忠，錦衣衞卒王永心不平，以匿名書暴振罪狀。事發，磔於市，不覆奏。

帝方傾心嚮振，嘗以先生呼之。賜振敕，極褒美。振權日益積重，公侯勛戚呼曰翁父。畏禍者爭附振免死，賕賂輳集。工部郎中王祐以善諂擢本部侍郎，兵部尚書徐晞等多至屈膝。其從子山、林至廕都督指揮。私黨馬順、郭敬、陳官、唐童等並肆行無忌。久之，搆釁瓦剌，振遂敗。

瓦剌者，元裔也。十四年，其太師也先貢馬，振減其直，使者恚而去。秋七月，也先大舉入寇，振挾帝親征。廷臣交諫，弗聽。至宣府，大風雨，復有諫者，振益虓怒。成國公朱勇等白事，咸膝行進。尚書鄺埜、王佐忤振意，罰跪草中。其黨欽天監正彭德清以天象諫，振終弗從。八月己酉，帝駐大同，振益欲北。鎮守太監郭敬以敵勢告，振始懼。班師，至雙寨，雨甚。振初議道紫荊關，由蔚州邀帝幸其第，旣恐蹂鄉稼，復改道宣府。軍士紆迴奔走，壬戌始次土木。瓦剌兵追至，師大潰。帝蒙塵，振乃爲亂兵所殺。敗報聞，百官慟哭，都御史陳鎰等廷奏振罪，〔七〕給事中王竑等立擊殺馬順及毛、王二中官。郕王命戮王山於市，並振黨誅之，振族無少長皆斬。振擅權七年，籍其家，得金銀六十餘庫，玉盤百，珊瑚高六七尺者二十餘株，他珍玩無算。

先是，郭敬鎭大同，歲造箭鏃數十甕，以振命遺瓦剌，瓦剌輒報以良馬。及帝親征，西寧侯宋瑛、駙馬都尉井源爲前鋒，遇敵陽和，敬又撓使敗。至是逃歸，亦坐誅。

英宗復辟，顧念振不置。用太監劉恒言，賜振祭，招魂以葬，祀之智化寺，賜祠曰精忠。而振門下曹吉祥復以奪門功，有寵顓政。

曹吉祥，灤州人。素依王振。正統初，征麓川，爲監軍。征兀良哈，與成國公朱勇、太監劉永誠分道。又與寧陽侯陳懋等征鄧茂七於福建。吉祥每出，輒選達官、跳盪卒隸帳下，師還畜於家，故家多藏甲。

景泰中，分掌京營。後與石亨結，帥兵迎英宗復位。遷司禮太監，總督三大營。嗣子欽，從子鉉、鐸、鏳等皆官都督，欽進封昭武伯，門下厮養冒官者多至千百人，朝士亦有依附希進者，權勢與石亨埒，時並稱曹、石。

二人惡言官有言，共譖於帝，命吏部尚書王翺察核年三十五以上者留，不及者調用。於是給事中何玘等十三人改州判官，御史吳禎等二十三人改知縣。會有風雷雨雹之變，帝乃悟，悉還其職。未幾，二人爭寵有隙，御史楊瑄、張鵬劾之，吉祥乃復與亨合，乘間愬帝。帝爲下瑄等詔獄，而逮治閣臣徐有貞、李賢等。事具賢傳。承天門災，帝命閣臣岳正草罪己詔，詔語激切。吉祥、亨復愬正謗訕，帝又謫正。焰益張，朝野仄目。

久之，帝覺其奸，意稍稍疑。及李賢力言奪門非是，始大悟，疏吉祥。無何，石亨敗，吉祥不自安，漸蓄異謀，日犒諸達官，金錢、穀帛恣所取。諸達官恐吉祥敗而己隨黜退也，皆願盡力效死。欽問客馮益曰：「自古有宦官子弟爲天子者乎？」益曰：「君家魏武，其人也。」欽大喜。天順五年七月，欽私掠家人曹福來，爲言官所劾。帝令錦衣指揮逯杲按之，降敕徧諭羣臣。欽驚曰：「前降敕，遂捕石將軍。今復爾，殆矣。」謀遂決。

是時甘、涼告警，帝命懷寧侯孫鏜西征，未發。吉祥使其黨掌欽天監太常少卿湯序擇是月庚子昧爽，欽擁兵入，而己以禁軍應之。謀定，欽召諸達官夜飲。是夜，鏜及恭順侯吳瑾俱宿朝房。達官馬亮恐事敗，逸出，走告瑾。瑾趣鏜由長安右門隙投疏入。帝急縶吉祥於內，而敕皇城及京城九門閉弗啓。欽知亮逸，中夜馳往逯杲家，殺杲，斫傷李賢於東朝房。以杲頭示賢曰：「杲激我也。」又殺都御史寇深於西朝房。攻東、西長安門不得入，縱火。守衞者拆河壖甎石塞諸門。賊往來叫呼門外。鏜遣二子急召西征軍擊欽於東長安門。欽走攻東安門，道殺瑾。復縱火，門燬。門內聚薪益之，火熾，賊不得入。天漸曙，欽黨稍稍散去。鏜勒兵逐欽，斬鉉、鐪，鏜子軏斫欽中膊。欽走突安定諸門，門盡閉。奔歸家，拒戰。會大雨如注，鏜督諸軍大呼入，欽投井死。遂殺鐸，盡屠其家。越三日，磔吉祥於市。湯序、馮益及吉祥姻黨皆伏誅。馬亮以告反者，授都督。

英宗始任王振，繼任吉祥，凡兩致禍亂。其他宦者若跛兒干、亦失哈、喜寧、韋力轉、牛玉之屬，率兇狡。

土木之敗，跛兒干、喜寧皆降敵。跛兒干助敵反攻，射內使黎定。既又爲敵使至京，有所需索，景帝執而誅之。喜寧數爲也先畫策，索賞賜，導入邊寇掠。上皇患之，言於也先，使寧還京索禮物，而命校尉袁彬以密書報邊臣。至獨石，參將楊俊擒寧送京師，景泰元年二月磔於市。〔八〕

亦失哈鎭遼東。敵犯廣寧，亦失哈禁官軍勿出擊。百戶施帶兒降敵，爲脫脫不花通於亦失哈。正統十四年冬，帶兒逃歸，巡按御史劉孜並劾亦失哈及他不法事。景帝命誅帶兒，而置亦失哈不問。

韋力轉者，性淫毒，鎭守大同，多過惡。銜軍妻不與宿，杖死其軍。又與養子妻淫戲，射殺養子。天順元年，工部侍郎霍瑄發力轉僭用金器若王者，及强娶所部女爲妾諸不法事。帝怒，執之下錦衣衞獄，既而宥之。牛玉事，詳吳廢后傳。

其與吉祥分道征兀良哈者劉永誠，永樂時，嘗爲偏將，累從北征。宣德、正統中，再擊兀良哈。後監鎭甘、涼，戰沙漠，有功。景泰末，掌團營。英宗復辟，勒兵從，官其嗣子聚。

成化中，永誠始卒。

懷恩，高密人，兵部侍郎戴綸族弟也。〔九〕宣宗殺綸，並籍恩父太僕卿希文家。恩方幼，被宮爲小黄門，賜名懷恩。憲宗朝，掌司禮監。時汪直理西廠，梁芳、韋興等用事。恩班在前，性忠鯁無所撓，諸閹咸敬憚之。

員外郎林俊論芳及僧繼曉下獄，帝欲誅之，恩固爭。帝怒，投以硯曰：「若助俊訕我。」恩免冠伏地號哭。帝叱之出。恩遣人告鎭撫司曰：「汝曹諂芳傾俊。俊死，汝曹何以生！」徑歸，稱疾不起。帝怒解，遣醫視恩，卒釋俊。會星變，罷諸傳奉官。御馬監王敏請留馬房傳奉者，帝許之。敏謁恩，恩大罵曰：「星變，專爲我曹壞國政故。今甫欲正之，又爲汝壞，天雷擊汝矣！」敏愧恨，遂死。進寶石者章瑾求爲錦衣衛鎭撫，恩不可，曰：「鎭撫掌詔獄，奈何以賄進。」當是時，尚書王恕以直諫名，恩每嘆曰：「天下忠義，斯人而已。」憲宗末，惑萬貴妃言，欲易太子，恩固爭。帝不懌，斥居鳳陽。孝宗立，召歸，仍掌司禮監，力勸帝逐萬安，用王恕。一時正人彙進，恩之力也。卒，賜祠額曰顯忠。

同時有覃吉者，不知所由進，以老閹侍太子。太子年九歲，吉口授四書章句及古今政典。憲宗賜太子莊田，吉勸毋受，曰：「天下皆太子有也。」太子偶從內侍讀佛經，吉入，太子驚曰：「老伴來矣。」亟手孝經。吉跪曰：「太子誦佛書乎？」曰：「無有。孝經耳。」吉頓首曰：「甚善。佛書誕，不可信也。」弘治之世，政治醇美，君德清明，端本正始，吉有力焉。

汪直者，大藤峽猺種也。初給事萬貴妃於昭德宮，遷御馬監太監。成化十二年，黑眚見宮中，妖人李子龍以符術結太監韋舍私入大內，事發，伏誅。帝心惡之，銳欲知外事。直為人便黠，帝因令易服，將校尉一二人密出伺察，人莫知也，獨都御史王越與結歡。明年設西廠，以直領之，列官校刺事。南京鎮監覃力朋進貢還，以百艘載私鹽，騷擾州縣。武城縣典史詰之，力朋擊典史，折其齒，射殺一人。直廉得以聞，逮治論斬。力朋後得倖免，而帝以此謂直能擿姦，益幸直。直乃任錦衣百戶韋瑛為心腹，屢興大獄。

建寧衞指揮楊曄，故少師榮曾孫也，與父泰為仇家所告，逃入京，匿姊夫董璵所。璵為請瑛，瑛陽諾而馳報直。直卽捕曄、璵考訊，三琶之。琶者，錦衣酷刑也。骨節皆寸解，絕而復甦。曄不勝苦，妄言寄金於其叔父兵部主事士偉所。〔一〇〕直不復奏請，捕士偉下獄，幷掠其妻孥。獄具，曄死獄中，泰論斬，士偉等皆謫官，郎中武清、樂章，行人張廷綱，參政劉福等皆無故被收案。自諸王府邊鎮及南北河道，所在校尉羅列，民間鬬詈雞狗瑣事，輒置重法，人情大擾。直每出，隨從甚衆，公卿皆避道。兵部尚書項忠不避，迫辱之，權焰出東廠上。

五月，大學士商輅與萬安、劉珝、劉吉奏其狀。帝震怒，命司禮太監懷恩、覃吉、〔一一〕黃高至閣下，厲色傳旨，言：「疏出誰意？」輅口數直罪甚悉，因言：「臣等同心一意，爲國除害，無有先後。」珝慷慨泣下。恩遂據實以奏。頃之，傳旨慰勞。翼日，尚書忠及諸大臣疏亦入。帝不得已，罷西廠，使懷恩數直罪而宥之，令歸御馬監，調韋瑛邊衞，散諸旗校還錦衣。中外大悅。

然帝眷直不衰。直因言閣疏出司禮監黃賜、陳祖生意，爲楊曄報復。帝卽斥賜、祖生於南京。御史戴縉者，佞人也，九年秩滿不得遷。窺帝旨，盛稱直功。詔復開西廠，以千戶吳綬爲鎭撫，直焰愈熾。未幾，令東廠官校誣奏項忠，且諷言官郭鏜、馮貫等論忠違法事。帝命三法司、錦衣衞會問。衆知出直意，無敢違，竟勒忠爲民。而左都御史李賓亦失直旨褫職，〔一二〕大學士輅亦罷去。一時九卿劾罷者，尚書董方、〔一三〕薛遠及侍郎滕昭、程萬里等數十人。以所善王越爲兵部尚書兼左都御史，陳鉞爲右副都御史巡撫遼東。

十五年秋，詔直巡邊，率飛騎日馳數百里，御史、主事等官迎拜馬首，箠撻守令。各邊都御史畏直，服櫜鞬迎謁，供張百里外。至遼東，陳鉞郊迎蒲伏，廚傳尤盛，左右皆有賄。直大悅。惟河南巡撫秦紘與直抗禮，而密奏直巡邊擾民。帝弗省。兵部侍郎馬文升方撫諭遼東，直至，不爲禮，又輕鉞，被陷坐戍。由是直威勢傾天下。

直年少喜兵。陳鉞諷直征伏當加，立邊功自固。直聽之，用撫寧侯朱永總兵，而自監其軍。師還，永封保國公，鉞晉右都御史，直加祿米。又用王越言，詐稱亦思馬因犯邊。詔永同越西討，直爲監軍。越封威寧伯，直再加祿米。已，伏當加寇遼東，亦思馬因寇大同，殺掠甚衆。遼東巡按强珍發鉞奸狀，直右鉞譎珍。於是惡直者，指王越、陳鉞爲二鉞。小中官阿丑工俳優，一日於帝前爲醉者謾罵狀。人言駕至，謾如故。言汪太監至，則避走。曰：「今人但知汪太監也。」又爲直狀，操兩鉞趨帝前。旁人問之，曰：「吾將兵，仗此兩鉞耳。」問何鉞，曰：「王越、陳鉞也。」帝听然而笑，稍稍悟，然廷臣猶未敢攻直也。會東廠尚銘獲賊得厚賞，直忌，且怒銘不告。銘懼，乃廉得其所洩禁中祕語奏之，盡發王越交通不法事，帝始疎直。

十七年秋，命直偕越往宣府禦敵。敵退，直請班師。不許，徙鎭大同，而盡召將吏還，獨留直、越。直既久鎭不得還，寵日衰。給事御史交章奏其苛擾，請仍罷西廠。閣臣萬安亦力言之。而大同巡撫郭鏜復言直與總兵許寧不和，恐悞邊事。帝乃調直南京御馬監，罷西廠不復設。中外欣然。尋又以言官言，降直奉御，而褫逐其黨王越、戴縉、吳綬等。陳鉞已致仕，不問。韋瑛後坐他事誅，人皆快之，然直竟良死。縉由御史不數年至南京工部尚書。越、鉞頗以材進。縉無他能，工側媚而已。

西廠廢，尚銘遂專東廠事。聞京師有富室，輒以事羅織，得重賄乃已。賣官鬻爵，無所不至。帝尋覺之，謫充南京淨軍，籍其家，輦送內府，數日不盡。而陳準代爲東廠。準素善懷恩，既代銘，誡諸校尉曰：「有大逆，告我。非是，若勿預也。」都人安之。

梁芳者，憲宗朝內侍也。貪黷諛佞，與韋興比。而諂萬貴妃，日進美珠珍寶悅妃意。其黨錢能、韋眷、王敬等，爭假採辦名，出監大鎮。帝以妃故，不問也。妖人李孜省、僧繼曉皆由芳進，共爲姦利。取中旨授官，累數千人，名傳奉官，有白衣躐至太常卿者。陝西巡撫鄭時論芳被黜，陝民哭送之。帝聞頗悔，斥傳奉官十人，繫六人獄，詔自後傳旨授官者俱覆奏，然不罪芳也。刑部員外郎林俊以劾芳及繼曉下獄。久之，帝視內帑，見累朝金七窖俱盡，謂芳及韋興曰：「糜費帑藏，實由汝二人。」興不敢對。芳曰：「建顯靈宮及諸祠廟，爲陛下祈萬年福耳。」帝不懌曰：「吾不汝瑕，後之人將與汝計矣。」芳大懼，遂說貴妃勸帝廢太子，而立興王。會泰山累震，占者言應在東朝。帝懼，乃止。

孝宗立，謫芳居南京，尋下獄，興亦斥退。正德初，羣閹復薦興司香太和山，兼分守湖廣行都司地方。尙書劉大夏、給事中周璽、御史曹來旬諫，不聽。興遂復用，而芳卒廢以死。

錢能，芳黨也。憲宗時，鄭忠鎭貴州，韋朗鎭遼東，能鎭雲南，並恣縱，而能尤橫。貴州巡撫陳宜劾忠，因請盡撤諸鎭監，帝不允。而雲南巡按御史郭陽顧上疏譽能，請留之雲南。舊制，安南貢道出廣西，後請改由雲南，弗許也。能詐言安南捕盜兵入境，請遣指揮使郭景往諭其王，詔從之。能遂令景以玉帶、綵繒、犬馬遺王，給其貢使改道雲南。邊吏格之不得入，乃去。復遣景與指揮盧安等索寶貨於干崖、孟密諸土司，至逼淫曩罕弄女孫，許爲奏授宣撫。踰三年，事發。詔巡撫都御史王恕廉之，捕景，景赴井死。再遣刑部郎中鍾蕃往按，事皆實。帝宥能，而致其黨九人於法。指揮姜和、李祥不就逮，能復上疏爲二人求宥，帝曲從之。巡按御史甄希賢復劾能杖守礦千戶一人死，亦不罪。召歸，安置南京。復夤緣得南京守備。時恕爲南京參贊尙書，能心憚恕不敢肆。久之卒。

韋眷、王敬亦芳黨。眷爲廣東市舶太監，縱賈人通諸番，聚珍寶甚富。請以廣南均徭戶六十隸市舶。布政使彭韶爭之，詔給其半。眷又誣奏布政使陳選，被逮道卒。自是，人莫敢逆眷者。弘治初，眷因結蔡用妄舉李父貴冒紀太后族，〔二四〕降左少監，撤回京。事詳紀太后傳。

王敬好左道，信妖人王臣。使南方，挾臣同行。僞爲詔，括書畫、古玩，聚白金十萬餘兩。至蘇州，召諸生使錄妖書，且辱之。諸生大譁。巡撫王恕以聞。東廠尙銘亦發其事。詔斬臣，而黜敬充孝陵衞淨軍。

何鼎，餘杭人，一名文鼎，性忠直。弘治初，爲長隨，上疏請革傳奉官，爲儕輩所忌。壽寧侯張鶴齡兄弟出入宮禁，嘗侍內庭宴。帝如厠，鶴齡倚酒戴帝冠，鼎心怒。他日鶴齡復窺御帷，鼎持大瓜欲擊之，奏言：「二張大不敬，無人臣禮。」皇后激帝怒，下鼎錦衣獄。問主使，鼎曰：「有。」問爲誰，曰：「孔子、孟子也。」給事中龐泮、御史吳山及尙書周經、主事李昆、進士吳宗周先後論救，帝以后故，俱不納。后竟使太監李廣杖殺鼎。帝追思之，賜祭，勒其文於碑。

是時，中官多守法，奉詔出鎭者，福建鄧原、浙江麥秀、河南藍忠、宣府劉淸，皆廉潔愛民。兵部上其事，賜敕旌勵。又有司禮太監蕭敬者，歷事英宗、憲宗，諳習典故，善鼓琴。帝嘗語劉大夏曰：「蕭敬朕所顧問，然未嘗假以權也。」獨李廣、蔣琮得帝寵任，後二人俱敗，而敬至世宗朝，年九十餘始卒。

李廣，孝宗時太監也。以符籙禱祀蠱帝，因爲奸弊，矯旨授傳奉官，如成化間故事，四方爭納賄賂。又擅奪畿內民田，專鹽利鉅萬。起大第，引玉泉山水，前後遶之。給事葉紳、御史張縉等交章論劾，帝不問。十一年，廣勸帝建毓秀亭於萬歲山。亭成，幼公主殤，未幾，淸寧宮災。日者言廣建亭犯歲忌，太皇太后恚曰：「今日李廣，明日李廣，果然禍及矣。」廣懼自殺。

帝疑廣有異書，使使卽其家索之，得賂籍以進，多文武大臣名，餽黃白米各千百石。帝驚曰：「廣食幾何，乃受米如許？」左右曰：「隱語耳，黃者金，白者銀也。」帝怒，下法司究治。諸交結廣者，走壽寧侯張鶴齡求解，乃寢勿治。廣初死時，司設監太監爲請祠額葬祭，及是以大學士劉健等言，罷給祠額，猶賜祭。

蔣琮，大興人。孝宗時，守備南京。沿江蘆場，舊隸三廠。成化初，江浦縣田多沉於江，而瀕江生沙洲六，民請耕之，以補沉江田額。洲與蘆場近，又瓦屑壩廢地及石城門外湖地，故不隸三廠。太監黃賜爲守備時，受奸民獻，俱指爲蘆場，盡收其利。民已失業，而歲額租課仍責償之民。孝宗立，縣民相率愬於朝，下南京御史姜綰等覆按。

弘治二年，綰等劾琮與民爭利，且用揭帖抗詔旨。琮條辨綰疏，而泛及御史劉愷、方岳等及南京諸司違法事。給事中韓重因星變請斥琮及太監郭鏞等，以弭天怒，未報。而太監陳祖生復奏戶部主事盧錦、給事中方向私種南京後湖田事。後湖者，洪武時置黃册庫其中，令主事、給事中各一人守之，百司不得至。歲久湖塞，錦、向於湖灘稍種蔬伐葦，給公用，故爲祖生所奏。事下南京法司。適郭鏞奉使兩廣，道南京，往觀焉。御史孫紘等因劾鏞擅遊禁地。鏞怒，歸愬於帝，言府尹楊守隨勘錦、向失出，御史不劾奏，獨繩內臣。帝乃遣太監何穆、大理寺少卿楊謐再勘後湖田，幷覆綰、琮訐奏事。

明年，奏上，褫錦職，謫守隨、向以下官有差。又勘琮不當受獻地，私囑勘官，所訐事皆誣，綰等劾琮亦多不實，並宜逮治。詔逮綰等。御史伊宏、給事中陳璚等皆言不宜以一內臣而置御史十人於獄，不聽。縉等鐫級調外，而宥琮不問。時劉吉竊柄，素惡南京御史劾己，故興此獄。尚書王恕、李敏，給事中趙竑，御史張賓先後言琮、縉同罪異罰，失平，亦不納。琮由是益無忌。久之，廣洋衞指揮石文通奏琮僭侈殺人，掘聚寶山傷皇陵氣，及毆殺商人諸罪。琮竟免死，充孝陵淨軍。

劉瑾，興平人。本談氏子，依中官劉姓者以進，冒其姓。孝宗時，坐法當死，得免。已，得侍武宗東宮。武宗卽位，掌鐘鼓司，與馬永成、高鳳、羅祥、魏彬、丘聚、谷大用、張永並以舊恩得幸，人號「八虎」，而瑾尤狡狠。嘗慕王振之爲人，日進鷹犬、歌舞、角觝之戲，導帝微行。帝大歡樂之，漸信用瑾，進內官監，總督團營。孝宗遺詔罷中官監鎗及各城門監局，瑾皆格不行，而勸帝令內臣鎭守者各貢萬金。又奏置皇莊，漸增至三百餘所，畿內大擾。

外廷知八人誘帝游宴，大學士劉健、謝遷、李東陽驟諫，不聽。尚書張昇，給事中陶諧、胡煜、楊一瑛、張禬，御史王渙、趙佑，南京給事、御史李光翰、陸崑等，交章論諫，亦不聽。五官監候楊源以星變陳言，帝意頗動。健、遷等復連疏請誅瑾，戶部尚書韓文率諸大臣繼之。帝不得已，使司禮太監陳寬、李榮、王岳至閣，議遣瑾等居南京。三反，健等執不可。尚書許進曰：「過激將有變。」健不從。王岳者，素謇直，與太監范亨、徐智心嫉八人，具以健等語告帝，且言閣臣議是。健等方約文及諸九卿詰朝伏闕面爭，而吏部尚書焦芳馳白瑾。瑾大懼，夜率永成等伏帝前環泣。帝心動，瑾因曰：「害奴等者王岳。岳結閣臣欲制上出入，故先去所忌耳。且鷹犬何損萬幾。若司禮監得人，左班官安敢如是。」帝大怒，立命瑾掌司禮監，永成掌東廠，大用掌西廠，而夜收岳及亨、智充南京淨軍。旦日諸臣入朝，將伏闕，知事已變，於是健、遷、東陽皆求去。帝獨留東陽，而令焦芳入閣，追殺岳、亨於途，箠智折臂。時正德元年十月也。

瑾既得志，遂以事革韓文職，而杖責請留健、遷者給事中呂翀、劉菃及南京給事中戴銑等六人，御史薄彥徽等十五人。守備南京武靖伯趙承慶、〔一五〕府尹陸珩、尚書林瀚，皆以傳翀、菃疏得罪，珩、瀚勒致仕，削承慶半祿。南京副都御史陳壽，御史陳琳、王良臣，主事王守仁，復以救銑等謫杖有差。瑾勢日益張，毛舉官僚細過，散布校尉，遠近偵伺，使人救過不贍。因顓擅威福，悉遣黨閹分鎮各邊。敍大同功，遷擢官校至一千五百六十餘人，又傳旨授錦衣官數百員。通鑑纂要成，瑾誣諸翰林纂修官謄寫不謹，皆被譴，而命文華殿書辦官張駿等改謄，超拜官秩。駿由光祿卿擢禮部尚書，他授京卿者數人，裝潢匠役悉授官。創用枷法，給事中吉時，御史王時中，郎中劉繹、張瑋，尚寶卿顧璿，副使姚祥，參議吳廷舉等，並摭小過，枷瀕死，始釋而戍之。其餘枷死者無數。錦衣獄徽纆相屬。惡錦衣僉事牟斌善視獄囚，杖而錮之。府丞周璽、五官監候楊源杖至死。源初以星變陳言，罪瑾者也。瑾每奏事，必偵帝爲戲弄時。帝厭之，亟麾去曰：「吾用若何事，乃溷我！」自此遂專決，不復白。

二年三月，瑾召羣臣跪金水橋南，宣示奸黨，大臣則大學士劉健、謝遷，尚書則韓文、楊守隨、張敷華、林瀚，部曹則郎中李夢陽，主事王守仁、王綸、孫磐、黃昭，詞臣則檢討劉瑞，言路則給事中湯禮敬、陳霆、徐昂、陶諧、劉蒞、艾洪、呂翀、任惠、李光翰、戴銑、徐蕃、牧相、徐暹、張良弼、葛嵩、趙士賢，御史陳琳、貢安甫、史良佐、曹閔、王弘、任諾、李熙、王蕃、葛浩、陸崑、張鳴鳳、蕭乾元、姚學禮、黃昭道、蔣欽、薄彥徽、潘鏜、王良臣、趙佑、何天衢、徐珏、楊璋、熊卓、朱廷聲、劉玉等，皆海內號忠直者也。又令六科寅入酉出，使不得息，以困苦之。令文臣毋輒予封誥，痛繩文吏。寧王宸濠圖不軌，賂瑾求復護衞。瑾予之，濠反謀遂成。瑾不學，每批答章奏，皆持歸私第，與妹壻禮部司務孫聰、華亭大猾張文冕相參決，辭率鄙冗，焦芳爲潤色之，東陽頫首而已。

當是時，瑾權擅天下，威福任情。有罪人溺水死，乃坐御史匡翼之罪。嘗求學士吳儼賄，不得，又聽都御史劉宇讒，怒御史楊南金，乃以大計外吏奏中，落二人職。授播州土司楊斌爲四川按察使。令奴壻閻潔督山東學政。公侯勳戚以下，莫敢鈞禮，每私謁，相率跪拜。章奏先具紅揭投瑾，號紅本，然後上通政司，號白本，皆稱劉太監而不名。都察院奏讞誤名瑾，瑾怒詈之，都御史屠滽率屬跪謝乃已。遣使察覈邊倉，都御史周南、張鼐、馬中錫、湯全、劉憲，布政以下官孫祿、冒政、方矩、華福、金獻民、劉遜、郭緒、張翼，郎中劉繹、王藎等，並以赦前罪，下獄追補邊粟，憲至瘐死。又察鹽課，杖巡鹽御史王潤，逮前運使甯舉、楊奇等。察內甲字庫，謫尚書王佐以下百七十三人。復創罰米法，嘗忤瑾者，皆擿發輸邊。故尚書雍泰、馬文升、劉大夏、韓文、許進，都御史楊一清、李進、王忠，侍郎張縉，給事中趙士賢、任良弼，御史張津、陳順、喬恕、聶賢、曹來旬等數十人悉破家，死者繫其妻孥。

其年夏，〔一六〕御道有匿名書詆瑾所行事，瑾矯旨召百官跪奉天門下。瑾立門左詰責，日暮收五品以下官盡下獄。明日，大學士李東陽申救，瑾亦微聞此書乃內臣所爲，始釋諸臣。而主事何釴、順天推官周臣、進士陸伸已暍死。是日酷暑，太監李榮以冰瓜啗羣臣，瑾惡之。太監黃偉憤甚，謂諸臣曰：「書所言皆爲國爲民事，挺身自承，雖死不失爲好男子，奈何枉累他人。」瑾怒，即日勒榮閒住，而逐偉南京。

時東廠、西廠緝事人四出，道路惶懼。瑾復立內行廠，尤酷烈，中人以微法，無得全者。又悉逐京師客傭，令寡婦盡嫁，喪不葬者焚之，輦下洶洶幾致亂。都給事中許天錫欲劾瑾，懼弗克，懷疏自縊。

瑾故急賄，凡入覲、出使官皆有厚獻。給事中周鑰勘事歸，以無金自殺。其黨張綵曰：「今天下所餽遺公者，非必皆私財，往往貸京師，而歸則以庫金償。公奈何斂怨貽患。」瑾然之。會御史歐陽雲等十餘人以故事入賂，瑾皆舉發致罪。乃遣給事、御史十四人分道盤察，有司爭厚斂以補帑。所遣人率阿瑾意，專務搏擊，劾尚書顧佐、侶鍾、韓文以下數十人。浙江鹽運使楊奇逋課死，至鬻其女孫。而給事中安奎、潘希曾，御史趙時中、阮吉、張彧、劉子厲，以無重劾下獄。奎、彧枷且死，李東陽疏救，始釋爲民。希曾等亦皆杖斥，忤意者譴斥有差。又矯旨籍故都御史錢鉞、禮部侍郎黃景、尚書秦紘家。凡瑾所逮捕，一家犯，鄰里皆坐，或瞰河居者，以河外居民坐之。屢起大獄，冤號遍道路。孝宗實錄成，翰林預纂修者當遷秩，瑾惡翰林官素不下己，調侍講吳一鵬等十六人南京六部。

是時，內閣焦芳、劉宇，吏部尚書張綵，兵部尚書曹元，錦衣衞指揮楊玉、石文義，皆爲瑾腹心。變更舊制，令天下巡撫入京受敕，輸瑾賂。延綏巡撫劉宇不至，逮下獄。宣府巡撫陸完後至，幾得罪，旣賂，乃令試職視事。都指揮以下求遷者，瑾第書片紙曰「某授某官」，兵部卽奉行，不敢復奏。邊將失律，賂入，卽不問，有反陞擢者。又遣其黨丈邊塞屯地，誅求苛刻。邊軍不堪，焚公廨，守臣諭之始定。給事中高淓丈滄州，所劾治六十一人，至劾其父高銓以媚瑾。又以謝遷故，令餘姚人毋授京官。以占城國使人亞劉謀逆獄，裁江西鄉試額五十名，仍禁授京秩如餘姚，以焦芳惡彭華故也。〔一七〕瑾又自增陝西鄉試額至百名，亦爲芳增河南額至九十五名，〔一八〕以優其鄉士。其年，帝大赦，瑾峻刑自如。刑部尚書劉璟無所彈劾，瑾詬之。璟懼，劾其屬王尙賓等三人，乃喜。給事中郗夔核榆林功，懼失瑾意，自縊死。給事中屈銓、祭酒王雲鳳請編瑾行事，著爲律令。

五年四月，安化王寘鐇反，檄數瑾罪。瑾始懼，匿其檄，而起都御史楊一淸、太監張永爲總督，討之。初，與瑾同爲八虎者，當瑾專政時，有所請多不應，永成、大用等皆怨瑾。又欲逐永，永以譎免。及永出師還，欲因誅瑾，一淸爲畫策，永意遂決。瑾好招致術士，有俞日明者，妄言瑾從孫二漢當大貴。兵仗局太監孫和數遺以甲仗，兩廣鎭監潘午、蔡昭又爲造弓弩，瑾皆藏於家。

永捷疏至，將以八月十五日獻俘，瑾使緩其期。永慮有變，遂先期入，獻俘畢，帝置酒勞永，瑾等皆侍。及夜，瑾退，永出寘鐇檄，因奏瑾不法十七事。帝已被酒，俛首曰：「瑾負我。」永曰：「此不可緩。」永成等亦助之。遂執瑾，繫於菜廠，分遣官校封其內外私第。次日晏朝後，帝出永奏示內閣，降瑾奉御，謫居鳳陽。帝親籍其家，得僞璽一，穿宮牌五百及衣甲、弓弩、衮衣、玉帶諸違禁物。又所常持扇，內藏利匕首二。始大怒曰：「奴果反。」趣付獄。獄具，詔磔於市，梟其首，榜獄詞處決圖示天下。族人、逆黨皆伏誅。張綵獄斃，磔其屍。閣臣焦芳、劉宇、曹元而下，尚書畢亨、朱恩等，共六十餘人，皆降謫。已，廷臣奏瑾所變法，吏部二十四事，戶部三十餘事，兵部十八事，工部十三事，詔悉釐正如舊制。

張永，保定新城人。正德初，總神機營，與瑾爲黨。已而惡其所爲，瑾亦覺其不附己也，言於帝，將黜之南京。永知之，直趨帝前，訴瑾陷己。帝召瑾與質，方爭辯，永輒奮拳毆瑾。帝令谷大用等置酒爲解，由是二人益不合。及寘鐇反，命永及右都御史楊一清往討。帝戎服送之東華門，賜關防、金瓜、鋼斧以行，寵遇甚盛。瑾亦忌之，而帝方嚮永，不能間也。師出，寘鐇已擒，永遂率五百騎撫定餘黨。還次靈州，與一清言，欲奏瑾不法事。一清曰：「彼在上左右，公言能必入乎？不如以計誅之。」因爲永畫策，永大喜，語詳一清傳。是時，瑾兄都督同知景祥死，京師籍籍謂瑾將以八月十五日俟百官送葬，因作亂。適永捷疏至，將以是日獻俘，瑾使緩其期，欲俟事成並擒永。或以告永，永先期入獻俘，是夜遂奏誅瑾。

於是英國公張懋、兵部尚書王敞等，奏永輯寧中外，兩建奇勳，遂封永兄富爲泰安伯、弟容爲安定伯。涿州男子王豸嘗刺龍形及「人王」字於足，永以爲妖人，擒之。兵部尚書何鑑乞加永封，下廷臣議。永欲身自封侯，引劉永誠、鄭和故事風廷臣，內閣以非制格之。永意沮，乃辭免恩澤。吏部尚書楊一清言宜聽永讓，以成其賢，事竟已。久之，坐庫官盜庫銀事，閒住。九年，北邊有警，命永督宣府、大同、延綏軍禦之，寇退乃還。

寧王宸濠反，帝南征，永率邊兵二千先行。時王守仁已擒宸濠，檻車北上。永以帝意遮守仁，欲縱宸濠於鄱陽湖，俟帝至與戰。守仁不可，至杭州詣永。永拒不見，守仁叱門者徑入，大呼曰：「我王守仁也，來與公議國家事，何拒我！」永爲氣懾。守仁因言江西荼毒已極，王師至，亂將不測。永大悟，乃曰：「羣小在側，永來，欲保護聖躬耳，非欲攘功也。」因指江上檻車曰：「此宜歸我。」守仁曰：「我何用此。」卽付永，而與永偕還江西。時太監張忠等已從大江至南昌，方窮治逆黨，見永至，大沮。永留數旬，促忠同歸，江西賴以安。忠等屢讒守仁，亦賴永營解獲免。武宗崩，永督九門防變。

世宗立，御史蕭淮奏谷大用、丘聚輩蠱惑先帝，黨惡爲奸，並及永。詔永閒住。已而淮復劾永在江西不法事，再降永奉御，司香孝陵，然永在江西，實非有不法也。嘉靖八年，大學士楊一清等言，永功大，不可泯，乃起永掌御用監，提督團營。未幾卒。

谷大用者，瑾掌司禮監時提督西廠，分遣官校遠出偵事。江西南康民吳登顯等，五月五日爲競渡，誣以擅造龍舟，籍其家，天下皆重足屏息。建鷹房草場於安州，奪民田無數。瑾誅，大用辭西廠。未幾，帝復欲用之，大學士李東陽力諫乃止。

六年，劉六、劉七反，命大用總督軍務，偕伏羌伯毛銳、兵部侍郎陸完討之。大用駐臨清，召邊將許泰、〔一九〕郤永、江彬、劉暉等入內地，聽調遣。久之無功，會賊過鎮江狼山，遇颶風舟覆，陸完兵至殲之，遂封大用弟大亮爲永清伯。而先是平寘鐇時，其兄大寬已封高平伯矣，義子冒陞賞者，不可勝紀。

世宗立，以迎立功賜金幣。給事中閻閎極論之，尋降奉御，居南京。已，召守康陵。嘉靖十年籍其家。

魏彬，當瑾時，總三千營。瑾誅，代掌司禮監。其年，敍寧夏功，封弟英鎮安伯，馬永成兄山亦封平涼伯。世宗立，彬不自安，爲英辭伯爵。詔改都督同知，世襲錦衣指揮使。給事中楊秉義、徐景嵩、吳嚴皆言彬附和逆瑾，結姻江彬，宜置極典。帝宥不問。已而御史復論之，始令閒住。

張忠，霸州人。正德時御馬太監，與司禮張雄、東廠張銳並侍豹房用事，時號三張，性皆兇悖。忠利大盜張茂財，結爲弟，引入豹房，侍帝蹴鞠。而雄至怨其父不愛己致自宮，拒不見。同儕勸之，乃垂簾杖其父，然後相抱泣，其無人理如此。銳以捕妖言功，加祿至一百二十石。每緝事，先令邏卒誘人爲奸，乃捕之，得賄則釋，往往以危法中人。三人並交通宸濠，受臧賢、錢寧等賄，以助成其叛。寧王反，忠勸帝親征。其遮王守仁捷，欲縱宸濠鄱陽，待帝自戰，皆忠之謀也。

是時，又有吳經者，尤親暱。帝南征，經先至揚州。嘗夜半燃炬通衢，遍入寡婦、處女家，掠以出，號哭震遠近，許以金贖，貧者多自經。

先是，又有劉允者，以正德十年奉敕往迎烏斯藏僧，所齎金寶以百餘萬計。廷臣交章諫，不聽。允至成都，治裝歲餘，費又數十萬，公私匱竭。旣至，爲番人所襲。允走免，將士死者數百人，盡亡其所齎。及歸，武宗已崩，世宗用御史王鈞等言，張忠、吳經發孝陵衞充軍，張雄、張銳下都察院鞫治，允亦得罪。

世宗習見正德時宦侍之禍，卽位後御近侍甚嚴，有罪撻之至死，或陳尸示戒。張佐、鮑忠、麥福、黃錦輩，雖由興邸舊人掌司禮監，督東廠，然皆謹飭不敢大肆。帝又盡撤天下鎭守內臣及典京營倉場者，終四十餘年不復設，故內臣之勢，惟嘉靖朝少殺云。

校勘記

〔一〕其前僞王子蘇幹剌者　前僞王子，本書卷三二五蘇門答剌傳作「老王弟」，太宗實録卷九七成祖永樂十三年七月壬寅條都作「前僞王弟」。

〔二〕南京設守備自和始也　按本書卷八仁宗紀載永樂二十二年九月戊子，「始設南京守備，以襄城伯李隆爲之」，與此異。

〔三〕於是和景弘復奉命歷忽魯謨斯等十七國而還　十七國，本書卷三二五蘇門答剌傳作「二十餘國」，宣宗實録卷六七宣德五年六月戊寅條作「二十國」。

〔四〕甘把里　本書卷三二六甘巴里傳及宣宗實録卷六七宣德五年六月戊寅條作「甘巴里」。

〔五〕元年四月奉使　本書卷六成祖紀、太宗實録卷一六永樂元年二月乙丑條繫侯顯奉使之命於元年二月。

〔六〕謂其與黄玹搆邪議　黄玹，原作「王竑」，據本書卷一七〇于謙傳及英宗實録卷二七四天順元年正月丁亥條改。

〔七〕都御史陳鎰等廷奏振罪　陳鎰，原作「陳鑑」，據本書卷一一一七卿年表、又卷一五九陳鎰傳及英宗實録卷一八一正統十四年八月庚午條改。

〔八〕景泰元年二月磔於市　二月，原作「三月」，據本書卷一一景帝紀及英宗實錄卷一八九景泰元年二月壬辰條改。

〔九〕懷恩高密人兵部侍郎戴綸族弟也　孝宗實錄卷十弘治元年閏正月甲午條作：「恩，直隸蘇州府人，本姓馬。宣德間入禁中，賜姓懷。」與此異。

〔一〇〕妄言寄金於其叔父兵部主事士偉所　士偉，明史卷一八四張元禎傳同，憲宗實錄卷一六二成化十三年二月丁丑條、國榷卷三七頁二三七六都作「仕偉」。

〔一一〕覃吉　明史稿傳一七八汪直傳及憲宗實錄卷一六六成化十三年五月丙子條作「覃昌」。

〔一二〕而左都御史李賓亦失直旨褫職　李賓，原作「方賓」，據本書卷一一一七卿年表、明史稿傳一七八汪直傳及憲宗實錄卷一六八成化十三年七月丁卯條改。

〔一三〕尚書董方　董方，原作「董芳」，據明史稿傳一七八汪直傳及憲宗實錄卷一六八成化十三年七月丁卯條改。

〔一四〕眷因結蔡用妄舉李父貴冒紀太后族　李父貴，原作「李文貴」，據本書卷一一三紀太后傳、孝宗實錄卷四〇弘治三年七月乙丑條改。

〔一五〕守備南京武靖伯趙承慶　武靖伯，原作「武清伯」，據本書卷一〇七功臣世表、卷一八八劉蒞傳，明史稿傳一七八劉瑾傳及武宗實錄卷二二正德二年閏正月庚戌條改。

〔一六〕其年夏　其年，承上文當指二年。按匿名書事在正統三年六月，「其年」應作「三年」。

〔一七〕以焦芳惡彭華故也　原脫「彭」字，據本書卷三〇六焦芳傳補。

〔一八〕亦爲芳增河南額至九十五名　原脫「五」字，據本書卷七〇選舉志及武宗實錄卷三六正德三年三月壬戌條補。

〔一九〕召邊將許泰　許泰，原作「許恭」，據本書卷三〇七許泰傳、明史稿傳一七八谷大用傳及武宗實錄卷七七正德六年七月壬申條改。

明史卷三百五

列傳第一百九十三

宦官二

李芳，穆宗朝內官監太監也。帝初立，芳以能持正見信任。初，世宗時，匠役徐杲以營造躐官工部尚書，修盧溝橋，所侵盜萬計。其屬冒太僕少卿、苑馬卿以下職銜者以百數。隆慶元年二月，芳劾之。時杲已削官，乃下獄遣戍，盡汰其所冒冗員。又奏革上林苑監增設皂隸，減光祿歲增米鹽及工部物料，以是大爲同類所嫉。而是時，司禮諸閹滕祥、孟沖、陳洪方有寵，爭飾奇技淫巧以悅帝意，作鰲山燈，導帝爲長夜飲。芳切諫，帝不悅。祥等復媒孽之，帝遂怒，勒芳閒住。二年十一月復杖芳八十，下刑部監禁待決。尚書毛愷等言：「芳罪狀未明，臣等莫知所坐。」帝曰：「芳事朕無禮，其錮之。」

芳錮，祥等益橫。前司禮太監黃錦已革廕，祥輒復予之。工部尚書雷禮劾祥：「傳造採辦器物及修補壇廟樂器，多自加徵，糜費巨萬。工廠存留大木，斬截任意。臣禮力不能爭，乞早賜罷。」帝不罪祥，而令禮致仕。沖傳旨下海戶王印於鎮撫司，論戍，法司不預聞。納肅藩輔國將軍縉熿賄，越制得嗣封肅王。洪尤貪肆，內閣大臣亦有因之以進者。三人所糜國帑無算。帝享太廟，三人皆冠進賢冠，服祭服以從，爵賞辭謝與六卿埒。廷臣論劾者，太常少卿周怡以外補去，給事中石星、李已、陳吾德，御史詹仰庇，尚寶丞鄭履淳，皆廷杖削籍。三人各廕錦衣官至二十人，而芳獨久繫獄。四年四月，刑科都給事中舒化等以熱審屆期，請宥芳，乃得釋，充南京淨軍。

馮保，深州人。嘉靖中，爲司禮秉筆太監。隆慶元年提督東廠兼掌御馬監事。時司禮掌印缺，保以次當得之，適不悅於穆宗。大學士高拱薦御用監陳洪代，保由是疾拱。及洪罷，拱復薦用孟沖。沖故掌尚膳監者，例不當掌司禮。保疾拱彌甚，乃與張居正深相結，謀去之。會居正亦欲去拱專柄，兩人交益固。穆宗得疾，保密屬居正豫草遺詔，爲拱所見，面責居正曰：「我當國，奈何獨與中人具遺詔。」居正面赤謝過。拱益惡保，思逐之。

穆宗甫崩，保言於后妃，斥孟沖而奪其位，又矯遺詔令與閣臣同受顧命。及帝登極，保升立寶座旁不下，舉朝大駭。保既掌司禮，又督東廠，兼總內外，勢益張。拱諷六科給事中程文、十三道御史劉良弼等，交章數其奸，而給事中雒遵、陸樹德又特疏論列，拱意疏下即擬旨逐保。而保匿其疏，亟與居正定謀，遂逐拱去。

初，穆宗崩，拱於閣中大慟曰：「十歲太子，如何治天下。」保譖於后妃曰：「拱斥太子爲十歲孩子，如何作人主。」后妃大驚，太子聞之亦色變。迨拱去，保憾猶未釋。萬曆元年正月，有王大臣者，僞爲內侍服，入乾清宮，被獲下東廠。保欲緣此族拱，與居正謀，令家人辛儒飲食之，納刃其袖中，俾言拱怨望，遣刺帝。大臣許之。踰日，錦衣都督朱希孝等會鞫。大臣疾呼曰：「許我富貴，乃掠治我耶！且我何處識高閣老？」希孝懼，不敢鞫而罷。會廷臣楊博、葛守禮等保持之，居正亦迫衆議微諷保。保意稍解，乃以生漆酒瘖大臣，移送法司坐斬，拱獲免。由是舉朝皆惡保，而不肖者多因之以進。

慈聖太后遇帝嚴。保倚太后勢，數挾持帝，帝甚畏之。時與小內豎戲，見保入，輒正襟危坐曰：「大伴來矣。」所昵孫海、客用爲乾清宮管事牌子，屢誘帝夜游別宮，小衣窄袖，走馬持刀，又數進奇巧之物，帝深寵幸。保白太后，召帝切責。帝長跪受教，惶懼甚。保屬居正草帝罪己手詔，令頒示閣臣。詞過挹損，帝年已十八，覽之內慚，然迫於太后，不得不下。居正乃上疏切諫。又緣保意劾去司禮秉筆孫德秀、溫太及掌兵仗局周海，而令諸內侍俱自陳。由是保所不悅者，斥退殆盡，時八年十一月也。

保善琴能書。帝屢賜牙章曰「光明正大」，曰「爾惟鹽梅」，曰「汝作舟楫」，曰「魚水相逢」，曰「風雲際會」，所以待之甚隆。後保益橫肆，卽帝有所賞罰，非出保口，無敢行者。帝積不能堪，而保內倚太后，外倚居正，帝不能去也。然保亦時引大體。內閣產白蓮，翰林院有雙白燕，居正以進。保使使謂居正曰：「主上沖年，不可以異物啓玩好。」又能約束其子弟，不敢肆惡，都人亦以是稱之。

居正固有才，其所以得委任專國柄者，由保爲之左右也。然保性貪，其私人錦衣指揮徐爵、內官張大受，爲保、居正交關語言。且數用計使兩人相疑，旋復相好，兩人皆在爵術中。事與籌畫，因恃勢招權利，大臣亦多與通。爵夜至禁門，守衞者不敢詰，其橫如此。居正之奪情及杖吳中行等，保有力焉。

已而居正死，其黨益結保自固。居正以遺疏薦其座主潘晟入閣，保卽遣官召之。御史雷士楨、王國，給事中王繼光相繼言其不可用，晟中途疏辭。內閣張四維度申時行不肯爲晟下，擬旨允之，帝卽報可。保時病起，詬曰：「我小恙，遽無我耶？」皇太子生，保欲封伯爵，四維以無故事難之，擬廕弟姪一人都督僉事。保怒曰：「爾由誰得今日，而負我！」御史郭惟賢請召用吳中行等，保責其黨護，謫之。吏部尚書王國光罷，保輒用其鄉人梁夢龍代。爵、大受等竊權如故。

然是時太后久歸政，保失所倚，帝又積怒保。東宮舊閹張鯨、張誠乘間陳其過惡，請令閒住。帝猶畏之，曰：「若大伴上殿來，朕奈何？」鯨曰：「既有旨，安敢復入。」乃從之。會御史李植、江東之彈章入，遂謫保奉御，南京安置，久之乃死。其弟佑、從子邦寧並官都督，削職下獄，瘐死。大受及其黨周海、何忠等八人，貶小火者，司香孝陵。爵與大受子，烟瘴永戍。盡籍其家，保金銀百餘萬，珠寶瑰異稱是。

保之發南京也，太后問故。帝曰：「老奴爲張居正所惑，無他過，行且召還。」時潞王將婚，所需珠寶未備，太后問以爲言。帝曰：「年來無恥臣僚，盡貨以獻張、馮二家，其價騾貴。」太后曰：「已籍矣，必可得。」帝曰：「奴黠猾，先竊而逃，未能盡得也。」而其時，錦衣都督劉守有與僚屬張昭、龐清、馮昕等，皆以籍罪人家，多所隱沒，得罪。

張鯨，新城人，太監張宏名下也。內豎初入宮，必投一大璫爲主，謂之名下。馮保用事，鯨害其寵，爲帝畫策害保。宏謂鯨曰：「馮公前輩，且有骨力，不宜去之。」鯨不聽。既譖逐保，宏遂代保掌司禮監，而鯨掌東廠。宏無過惡，以賢稱，萬曆十二年卒。張誠代掌司禮監。十八年，鯨罷東廠，誠兼掌之。二十四年春，以誠聯姻武清侯，擅作威福，降奉御，司香孝陵，籍其家，弟姪皆削職治罪。

鯨性剛果，帝倚任之。其在東廠兼掌內府供用庫印，頗爲時相所憚。而其用事司房邢尙智，招權受賕。萬曆十六年冬，御史何出光劾鯨及其黨鴻臚序班尙智與錦衣都督劉守有相倚爲奸，專擅威福，罪當死者八。帝命鯨策勵供事，而削尙智、守有職，餘黨法司提問。給事中陳尙象、吳文梓、楊文煥，御史方萬策、崔景榮復相繼論列，報聞。法司奏鯨等贓罪，尙智論死，鯨被切責。給事中張應登再疏論之，御史馬象乾幷劾大學士申時行阿縱。帝皆不聽，命下象乾詔獄。以時行及同官許國、王錫爵等申救，象乾疏乃留中。給事中李沂至謂帝納鯨金寶，故寬鯨罪。帝大怒，言沂等爲張居正、馮保報復，杖六十，削其官，鯨亦私家閒住。已而南京兵部尙書吳文華率南九卿請罪鯨而宥言者，帝亦不聽。

尋復召鯨入。給事中陳與郊、御史賈希夷、南京吏部尙書陸光祖、給事中徐常吉、御史王以通等言益力，俱不報。最後大理評事雒于仁上酒色財氣四箴，指鯨以賄復進。帝怒甚，召申時行等於毓德宮，命治于仁罪，而召鯨，令時行等傳諭責訓之，鯨寵遂衰。尚智後減死充軍。

陳增，神宗朝礦稅太監也。萬曆十二年，房山縣民史錦奏請開礦，下撫按查勘，不果行。十六年，中使祠五臺山，還言紫荆關外廣昌、靈丘有礦砂，可作銀冶。帝聞之喜，以大學士申時行等言而止。十八年，易州民周言、張世才復言阜平、房山各產礦砂，請遣官開礦。時行等仍執不可。

至二十年，寧夏用兵，費帑金二百餘萬。其冬，朝鮮用兵，首尾八年，費帑金七百餘萬。二十七年，播州用兵，又費帑金二三百萬。三大征踵接，國用大匱。而二十四年，乾清、坤寧兩宮災。二十五年，皇極、建極、中極三殿災。營建乏資，計臣束手，礦稅由此大興矣。其遣官自二十四年始，其後言礦者爭走闕下，帝卽命中官與其人偕往，天下在在有之。眞、保、薊、永則王亮，昌黎、遷安則田進，昌平、橫嶺、淶水、珠寶窩山則王忠，眞定復益以王虎，幷採山西平定、稷山，浙江則曹金，後代以劉忠，陝西則趙欽，山西則張忠，河南則魯坤，廣東則李鳳、李敬，雲南則楊榮，遼東則高淮，江西則潘相，福建則高寀，湖廣則陳奉，而增奉敕開採山東。通都大邑皆有稅監，兩淮則有鹽監，廣東則有珠監，或專遣，或兼攝。大璫小監縱橫繹騷，吸髓飲血，以供進奉。大率入公帑者不及什一，而天下蕭然，生靈塗炭矣。其最橫者增及陳奉、高淮。

二十四年，增始至山東，卽劾福山知縣韋國賢，帝爲逮問削職。益都知縣吳宗堯抗增，被陷幾死詔獄。巡撫尹應元奏增二十大罪，亦罰俸。已，復命增兼徵山東店稅，與臨清稅監馬堂相爭。帝爲和解，使堂稅臨清，增稅東昌。增益肆無忌，其黨內閣中書程守訓、中軍官仝治等，自江南北至浙江，大作奸弊。稱奉密旨搜金寶，募人告密。誣大商巨室藏違禁物，所破滅什伯家，殺人莫敢問。御史劉曰梧具以狀聞，鹽務少監魯保亦奏守訓等阻塞鹽課，帝俱弗省。久之，鳳陽巡撫李三才劾守訓奸贓。增懼，因搜得守訓違禁珍寶及賕銀四十餘萬，聞於朝。命械入京鞫治，乃論死。而增肆惡山東者十年，至三十三年始死。

陳奉，御馬監奉御也。萬曆二十七年二月命徵荊州店稅，兼採興國州礦洞丹砂及錢廠鼓鑄事。奉兼領數使，恣行威虐。每託巡歷，鞭笞官吏，剽劫行旅。商民恨刺骨，伺奉自武昌抵荊州，聚數千人譟於塗，競擲瓦石擊之。奉走免，遂誣襄陽知府李商畊、黃州知府趙文煒、〔一〕荊州推官華鈺、〔二〕荊門知州高則巽、黃州經歷車任重等煽亂。帝爲逮鈺、任重，而謫商䀜等官。興國州奸人漆有光，訐居民徐鼎等掘唐相李林甫妻楊氏墓，〔三〕得黃金巨萬。騰驤衞百戶仇世亨奏之，帝命奉括進內庫。奉因毒拷責償，且悉發境內諸墓。巡按御史王立賢言所掘墓乃元呂文德妻，非林甫妻。奸人訐奏，語多不讎，請罷不治，而停他處開掘，不報。

二十八年十二月，武昌民變。南京吏部主事吳中明奏言：「奉嚇詐官民，僭稱千歲。其黨至直入民家，奸淫婦女，或掠入稅監署中。王生之女、沈生之妻，皆被逼辱。以致士民公憤，萬餘人甘與奉同死，撫按三司護之數日，僅而得全。而巡撫支可大曲爲蒙蔽。天下禍亂，將何所底！」大學士沈一貫亦言：「陳奉入楚，始而武昌一變，繼之漢口、黃州、襄陽、武昌、寶慶、德安、湘潭等處，變經十起，幾成大亂。立乞撤回，以收楚民之心。」帝皆置不問。

奉復使人開穀城礦，不獲，脅其庫金，爲縣民所逐。武昌兵備僉事馮應京劾奉十大罪，奉隨誣奏，降應京雜職。奉又開棗陽礦，知縣王之翰以顯陵近，執不可。奉劾之翰及襄陽通判邸宅、推官何棟如，緹騎逮訊，并追逮應京。應京素有惠政，民號哭送之。奉又榜列應京罪狀於衢。民切齒恨，復相聚圍奉署，誓必殺奉。奉逃匿楚王府，衆乃投奉黨耿文登等十六人於江。〔四〕以巡撫可大護奉，焚其轅門。事聞，一貫及給事中姚文蔚等請撤奉，不報。而御馬監監丞李道方督理湖口船稅，亦奏奉水沮商舟，陸截販賈，徵三解一，病國剝民。帝始召奉歸，而用一貫請，革可大職。奉在湖廣二年，慘毒備至。及去，金寶財物鉅萬計。可大懼爲民所掠，多與徒衞，導之出疆，楚民無不毒恨者。奉至京師，給事中陳維春、郭如星復極言其罪。帝不懌，降二人雜職。三十二年始釋應京歸，之翰卒瘐死。

當奉劾商畊等時，臨清民亦譟而逐馬堂。馬堂者，天津稅監也，兼轄臨清。始至，諸亡命從者數百人，白晝手鋃鐺奪人產，抗者輒以違禁罪之。僮告主者，畀以十之三，中人之家破者大半，遠近爲罷市。州民萬餘縱火焚堂署，斃其黨三十七人，〔三〕皆黥臂諸偷也。事聞，詔捕首惡，株連甚衆。有王朝佐者，素仗義，慨然出曰：「首難者，我也。」臨刑，神色不變。知府李士登恤其母妻，臨清民立祠以祀。後十餘年，堂擅往揚州，巡鹽御史徐縉芳劾其九罪，不問。

高淮，尙膳監監丞也。神宗寵愛諸稅監，自大學士趙志皐、沈一貫而下，廷臣諫者不下百餘疏，悉寢不報。而諸稅監有所糾劾，朝上夕下，輒加重譴。以故諸稅監益驕，而淮及梁永尤甚。淮與陳奉同時採礦徵稅遼東。委官廖國泰，虐民激變，淮誣繫諸生數十人。巡按楊宏科救之，不報。參隨楊永恩婪賄事發，奉旨會勘，卒不問。淮又惡遼東總兵馬林不爲己下，劾罷之。給事中侯先春疏救，遂戍林而謫先春雜職。巡按何爾健與淮互訐奏，淮遣人邀於路，責其奏事人，錮之獄，匿疏不以聞。又請復遼東馬市，巡撫趙楫力爭，始得寢。

三十一年夏，淮率家丁三百餘，張飛虎幟，金鼓震天，聲言欲入大內謁帝，潛住廣渠門外。給事中田大益、孫善繼、姚文蔚等言：「淮搜括士民，取金至數十萬，招納諸亡命降人，意欲何爲？」吏部尚書李戴、刑部尚書蕭大亨皆劾淮擅離信地，挾兵潛住京師，乃數百年未有之事。御史袁九皐、劉四科、孔貞一，給事中梁有年等，各疏劾淮，不報。巡撫楫劾淮罪惡萬端，且無故打死指揮張汝立，亦不報。淮因上疏自稱鎭守協同關務，兵部奏其妄。帝心護淮，謬曰：「朕固命之矣。」

淮自是益募死士，時時出塞射獵，發黃票龍旂，走朝鮮索冠珠、貂馬，數與邊將爭功，山海關內外咸被其毒。又扣除軍士月糧。三十六年四月，前屯衞軍甲而譟，誓食淮肉。六月，錦州、松山軍復變。淮懼內奔，誣同知王邦才、參將李獲陽逐殺欽使，〔六〕劫奪御用錢糧。二人皆逮問，邊民益譁。薊遼總督蹇達再疏暴淮罪，乃召歸，而以通灣稅監張曄兼領其事。獲陽竟死獄中，邦才至四十一年乃釋。

梁永，御馬監監丞也。萬曆二十七年二月命往陝西徵收名馬貨物。稅監故不典兵，永獨畜馬五百匹，招致亡命，用千戶樂綱出入邊塞。富平知縣王正志發其奸，幷劾礦監趙欽。

詔逮正志，瘐死詔獄中。渭南知縣徐斗牛，廉吏也。永責賂，箠斃縣吏卒，斗牛憤恨自縊死。巡撫賈待問奏之，帝顧使永會勘。永反劾西安同知宋賢，并劾待問有私，請皆勘。帝從之，而宥待問。

永又請兼鎮守職銜。又請率兵巡花馬池、慶陽諸鹽池，徵其課。緣是帥諸亡命具旌蓋鼓吹，巡行陝地。盡發歷代陵寢，搜摸金玉，旁行劫掠。所至，邑令皆逃。杖死縣丞鄭思顏、指揮劉應聘、諸生李洪遠等。縱樂綱等肆爲淫掠，私宮良家子數十人。稅額外增耗數倍，藍田等七關歲得十萬。復用奸人胡奉言，索咸陽冰片五十斤、羊毛一萬斤、麝香二十斤。知縣宋時際怒，勿予。

咸寧人道行遇盜，跡之，稅使役也，知縣滿朝薦捕得之。永誣時際、朝薦劫稅銀，帝命逮時際，而以朝薦到官未久，鐫秩一級。陝西巡撫顧其志盡發其奸，且言秦民萬衆，共圖殺永。大學士沈鯉、朱賡請械永歸，以安衆心。帝悉置不報，而釋時際勿逮，復朝薦官。

會御史余懋衡方按陝西，永懼，使綱酖懋衡幾死。訟於朝，言官攻永者數十疏，永部下諸亡命乃稍稍散。其渠魁王九功、石君章等齎重寶，輜軿盈路，詐爲上供物，持劍戟弓弩，結陣以行。而永所遣人解馬匹者，已乘郵傳先發。九功等急馳，欲追及與同出關。朝薦疑其盜，見九功等後至無驗，邏兵與格鬬，追至渭南，殺數人，盡奪其裝。御史懋衡以捕盜殺傷聞。永大窘，聽樂綱謀，使人繫疏髮中馳奏：「九功等各貢名馬、金珠、晴綠諸寶物，而咸寧知縣朝薦承余御史指，伏兵渭南遮劫之，繫君章等，誣以盜。」帝怒曰：「御史酖無恙，而朝薦代爲報復，且劫貢物。」敕逮朝薦，而令撫按護永等還京。三十四年事也。

是年，楊榮爲雲南人所殺。

初，榮妄奏阿瓦、猛密諸番願內屬，其地有寶井，可歲益數十萬，願賜敕領其事。帝許之。既而榮所進不得什一，乃誣知府熊鐸侵匿，下法司。又請詔麗江土知府木增獻地聽開採。巡按御史宋興祖言：「太祖令木氏世守茲土，限石門以絕西域，守鐵橋以斷土蕃，奈何自撤藩蔽，生遠人心。」不報。榮由是愈怙寵，誣劾尋甸知府蔡如川、趙州知州甘學書，皆下詔獄。已，又誣劾雲南知府周鐸，下法司提問。百姓恨榮入骨，相率燔稅廠，殺委官張安民。榮弗悛，恣行威虐，杖斃數千人。至是怒指揮使樊高明後期，榜掠絕勳，枷以示衆。又以求馬不獲，繫指揮使賀瑞鳳，且言將盡捕六衛官。於是指揮賀世勳、韓光大等率冤民萬人焚榮第，殺之，投火中，幷殺其黨二百餘人。事聞，帝爲不食者數日，欲逮問守土官。大學士沈鯉揭爭，且密屬太監陳矩剖示。帝乃止誅世勳等，而用巡撫陳用賓議，令四川稅使丘乘雲兼攝雲南事。

當是時，帝所遣中官，無不播虐逞兇者。湖口稅監李道劾降九江府經歷樊圃充，又劾逮南康知府吳寶秀、星子知縣吳一元，降臨江知府顧起淹。山西稅監孫朝劾降夏縣知縣韓薰。給事中程紹以救薰鐫一級，給事中李應策等復救之，遂削紹、薰職。巡撫魏允貞以阻撓罷去。廣東稅監李鳳劾逮鄉官通判吳應鴻等。鳳與珠池監李敬相仇，巡按李時華恃敬援劾鳳。給事中宋一韓言鳳乾沒五千餘萬，他珍寶稱是。吏部尚書李戴等言鳳釀禍，致潮陽鼓譟，粵中人爭欲殺之。帝不問。而敬惡亦不減於鳳，採珠七八年，歲得珠近萬兩。其後珠池盜起，敬乃請罷採。

山西礦監張忠劾降夏縣知縣袁應春，又劾逮西城兵馬戴文龍。江西礦監潘相激浮梁景德鎮民變，焚燒廠房。饒州通判陳奇可諭散之，相反劾逮奇可。相檄上饒縣勘礦洞，知縣李鴻戒邑人敢以食物市者死。相竟日饑渴，憊而歸，乃螫鴻，罷其官。

橫嶺礦監王虎以廣昌民變，劾降易州知州孫大祚。

蘇、杭織造太監兼管稅務孫隆激民變，遍焚諸札委稅官家，隆急走杭州以免。福建稅監高寀薦布政使陳性學，立擢巡撫。居閩十餘年，廣肆毒害。四十二年四月，萬衆洶洶欲殺寀。寀率甲士二百餘人入巡撫袁一驥署，露刃劫之，令諭衆退。復挾副使李思誠、僉事呂純如等至私署要盟，始釋一驥。復拘同知陳豸於署者久之。事聞，帝召寀還，命出豸，而一驥由此罷。

他若山東張曄、河南魯坤、四川丘乘雲輩，皆爲民害。迨帝崩，始下遺詔罷礦稅，撤諸中使還京。

陳矩，安肅人。萬曆中，爲司禮秉筆太監。二十六年提督東廠。爲人平恕識大體。嘗奉詔收書籍，中有侍郎呂坤所著閨範圖說，帝以賜鄭貴妃，妃自爲序，鋟諸木。時國本未定，或作閨範圖說跋，名曰憂危竑議，大指言貴妃欲奪儲位，坤陰助之，并及張養蒙、魏允貞等九人，語極妄誕。踰三年，皇太子立。

至三十一年十一月甲子昧爽，自朝房至勳戚大臣門，各有匿名書一帙，名曰續憂危竑議，言貴妃與大學士朱賡，戎政尚書王世揚，三邊總督李汶，保定巡撫孫瑋，少卿張養志，錦衣都督王之楨，千戶王名世、王承恩等相結，謀易太子，其言益妄誕不經。矩獲之以聞，大學士賡奏亦入。帝大怒，敕矩及錦衣衞大索，必得造妖書者。時大獄猝發，緝校交錯都下，以風影捕繫，所株連甚衆。之楨欲陷錦衣指揮周嘉慶，首輔沈一貫欲陷次輔沈鯉、侍郎郭正域，俱使人屬矩。矩正色拒之。

已而百戶蔣臣捕皦生光至。生光者，京師無賴人也，嘗僞作富商包繼志詩，有「鄭主乘黃屋」之句，以脅國泰及繼志金，故人疑而捕之。酷訊不承，妻妾子弟皆掠治無完膚。矩心念生光即冤，然前罪已當死，且獄無主名，上必怒甚，恐輾轉攀累無已。禮部侍郎李廷機亦以生光前詩與妖書詞合。乃具獄，生光坐淩遲死。鯉、正域、嘉慶及株連者，皆賴矩得全。

三十三年掌司禮監，督廠如故。帝欲杖建言參政姜士昌，以矩諫而止。雲南民殺稅監楊榮，帝欲盡捕亂者，亦以矩言獲免。明年奉詔慮囚，御史曹學程以阻封日本酋關白事，繫獄且十年，法司請於矩求出，矩謝不敢。已而密白之，竟得釋，餘亦多所平反。又明年卒，賜祠額曰淸忠。

自馮保、張誠、張鯨相繼獲罪，其黨有所懲，不敢大肆。帝亦惡其黨盛，有缺多不補。迨晚年，用事者寥寥，東廠獄中至生靑草。帝常膳舊以司禮輪供，後司禮無人，乾淸宮管事牌子常雲獨辦，以故偵卒稀簡，中外相安。惟四方採榷者，帝實縱之，故貪殘肆虐，民心憤怨，尋致禍亂云。

王安，雄縣人，初隸馮保名下。萬曆二十二年，陳矩薦於帝，命爲皇長子伴讀。時鄭貴妃謀立己子，數使人摭皇長子過。安善調護，貴妃無所得。「梃擊」事起，貴妃心懼。安爲太子屬草，下令旨，釋羣臣疑，以安貴妃。帝大悅。光宗卽位，擢司禮秉筆太監，遇之甚厚。安用其客中書舍人汪文言言，勸帝行諸善政，發帑金濟邊，起用直臣鄒元標、王德完等，中外翕然稱賢。大學士劉一燝、給事中楊漣、御史左光斗等皆重之。

初，西宮李選侍怙寵陵熹宗生母王才人，安內忿不平。及光宗崩，選侍與心腹閹李進忠等謀挾皇長子自重，安發其謀於漣。漣偕一燝等入臨，安紿選侍抱皇長子出，擇吉卽位，選侍移別宮去。事詳一燝等傳。熹宗心德安，言無不納。

安爲人剛直而疎，又善病，不能數見帝。魏忠賢始進，自結於安名下魏朝，朝日夕譽忠賢，安信之。及安怒朝與忠賢爭客氏也，勒朝退，而忠賢、客氏日得志，忌安甚。天啓元年五月，帝命安掌司禮監，安以故事辭。客氏勸帝從其請，與忠賢謀殺之。忠賢猶豫未忍，客氏曰：「爾我孰若西李，而欲遺患耶？」忠賢意乃決，嗾給事中霍維華論安，降充南海子淨軍，而以劉朝爲南海子提督，使殺安。劉朝者，李選侍私閹，故以移宮盜庫下獄宥出者。既至，絕安食。安取籬落中蘆菔啗之，三日猶不死，乃撲殺之。安死三年，忠賢遂誣東林諸人與安交通，興大獄，清流之禍烈矣。莊烈帝立，賜祠額曰昭忠。

魏忠賢，肅寧人。少無賴，與羣惡少博，不勝，爲所苦，恚而自宮，變姓名曰李進忠。其後乃復姓，賜名忠賢云。忠賢自萬曆中選入宮，隸太監孫暹，夤緣入甲字庫，又求爲皇長孫母王才人典膳，諂事魏朝。朝數稱忠賢於安，安亦善遇之。長孫乳媼曰客氏，素私侍朝，所謂對食者也。及忠賢入，又通焉。客氏遂薄朝而愛忠賢，兩人深相結。

光宗崩，長孫嗣立，是爲熹宗。忠賢、客氏並有寵。未踰月，封客氏奉聖夫人，廕其子侯國興、弟客光先及忠賢兄釗俱錦衣千戶。忠賢尋自惜薪司遷司禮秉筆太監兼提督寶和三店。忠賢不識字，例不當入司禮，以客氏故，得之。

天啓元年詔賜客氏香火田，敍忠賢治皇祖陵功。御史王心一諫，不聽。及帝大婚，御史畢佐周、劉蘭請遣客氏出外，大學士劉一燝亦言之。帝戀戀不忍舍，曰：「皇后幼，賴媼保護，俟皇祖大葬議之。」忠賢顓客氏，逐魏朝。又忌王安持正，謀殺之，盡斥安名下諸閹。客氏淫而狠。忠賢不知書，頗强記，猜忍陰毒，好諛。帝深信任此兩人，兩人勢益張，用司禮監王體乾及李永貞、石元雅、涂文輔等爲羽翼，宮中人莫敢忤。既而客氏出，復召入。御史周宗建、侍郎陳邦瞻、御史馬鳴起、給事中侯震暘先後力諍，俱被詰責。給事中倪思輝、朱欽相、王心一復言之，並謫外，尚未指及忠賢也。忠賢乃勸帝選武閹、鍊火器爲內操，密結大學士沈潅爲援。又日引帝爲倡優聲伎，狗馬射獵。刑部主事劉宗周首劾之，帝大怒，賴大學士葉向高救免。

初，神宗在位久，怠於政事，章奏多不省。廷臣漸立門戶，以危言激論相尚，國本之爭，指斥宮禁。宰輔大臣爲言者所彈擊，輒引疾避去。吏部郎顧憲成講學東林書院，海內士大夫多附之，「東林」之名自是始。既而「梃擊」、「紅丸」、「移宮」三案起，盈廷如聚訟。與東林忤者，衆目之爲邪黨。天啓初，廢斥殆盡，識者已憂其過激變生。及忠賢勢成，其黨果謀倚之以傾東林。而徐大化、霍維華、孫杰首附忠賢，劉一燝及尚書周嘉謨並爲杰劾去。然是時葉向高、韓爌方輔政，鄒元標、趙南星、王紀、高攀龍等皆居大僚，左光斗、魏大中、黃尊素等在言路，皆力持清議，忠賢未克逞。

二年敍慶陵功，廕忠賢弟姪錦衣衛指揮僉事。給事中惠世揚、尚書王紀論沈潅交通客、魏，俱被譴去。會初夏雨雹，周宗建言雹不以時，忠賢讒慝所致。修撰文震孟、太僕少卿滿朝薦相繼言之，亦俱黜。

三年春，引其私人魏廣微爲大學士。令御史郭鞏訐宗建、一爌、元標及楊漣、周朝瑞等保舉熊廷弼，黨邪誤國。宗建駁鞏受忠賢指揮，御史方大任助宗建攻鞏及忠賢，皆不勝。其秋，詔忠賢及客氏子國興所廕錦衣官並世襲。兵部尚書董漢儒、給事中程註、御史汪泗論交諫，不從。忠賢益無忌，增置內操萬人，衷甲出入，恣爲威虐。矯詔賜光宗選侍趙氏死。裕妃張氏有娠，客氏譖殺之。又革成妃李氏封。皇后張氏娠，客氏以計墮其胎，帝由此乏嗣。他所害宮嬪馮貴人等，太監王國臣、劉克敬、馬鑑等甚衆。禁掖事秘，莫詳也。是冬，兼掌東廠事。

四年，給事中傅櫆結忠賢甥傅應星爲兄弟，誣奏中書汪文言，並及左光斗、魏大中。下文言鎭撫獄，將大行羅織。掌鎭撫劉僑受葉向高教，止坐文言。忠賢大怒，削僑籍，而以私人許顯純代。是時御史李應昇以內操諫，給事中霍守典以忠賢乞祠額諫，御史劉廷佐以忠賢濫廕諫，給事中沈惟炳以立枷諫，忠賢皆矯旨詰責。於是副都御史楊漣憤甚，劾忠賢二十四大罪。疏上，忠賢懼，求解於韓爌。爌不應，遂趨帝前泣訴，且辭東廠，而客氏從旁爲剖析，體乾等翼之。帝懵然不辨也。遂溫諭留忠賢，而於次日下漣疏，嚴旨切責。漣旣絀，魏大中及給事中陳良訓、許譽卿，撫寧侯朱國弼，南京兵部尚書陳道亨，侍郎岳元聲等七十餘人，交章論忠賢不法。向高及禮部尙書翁正春請遣忠賢歸私第以塞謗，不許。

當是時，忠賢憤甚，欲盡殺異己者。顧秉謙因陰籍其所忌姓名授忠賢，使以次斥逐。王體乾復昌言用廷杖，威脅廷臣。未幾，工部郎中萬燝上疏刺忠賢，立杖死。又以御史林汝翥事辱向高，向高遂致仕去，汝翥亦予杖。廷臣俱大讋。一時罷斥者，吏部尙書趙南星、左都御史高攀龍、吏部侍郎陳于廷及楊漣、左光斗、魏大中等先後數十人，已又逐韓爌及兵部侍郎李邦華。正人去國，紛紛若振槁。乃矯中旨召用例轉科道。以朱童蒙、郭允厚爲太僕少卿，呂鵬雲、孫杰爲大理丞，復霍維華、郭興治爲給事中，徐景濂、賈繼春、楊維垣爲御史，而起徐兆魁、王紹徽、喬應甲、徐紹吉、阮大鋮、陳爾翌、張養素、李應薦、李嵩、楊春懋等，爲之爪牙。未幾，復用擬戍崔呈秀爲御史。呈秀乃造天鑒、同志諸錄，王紹徽亦造點將錄，皆以鄒元標、顧憲成、葉向高、劉一燝等爲魁，盡羅入不附忠賢者，號曰東林黨人，獻於忠賢。忠賢喜，於是羣小益求媚忠賢，攘臂攻東林矣。

初，朝臣爭三案及辛亥、癸亥兩京察與熊廷弼獄事，忠賢本無預。其黨欲藉忠賢力傾諸正人，遂相率歸忠賢，稱義兒，且云：「東林將害翁。」以故，忠賢欲甘心焉。御史張訥、倪文煥，給事中李魯生，工部主事曹欽程等，競搏擊善類爲報復。而御史梁夢環復興汪文言獄，下鎭撫司拷死。許顯純具爰書，詞連趙南星、楊漣等二十餘人，削籍遣戍有差。逮漣及左光斗、魏大中、周朝瑞、袁化中、顧大章等六人，至牽入熊廷弼案中，掠治死於獄。又殺廷弼，而杖其姻御史吳裕中至死。又削逐尚書李宗延、張問達，侍郎公鼐等五十餘人，朝署一空。而特召亓詩敎、劉述祖等爲御史，私人悉不次超擢。於是忠賢之黨徧要津矣。

當是時，東廠番役橫行，所緝訪無論虛實輒糜爛。戚臣李承恩者，寧安大長公主子也，家藏公主賜器。忠賢誣以盜乘輿服御物，論死。中書吳懷賢讀楊漣疏，擊節稱歎。奴告之，毙懷賢，籍其家。武弁蔣應陽爲廷弼訟冤，立誅死。民間偶語，或觸忠賢，輒被擒僇，甚至剝皮、刲舌，所殺不可勝數，道路以目。其年，敍門功，加恩三等，廕都督同知。又廕其族叔魏志德都督僉事。擢傅應星爲左都督，且旌其母。而以魏良卿僉書錦衣衛，掌南鎮撫司事。

六年二月，鹵簿大駕成，廕都督僉事。復使其黨李永貞僞爲浙江太監李實奏，逮治前應天巡撫周起元及江、浙里居諸臣高攀龍、周宗建、繆昌期、周順昌、黃尊素、李應昇等。攀龍赴水死，順昌等六人死獄中。蘇州民見順昌逮，不平，毆殺二校尉，巡撫毛一鷺爲捕顏佩韋等五人悉誅死。刑部尚書徐兆魁治獄，視忠賢所怒，即坐大辟。又從霍維華言，命顧秉謙等修三朝要典，極意詆諸黨人惡。御史徐復陽請毀講學書院，以絕黨根。御史盧承欽又請立東林黨碑。海內皆屏息喪氣。霍維華遂敎忠賢冒邊功矣。

遼陽男子武長春遊妓家，有妄言，東廠擒之。許顯純掠治，故張其辭云：「長春敵間，不獲且爲亂，賴廠臣忠智立奇勳。」詔封忠賢姪良卿爲肅寧伯，賜宅第、莊田，頒鐵券。吏部尚書王紹徽請崇其先世，詔贈忠賢四代如本爵。忠賢又矯詔遣其黨太監劉應坤、陶文、紀用鎭山海關，收攬兵柄。再敍功，廕都督同知，世襲錦衣衛指揮使，各一人。浙江巡撫潘汝楨奏請爲忠賢建祠。倉場總督薛貞言草場火，以忠賢救，得無害。於是頌功德者相繼，諸祠皆自此始矣。

編修吳孔嘉與宗人吳養春有讎，誘養春僕告其主隱占黃山，養春父子瘐死。忠賢遣主事呂下問、評事許志吉先後往徽州籍其家，株蔓殘酷。知府石萬程不忍，削髮去，徽州幾亂。其黨都督張體乾誣揚州知府劉鐸代李承恩謀釋獄，結道士方景陽詛忠賢，鐸竟斬。又以睚眦怨，誣新城侯子錦衣王國興，論斬，並黜主事徐石麒。〔七〕御史門克新誣吳人顧同寅、孫文豸誄熊廷弼，坐妖言律斬。又逮侍郎王之宷，斃於獄。凡忠賢所宿恨，若韓爌、張問達、何士晉、程註等，雖已去，必削籍，重或充軍，死必追贓破其家。或忠賢偶忘之，其黨必追論前事，激忠賢怒。

當此之時，內外大權一歸忠賢。內豎自王體乾等外，又有李朝欽、王朝輔、孫進、王國泰、梁棟等三十餘人，爲左右擁護。外廷文臣則崔呈秀、田吉、吳淳夫、李夔龍、〔八〕倪文煥主謀議，號「五虎」。武臣則田爾耕、許顯純、孫雲鶴、楊寰、崔應元主殺僇，號「五彪」。又吏部尚書周應秋、太僕少卿曹欽程等，號「十狗」。又有「十孩兒」、「四十孫」之號。而爲呈秀輩門下者，又不可數計。自內閣、六部至四方總督、巡撫，徧置死黨。心忌張皇后，其年秋，誣后父張國紀縱奴不法，矯中宮旨，冀搖后。帝爲致奴法，而誚讓國紀。忠賢未慊，復使順天府丞劉志選、御史梁夢環交發國紀罪狀，並言后非國紀女。會王體乾危言沮之，乃止。

其冬，三殿成。李永貞、周應秋奏忠賢功，遂進上公，加恩三等。魏良卿時已晉肅寧侯矣，亦晉寧國公，食祿如魏國公例，再加恩廕錦衣指揮使一人，同知一人。工部尚書薛鳳翔奏給賜第。已而太監陶文奏築喜峰隘口成，督師王之臣奏築山海城，刑部尚書薛貞奏大盜王之錦獄，南京修孝陵工竣，甘鎭奏捷，蕃育署丞張永祚獲盜，並言忠賢區畫方略。忠賢又自奏三年緝捕功，詔書褒奬。半歲中，所廕錦衣指揮使四人、同知三人、僉事一人。授其姪希孟世襲錦衣同知，甥傅之琮、馮繼先並都督僉事，而擢崔呈秀弟凝秀爲薊鎭副總兵。名器僭濫，於是爲極。其同類盡鎭薊、遼，山西宣、大諸阨要地。總兵梁柱朝、楊國棟等歲時賂名馬、珍玩勿絕。

七年春，復以崔文昇總漕運，李明道總河道，胡良輔鎭天津。文昇故侍光宗藥，爲東林所攻者也。海內爭望風獻諂，諸督撫大吏閻鳴泰、劉詔、李精白、姚宗文等，爭頌德立祠，洶洶若不及。下及武夫、賈豎、諸無賴子亦各建祠。窮極工巧，攘奪民田廬，斬伐墓木，莫敢控愬。而監生陸萬齡至請以忠賢配孔子，以忠賢父配啓聖公。

初，潘汝禎首上疏，御史劉之待會藁遲一日，卽削籍。而薊州道胡士容以不具建祠文，遵化道耿如杞入祠不拜，皆下獄論死。故天下風靡，章奏無巨細，輒頌忠賢。宗室若楚王華煃，中書朱愼鍌，勳戚若豐城侯李永祚，廷臣若尙書邵輔忠、李養德、曹思誠，總督張我續及孫國楨、張翌明、郭允厚、楊維和、李時馨、汪若極、何廷樞、楊維新、陳維新、陳爾翼、郭如闇、郭希禹、徐溶輩，佞詞累牘，不顧羞恥。忠賢亦時加恩澤以報之。所有疏，咸稱「廠臣」不名。大學士黃立極、施鳳來、張瑞圖票旨，亦必曰「朕與廠臣」，無敢名忠賢者。山東產麒麟，巡撫李精白圖象以聞。立極等票旨云：「廠臣修德，故仁獸至。」其誣罔若此。前後賜獎敕無算，誥命皆擬九錫文。

是年自春及秋，忠賢冒款汪燒餅、擒阿班歹羅銕等功，積廕錦衣指揮使至十有七人。其族孫希孔、希孟、希堯、希舜、鵬程，姻戚董芳名、王選、楊六奇、楊祚昌，皆至左、右都督及都督同知、僉事等官。又加客氏弟光先亦都督。魏撫民又從錦衣改尙寶卿。而忠賢志願猶未極，會袁崇煥奏寧遠捷，忠賢乃令周應秋奏封其從孫鵬翼爲安平伯。再敍三大工功，封從子良棟爲東安侯，加良卿太師，鵬翼少師，良棟太子太保。因徧賚諸廷臣，用呈秀爲兵部尙書兼左都御史，獨紬崇煥功不錄。時鵬翼、良棟皆在襁褓中，未能行步也。良卿至代天子饗南北郊，祭太廟。於是天下皆疑忠賢竊神器矣。

帝性機巧，好親斧鋸髹漆之事，積歲不倦。每引繩削墨時，忠賢輩輒奏事。帝厭之，謬曰：「朕已悉矣，汝輩好爲之。」忠賢以是恣威福惟己意。歲數出，輒坐文軒，羽幢青蓋，四馬若飛，鐃鼓鳴鏑之聲，轟隱黃埃中。錦衣玉帶鞾袴握刀者，夾左右馳，廚傳、優伶、百戲、輿隸相隨屬以萬數。百司章奏，置急足馳白乃下。所過，士大夫遮道拜伏，至呼九千歲，忠賢顧盻未嘗及也。客氏居宮中，脅持皇后，殘虐宮嬪。偶出歸私第，騶從赫奕照衢路，望若鹵簿。忠賢故騃無他長，其黨日夜敎之，客氏爲內主，羣凶煽虐，以是毒痡海內。

七年秋八月，熹宗崩，信王立。王素稔忠賢惡，深自儆備，其黨自危。楊所修、楊維垣先攻崔呈秀以嘗帝，主事陸澄原、錢元慤，員外郎史躬盛遂交章論忠賢。帝猶未發。於是嘉興貢生錢嘉徵劾忠賢十大罪：一並帝，二蔑后，三弄兵，四無二祖列宗，五尅削藩封，六無聖，七濫爵，八掩邊功，九朘民，十通關節。疏上，帝召忠賢，使內侍讀之。忠賢大懼，急以重寶啗信邸太監徐應元求解。應元，故忠賢博徒也。帝知之，斥應元。十一月，遂安置忠賢於鳳陽，尋命逮治。忠賢行至阜城，聞之，與李朝欽偕縊死。詔磔其屍，懸首河間。笞殺客氏於浣衣局。魏良卿、侯國興、客光先等並棄市，籍其家。客氏之籍也，於其家得宮女八人，蓋將效呂不韋所爲，人尤疾之。

崇禎二年命大學士韓爌等定逆案，始盡逐忠賢黨，東林諸人復進用。諸麗逆案者日夜圖報復。其後溫體仁、薛國觀輩相繼柄政，潛傾正人，爲翻逆案地。帝亦厭廷臣黨比，復委用中璫。而逆案中阮大鋮等卒肆毒江左，至於滅亡。

王體乾、李永貞、涂文輔，皆忠賢黨。體乾，昌平人，柔佞深險。熹宗初，爲尙膳太監，遷司禮秉筆。王安之辭司禮掌印也，體乾急謀於客、魏奪之，而置安於死。用是，一意附忠賢，爲之盡力。故事，司禮掌印者位東廠上。體乾避忠賢，獨處其下，故忠賢一無所忌。楊漣劾忠賢疏上，帝命體乾誦之，置疏中切要語不讀，漣遂得譴。萬燝之死，出體乾意。忠賢不識字，體乾與永貞等爲之謀主，遇票紅文書及改票，動請御筆，體乾獨奏，忠賢默然也。及忠賢冒陵工、殿工、邊功等賞，體乾、永貞輩亦各廕錦衣官數人。嘗疑選人錢受益、黃願素爲錢謙益、黃尊素兄弟，欲並禁錮，其阿媚忠賢如此。及莊烈帝定逆案，革體乾職，籍其家。

永貞，通州人。萬曆中爲內侍，犯法被繫者十八年，光宗立，得釋。忠賢用事，引其黨諸棟、史賓等爲秉筆。永貞入棟幕，與忠賢掌班劉榮爲死友。棟死，夤緣得通於忠賢，由文書房陞秉筆太監，匝月五遷，與體乾、文輔及石元雅共爲忠賢心腹。凡章奏入，永貞等先鈐識竅要，白忠賢議行。崔呈秀所獻諸錄，永貞等各置小册袖中，遇有處分，則爭出册告曰：「此某錄中人也。」故無得免者。永貞性貪，督三殿工，治信王邸，所侵沒無算。莊烈帝立，永貞陽引退，行十五萬金於體乾及司禮王永祚、王本政求援。三人惡其反覆，首於帝。永貞懼，遂亡去。既而被獲，謫鳳陽，尋以僞草李實奏，逮至，伏誅。

文輔，初爲客氏子侯國興授讀，諂附忠賢，由司禮秉筆歷掌御馬監，總督太倉、節愼二庫。奪寧安大長公主第爲廨，署曰「戶工總部」。騶從常數百人，部郎以下皆庭參，勢焰出羣閹上。莊烈帝立，復附徐應元，謫南京。

時有劉若愚者，故隸陳矩名下。善書，好學有文。天啓初，李永貞取入內直房，主筆札。永貞多密謀，若愚心識之，不敢與外廷通。忠賢敗，若愚爲楊維垣所劾，充孝陵淨軍。已，御史劉重慶以李實誣高攀龍等七人事劾實。實疏辨言係空印紙，乃忠賢逼取之，令永貞塡書者。帝驗疏，墨在朱上，遂誅永貞，坐若愚大辟。久之，得釋。若愚當忠賢時，祿賜未嘗一及，既幽囚，痛己之冤，而恨體乾、文輔輩之得漏網也，作酌中志以自明，凡四卷，見者憐之。

崔文昇者，鄭貴妃宮中內侍也。光宗立，陞司禮秉筆，掌御藥房。時貴妃進帝美女四人，帝幸焉，既而有疾。文昇用大黃藥，益劇，不視朝。外廷洶洶，皆言文昇受貴妃指，有異謀。給事中楊漣言：「陛下哀毀之餘，萬幾勞瘁。文昇誤用伐藥，又搆造流言，謂侍御蠱惑，損陛下令名。陛下奈何置賊臣於肘腋間哉？」然搆造之說，漣疑文昇誤用藥，故爲此以圖卸罪，其實出於文昇果否，未知也。未幾，光宗服鴻臚丞李可灼紅丸，遂崩。言者交攻可灼及閣臣方從哲，惟御史鄭宗周等直指文昇。給事中魏大中言文昇之惡不下張差，御史吳甡亦謂其罪浮可灼。下廷議，可灼論戍，文昇謫南京。及忠賢用事，召文昇總督漕運兼管河道。莊烈帝卽位，召回。御史吳煥復劾之。疏甫上，文昇卽結同黨伏宮門號哭，聲徹御座。帝大怒，並其黨皆杖一百，充孝陵淨軍。

張彝憲，莊烈帝朝司禮太監也。帝初卽位，鑒魏忠賢禍敗，盡撤諸方鎭守中官，委任大臣。既而廷臣競門戶，兵敗餉絀，不能贊一策，乃思復用近侍。崇禎四年九月，遣王應朝等監視關、寧，又遣王坤宣府，劉文忠大同，劉允中山西，監視軍馬。而以彝憲有心計，令鉤校戶、工二部出入，如涂文輔故事，爲之建署，名曰戶工總理，其權視外總督，內團營提督焉。

給事中宋可久、馮元飈等十餘人論諫，不納。吏部尚書閔洪學率朝臣具公疏爭，帝曰：「苟羣臣殫心爲國，朕何事乎內臣。」衆莫敢對。南京侍郎呂維祺疏責輔臣不能匡救，禮部侍郎李孫宸亦以召對力諫，俱不聽。彝憲遂按行兩部，踞尚書上，命郎中以下謁見。工部侍郎高弘圖不爲下，抗疏乞歸，削籍去。彝憲益驕縱，故勒邊鎭軍器不發。管盔甲主事孫肇興恐稽滯軍事，因劾其悞國。帝命回奏，罪至遣戍。主事金鉉、周鑣皆以諫斥去。工部尚書周士樸以不赴彝憲期，被詰問，罷去。

是時，中璫勢復大振。王坤至宣府，甫踰月，即劾巡按御史胡良機。帝落良機職，命坤按治。給事中魏呈潤爭之，亦謫外。坤性狂躁敢言，朝中大吏有欲倚之相傾擠者。於是坤抗疏劾修撰陳于泰，謂其盜竊科名，語侵周延儒。給事中傅朝佑言坤妄干彈劾之權，〔九〕且其文詞練達，機鋒挑激，必有陰邪險人主之，其意指溫體仁。帝置不問。左副都御史王志道言：「近者內臣舉動，幾於手握皇綱，而輔臣終不敢一問。至於身被彈擊，猶忍辱不言。何以副明主之知？」皆備責延儒，欲以動帝。帝怒，削其籍。時帝方一意用內臣，故言者多得罪。

至八年八月始下詔曰：「往以廷臣不職，故委寄內侍。今兵制麤立，軍餉稍清，盡撤監視總理。」又明年，命彝憲守備南京，尋死。然帝卒用高起潛輩典兵監鎭，馴至開關延賊，遂底滅亡。

高起潛，在內侍中，以知兵稱，帝委任之。五年命偕其儕呂直督諸將征孔有德於登州，明年凱旋。時流賊大熾，命太監陳大金、閻思印、謝文舉、孫茂霖等爲內中軍，分入大帥曹文詔、左良玉、張應昌諸營，名曰監軍，在邊鎭者，悉名監視。而起潛得監視寧、錦諸軍。已而諸監多侵剋軍資，臨敵輒擁精兵先遁，諸將亦恥爲之下，緣是皆無功。八年盡撤諸鎭內臣，惟起潛監視如故。

九年七月復遣太監李國輔、〔一〇〕許進忠等分守紫荆、倒馬諸關，孫惟武、劉元斌防馬水河。時兵部尚書張鳳翼出督援軍，宣大總督梁廷棟亦引兵南，特命起潛爲總監，給金三萬、賞功牌千，以司禮大璫張雲漢、韓贊周副之。然起潛實未嘗決一戰，惟割死人首冒功而已。明年，起潛行部視師，令監司以下悉用軍禮。永平道劉景耀、關內道楊於國疏爭，被黜。旣而與兵部尚書楊嗣昌比，致宣大總督盧象昇孤軍戰歿，又匿不言狀，人多疾之。

十七年，李自成將犯闕，帝復命起潛監寧、前諸軍，而以杜勳鎭宣府。勳至鎭卽降賊。事聞，廷臣請急撤城守太監，忽傳旨云：「杜勳罵賊殉難，予廕祠。」蓋爲內臣蒙蔽也。未幾，勳從賊至，自成設黃幄坐廣寧門外，秦、晉二王左右席地坐，勳侍其下，呼城上請入見。守城諸璫縋之上，同入大內，盛稱賊勢，勸帝自爲計。左右請留之，勳曰：「不返，則二王危。」乃縱之出，復縋下，語守城諸璫曰：「吾曹富貴固在也。」俄而城陷，諸璫皆降。及賊敗將遁，乃下令盡逐內豎，無貴賤老弱皆號哭徒跣，破面流血，走出京城門。賊遂捆載其金帛珠寶西去。

初，內臣奉命守城，已有異志，令士卒皆持白楊杖，朱其外，貫鐵環於端使有聲，格擊則折，至是賊即以其杖驅焉。廣寧門之啓，或曰太監曹化淳獻之，或曰化淳實守東直門，而化淳入國朝，上疏奏辨甚力，時倉卒莫能明也。起潛赴寧、前，中道棄關走。福王召爲京營提督，後亦降於我大淸。

王承恩，太監曹化淳名下也，累官司禮秉筆太監。崇禎十七年三月，李自成犯闕，帝命承恩提督京營。是時，事勢已去，城陴守卒寥寥，賊架飛梯攻西直、平則、德勝三門。承恩見賊坎牆，急發礮擊之，連斃數人，而諸璫泄泄自如。帝召承恩，令亟整內官，備親征。夜分，內城陷。天將曙，帝崩於壽皇亭，承恩即自縊其下。福王時，謚忠愍。本朝賜地六十畝，建祠立碑旌其忠，附葬故主陵側。

方正化，山東人。崇禎時，爲司禮太監。十五年冬，畿輔被兵，命總監保定軍務，有全城功，已而撤還。十七年二月復命出鎭，正化頓首辭，帝不許。又頓首曰：「奴此行萬無能爲，不過一死報主恩爾。」帝亦垂涕遣之。既至，與同知邵宗元等登陴共守。有請事者，但曰：「我方寸已亂，諸公好爲之。」及城陷，擊殺數十人，賊問：「若爲誰？」厲聲曰：「我總監方公也！」賊攢刀斫殺之，其從奄皆死。

時內臣殉難者，更有故司禮掌印太監高時明，司禮秉筆太監李鳳翔，提督諸監局太監褚憲章、張國元四人。督東廠太監王之心家最富，既降，賊勒其貲，拷死。南渡時，建旌忠祠祀諸死難者，以王承恩爲正祀，內臣正化等附祀，而之心亦濫與焉。

校勘記

〔一〕黃州知府趙文煒　趙文煒，本書卷二三七華鈺傳作「趙文煥」。

〔二〕荆州推官華鈺　華鈺，原作「華珏」，據本書卷二三七及明史稿傳一一三華鈺傳，神宗實錄卷三三八、三四三萬曆二十七年八月丁丑、二十八年正月丁卯條改。下同。

〔三〕訐居民徐鼎等掘唐相李林甫妻楊氏墓　徐鼎，本書卷二一六馮琦傳作「徐鼐」。
〔四〕衆乃投奉黨耿文登等十六人於江　十六人，本書卷二三七馮應京傳作「六人」。
〔五〕斃其黨三十七人　三十七人，本書卷二一神宗紀作「三十四人」。
〔六〕參將李獲陽逐殺欽使　李獲陽，原作「李孟陽」，據本書卷二三七華鈺傳、神宗實錄卷四四七萬曆三十六年六月庚申條改。下同。
〔七〕並黜主事徐石麒　徐石麒，原作「徐石麟」，據本書卷二七五徐石麒傳、明史稿傳一七九魏忠賢傳改。
〔八〕李夔龍　原脫「夔」字，據本書卷三〇六崔呈秀傳、明史稿傳卷一七九魏忠賢傳補。
〔九〕給事中傅朝佑言坤妄干彈劾之權　傅朝佑，原作「傅朝佐」，據本書卷三〇八周延儒傳、又卷二五八傅朝佑傳改。
〔一〇〕太監李國輔　李國輔，原作「李輔國」，據本書卷二三莊烈帝紀、國榷卷九五頁五七四七改。

明史卷三百六

列傳第一百九十四

閹黨

明代閹宦之禍酷矣，然非諸黨人附麗之，羽翼之，張其勢而助之攻，虐焰不若是其烈也。中葉以前，士大夫知重名節，雖以王振、汪直之橫，黨與未盛。至劉瑾竊權，焦芳以閣臣首與之比，於是列卿爭先獻媚，而司禮之權居內閣上。迨神宗末年，訛言朋興，羣相敵讐，門戶之爭固結而不可解。凶豎乘其沸潰，盜弄太阿，黠桀渠憸，竄身婦寺。淫刑痛毒，快其惡正醜直之私。衣冠塡於狴犴，善類殞於刀鋸。迄乎惡貫滿盈，亟伸憲典，刑書所麗，迹穢簡編，而遺孽餘燼終以覆國。莊烈帝之定逆案也，以其事付大學士韓爌等，因慨然太息曰：「忠賢不過一人耳，外廷諸臣附之，遂至於此，其罪何可勝誅。」痛乎哉，患得患失之鄙夫，其流毒誠無所窮極也！

今錄自焦芳、張綵以下，迄天啓朝，爲閹黨列傳，用垂鑒誡。其以功名表見，或晚節自蓋，如王驥、王越、楊維垣、張捷之徒，則仍別見焉。

焦芳 劉宇 曹元　張綵 韓福等　顧秉謙 魏廣微等　崔呈秀 吳淳夫等
劉志選 梁夢環等　曹欽程 石三畏等　王紹徽 周應秋　霍維華 徐大化等
閻鳴泰　賈繼春　田爾耕 許顯純

焦芳，泌陽人。天順八年進士。大學士李賢以同鄉故，引爲庶吉士，授編修，進侍講。滿九年考，當遷學士。或語大學士萬安：「不學如芳，亦學士乎？」芳聞大恚曰：「是必彭華間我也。我不學士，且刺華長安道中。」華懼，言於安，乃進芳侍講學士。先是，詔纂文華大訓，進講東宮，其書皆華等所爲。芳恥不與，每進講，故摘其疵，揚言衆中。翰林尚文采，獨芳粗陋無學識，性陰很，動輒議訕，人咸畏避之。尹旻之罷也，芳與其子龍相比，謫桂陽州同知。芳知出華、安二人指，銜次骨。

弘治初，移霍州知州，擢四川提學副使，調湖廣。未幾，遷南京右通政，以憂歸。服闋，授太常少卿兼侍講學士，尋擢禮部右侍郎。怨劉健尼己，日於衆中嫚罵。健判牒不可意，即引筆抹去，不關白尚書。俄改吏部，轉左侍郎。馬文升爲尚書，芳輒加姍侮，陰結言官，使抨擊素所不快及在己上者。又上言禦邊四事以希進用，爲謝遷所抑，尤憾遷。每言及餘姚、江西人，以遷及華故，肆口詬詈。芳既積忤廷臣，復銳進，乃深結閹宦以自固，日夜謀逐健、遷，代其位。

正德初，戶部尚書韓文言會計不足。廷議謂理財無奇術，唯勸上節儉。芳知左右有竊聽者，大言曰：「庶民家尙須用度，況縣官耶？諺云『無錢揀故紙』。今天下逋租匿稅何限，不是檢索，而但云損上何也？」武宗聞之大喜。會文升去，遂擢爲吏部尙書。韓文將率九卿劾劉瑾，疏當首吏部，以告芳。芳陰洩其謀於瑾。瑾遂逐文及健、遷輩，而芳以本官兼文淵閣大學士，入閣輔政，累加少師、華蓋殿大學士。居內閣數年，瑾濁亂海內，變置成法，荼毒縉紳，皆芳導之。每過瑾，言必稱千歲，自稱曰門下。裁閱章奏，一阿瑾意。四方賂瑾者先賂芳。

子黃中，亦傲很不學，廷試必欲得第一。李東陽、王鏊爲置二甲首，芳不悅。言於瑾，徑授翰林檢討，俄進編修。芳以黃中故，時時詈東陽。瑾聞之曰：「黃中昨在我家試石榴詩甚拙，顧恨李耶？」

瑾怒翰林官傲己，欲盡出之外，爲張綵勸沮。及修孝宗實錄成，瑾又持前議，綵復力沮。而芳父子與檢討段炅輩，教瑾以擴充政事爲名，乃盡出編修顧清等二十餘人於部曹。

有司應詔舉懷材抱德之士，以餘姚人周禮、徐子元、許龍，上虞人徐文彪四人名上。瑾以禮等皆遷鄉人，而詔草出健，因下四人詔獄，欲併逮健、遷。東陽力解之。芳厲聲曰：「縱貰其罪，不當除名耶？」乃黜健、遷爲民，而榜逐餘姚人之爲京官者。

滿剌加使臣亞劉，本江西萬安人，名蕭明舉。以罪叛入其國，與其國人端亞智等來朝。旣又謀入浡泥國索寶，且殺亞智等。事聞，方下所司勘奏。芳卽署其尾曰：「江西土俗，故多玩法，如彭華、尹直、徐瓊、李孜省、黃景等，多被物議。宜裁減解額五十名，通籍者勿選京職，著爲令。」且言：「王安石禍宋，吳澄仕元，宜榜其罪，使他日毋得濫用江西人。」楊廷和解之曰：「以一盜故，禍連一方，至裁解額矣。宋、元人物，亦欲併案耶？」乃止。

芳深惡南人，每退一南人，輒喜。雖論古人，亦必詆南而譽北，嘗作南人不可爲相圖進瑾。其總裁孝宗實錄，若何喬新、彭韶、謝遷皆肆誣詆，自喜曰：「今朝廷之上，誰如我直者。」

始張綵爲郎時，芳力薦以悅瑾，覬其爲奸利。比綵爲尚書，芳父子薦人無虛日，綵時有同異，遂有隙。而段炅見瑾暱綵，芳勢稍衰，轉附綵，盡發芳陰事於瑾。瑾大怒，數於衆中斥芳父子。芳不得已，乃乞歸。

黃中句闌瘞，以侍讀隨父還。瑾敗，給事、御史交劾，削其官，黜黃中爲民。久之，芳使黃中齎金寶遺權貴，上章求湔雪復官，爲吏科所駁。於是吏部覆奏，請械繫黃中法司，以彰天討。黃中狼狽遁走。

芳居第宏麗，治作勞數郡。大盜趙鐩入泌陽，火之，發窖多得其藏金，乃盡掘其先人塚墓，雜燒以牛馬骨。求芳父子不得，取芳衣冠被庭樹，拔劍斫其首，使羣盜糜之，〔一〕曰：「吾爲天子誅此賊。」鐩後臨刑歎曰：「吾不能手刃焦芳父子以謝天下，死有餘恨！」瑾從孫二漢當死，〔二〕亦曰：「吾死固當，第吾家所爲，皆焦芳與張綵耳。今綵與我處極刑，而芳獨晏然，豈非冤哉。」芳父子竟良死。

劉宇，字至大，鈞州人。成化八年進士。由知縣入爲御史，坐事謫，累遷山東按察使。弘治中，以大學士劉健薦，擢右僉都御史，巡撫大同，召爲左副都御史。正德改元，吏部尚書馬文升薦之，進右都御史，總督宣府、大同、山西軍務。宇初撫大同，私市善馬賂權要。兵部尚書劉大夏因孝宗召見，語及之。帝密遣錦衣百戶邵琪往察，宇厚賂琪，爲之抵諱。後大夏再召對，帝曰：「健薦宇才堪大用，以朕觀之，此小人，豈可用哉？由是知內閣亦未可盡信也。」宇聞，以大夏不爲己地，深憾之。

劉瑾用事，宇介焦芳以結瑾。二年正月入爲左都御史。瑾好摧折臺諫，宇緣其意，請敕箝制御史，有小過輒加笞辱，瑾以爲賢。瑾初通賄，望不過數百金，宇首以萬金贄，瑾大喜曰：「劉先生何厚我。」尋轉兵部尙書，加太子太傅。子仁應殿試，求一甲不得。厚賄瑾，內批授庶吉士，踰年遷編修。

時許進爲吏部尙書，宇讒於瑾，遂代其位，而曹元代宇爲兵部。宇在兵部時，賄賂狼籍。及爲吏部，權歸選郎張綵，而文吏贈遺又不若武弁，嘗悒悒歎曰：「兵部自佳，何必吏部也。」後瑾欲用綵代宇，乃令宇以原官兼文淵閣大學士。宇宴瑾閣中，極驩，大喜過望。明日將入閣辦事。瑾曰：「爾眞欲相耶？此地豈可再入。」宇不得已，乃乞省墓去。踰年瑾誅，科道交章劾奏，削官致仕，子仁黜爲民。

曹元，字以貞，大寧前衞人。柔佞滑稽，不修士行。舉成化十一年進士。授工部主事。正德二年累遷右副都御史，巡撫甘肅。分守中官張昭奉命捕虎豹，元以軍士出境搜捕，恐啓邊釁，上疏請止，不從。改撫陝西。踰年，召爲兵部右侍郎，轉左，尋代宇爲尙書兼督團營，加太子少保。將校遷除，皆惟瑾命。元所入亦不貲。五年拜吏部尙書兼文淵閣大學士。元與劉瑾有連，自瑾侍東宮，卽與相結。及瑾得志，遂夤緣躐至卿相，然瑣瑣無能，在閣中飲酒諧謔而已。瑾敗，元卽日上疏請罪，詞極哀。詔許致仕，言官交劾，黜爲民。元無子，病中自作墓志，歎曰：「我死，誰銘我者！」

當劉瑾時，廷臣黨附者甚衆。瑾誅，言官交劾。內閣則焦芳、劉宇、曹元。尙書則吏部張綵，戶部劉璣，兵部王敞，刑部劉璟，工部畢亨，南京戶部張澯，禮部朱恩，刑部劉纓，工部李善。侍郎則吏部柴昇、李瀚，前戶部韓福，禮部李遜學，兵部陸完、陳震，刑部張子麟，工部崔巖、夏昂、胡諒，南京禮部常麟，工部張志淳。都察院則副都御史楊綸，僉都御史蕭選。巡撫則順天劉聰，應天魏訥，宣府楊武，保定徐以貞，大同張鼐，淮揚屈直，兩廣林廷選，操江王彥奇。前總督文貴，馬炳然。大理寺則卿張綸，少卿董恬，丞蔡中孚、張檜。通政司則通政吳釴，王雲鳳，參議張龍。太常則少卿楊廷儀，劉介。尙寶卿則吳世忠，丞屈銓。府尹則陳良器，府丞則石祿。翰林則侍讀焦黃中，修撰康海，編修劉仁，檢討段炅。吏部郎則王九思、王納誨。給事中則李憲、段豸。御史則薛鳳鳴、朱衮、秦昂、宇文鍾、崔哲、李紀、周琳。其他郎署監司又十餘人。於是綵論死，福謫戍，元、恩、震、聰、訥、武、恬、介、黃中、海、仁、憲、鳳鳴、鍾除名，亨、昂閒住，善、巖、諒、志淳、綸、直、彥奇、良器、哲致仕，選、以貞、鼐、中孚、龍、祿、銓、炅、豸、衮、紀、琳、九思，納誨謫外，朝署爲淸。

張綵，安定人。弘治三年進士。授吏部主事，歷文選司郎中。綵議論便利，善伺權貴指。初矯飾徼聲譽，尚書馬文升等皆愛之。給事中劉蒞嘗劾其顚倒選法數事，文升悉爲辯析，且譽其聰明剛正，爲上下所推服。詔令辦事如故。綵卽五疏移疾去，文升固留不得，時論稱之。越數日，給事中李貫薦綵有將略。楊一淸總制三邊，亦薦綵自代。而焦芳以綵與劉瑾同鄉，力薦於瑾。瑾欲致之，因著令，病過期不赴者，斥爲民。綵乃就道。旣見瑾，高冠鮮衣，貌白晳修偉，鬚眉蔚然，詞辯泉湧。瑾大敬愛，執手移時，曰：「子神人也，我何以得遇子！」時文選郎劉永已遷通政，次當驗封郎石確。疏旣入，瑾令尚書許進追原疏，以綵易之。綵自是一意事瑾。瑾惡進不附己，綵因媒孽去進，以劉宇代之。宇雖爲尚書，銓政率由綵，多不關白宇，卽白宇，宇必溫言降接。綵抱案立語，宇俯僂不敢當。居文選半載，擢左僉都御史，與戶部右侍郎韓鼎同廷謝。鼎老，拜起不如儀，爲谷大用、張永輩所竊笑。瑾方慚，而綵丰采英毅，大用等皆稱羨，瑾乃喜。越二日罷鼎，而綵踰年超拜吏部右侍郎。鼎，合水人。弘治時，爲給事中，負直聲。後遷右通政，治水安平有勞績，以通政使家居。至是爲瑾所引，復挫歸，遂失其素望。

瑾欲大貴綵，乃命劉宇入內閣，以綵代之。一歲中，自郞署長六卿。僚友守官如故，咸惴惴白事尚書前，綵厲色無所假借。尋加太子少保。每瑾出休沐，公卿往候，自辰至晡未得見。綵故徐徐來，直入瑾小閣，歡飲而出，始揖衆人。衆以是益畏綵，見綵如瑾禮。綵與朝臣言，呼瑾爲老者。凡所言，瑾無不從。因不時考察內外官，糾摘嚴急，間一用薄罰，而諸司臺諫謫辱日甚。變亂舊格，賄賂肆行，海內金帛奇貨相望塗巷間。性尤漁色。撫州知府劉介，其鄉人也，娶妾美。綵特擢介太常少卿，盛服往賀曰：「子何以報我？」介皇恐謝曰：「一身外，皆公物。」綵曰：「命之矣。」卽使人直入內，牽其妾，輿載而去。又聞平陽知府張恕妾美，索之不肯，令御史張綸按致其罪，擬戍。恕獻妾，始得論減。

綵既銜瑾恩，見瑾擅權久，貪冒無厭，天下怨之，因乘間說曰：「公亦知賄入所自乎？非盜官帑，卽剝小民。彼借公名自厚，入公者未十一，而怨悉歸公，何以謝天下？」瑾大然之。會御史胡節巡按山東還，厚遺瑾。瑾發之，捕節下獄。少監李宣、侍郞張鸞、指揮同知趙良按事福建還，餽瑾白金二萬。瑾疏納金於官，而按三人罪。其他因賄得禍者甚衆。苛斂之害爲少衰，中外或稱綵能導瑾爲善矣。及瑾伏誅，綵以交結近侍論死，遇赦當免。改擬同瑾謀反，瘐死獄中，仍剉屍於市，籍其家，妻子流海南。

韓福者，西安前衞人也。成化十七年進士。爲御史，按宣府、大同，數條奏軍民利病，邊人悅之。弘治中，遷大名知府，奸盜屏跡，道不拾遺，政績爲畿輔冠。以卓異擧，遷浙江左參政，病免。

武宗立，言官交薦，召爲大理右少卿。正德二年以右僉都御史督蘇、松糧儲。未幾，召入爲右副都御史。坐累，下詔獄。獄上，劉瑾以同鄉故，立命出之。召與語，大悅，即用爲戶部左侍郎。福故强幹吏，所在著能聲。至是受挫，爲瑾所拔擢，遂精心事瑾，爲効力。瑾亦時召與謀，委寄亞於綵。會湖廣以缺餉告，命兼僉都御史往理之。瑾喜操切，福希指，益務爲嚴苛。湖廣民租自弘治改元後，逋六百餘萬石，皆遇災蠲免。福欲追徵之，劾所司催科不力，自巡撫鄭時以下凡千二百人。奏至，擧朝駭愕，戶部尙書劉璣等議如福言。瑾忽怒福，取詔旨報曰：「湖廣軍民困敝，朕甚憫之。福任意苛斂，甚不稱朕意，令自劾，吏部擧堪代者以聞。」福引罪求罷，乃召還。四年復命覈遼東屯田。福性故刻深，所擕同知劉玉等又奉行過當。軍士不能堪，焚掠將吏及諸大姓家。守臣發帑撫慰之，亂始定。給事中徐仁等極論之。瑾迫公議，勒福致仕。明年瑾敗，籍其貲，則福在湖廣時所餽白金數十萬兩，封識宛然，遂遣戍固原。

李憲，岐山人。爲吏科給事中，諂事瑾，每率衆請事於瑾，盛氣獨前，自號六科都給事中。時袖白金示同列曰：「此劉公所遺也。」瑾敗，虞禍及，亦劾瑾六事。瑾在獄，笑曰：「李憲亦劾我乎？」卒坐除名。

張龍，順天人。官行人，邪媚無賴，與壽寧侯通譜系，因得交諸中人、貴戚，恃勢奪人田宅。正德三年夤緣爲兵科給事中，出覈遼東軍餉，得腐豆四石。請逮問監守諸臣，罰郎中徐璉以下米三百石有差。瑾以爲能，擢通政參議。瑾敗，謫知灤州。後又結朱寧爲父，起嘉興同知，遷登州知府。言官彈射無虛月。與山西左布政使倪天民、右布政使陳逵、右參議孫清並貪殘，天下目爲「四害」。龍朝覲入都，中旨擢右通政，爲寧通中外賄，所乾沒不貲。後以私取賄，爲寧所覺，斥逐之。嘉靖初，下獄論死。

顧秉謙，崑山人。萬曆二十三年進士。改庶吉士，累官禮部右侍郎，教習庶吉士。天啓元年晉禮部尚書，掌詹事府事。二年，魏忠賢用事，言官周宗建等首劾之。忠賢於是謀結外廷諸臣，秉謙及魏廣微率先諂附，霍維華、孫杰之徒從而和之。明年春，秉謙、廣微遂與朱國禎、朱延禧俱入參機務。

廣微，南樂人，侍郎允貞子也。萬曆三十二年進士。由庶吉士歷南京禮部侍郎。忠賢用事，以同鄉同姓潛結之，遂召拜禮部尚書。至是，與秉謙俱以原官兼東閣大學士。七月，秉謙晉太子太保，改文淵閣。十一月晉少保、太子太傅。五年正月晉少傅、太子太師、吏部尚書，改建極殿。九月晉少師。

秉謙爲人，庸劣無恥，而廣微陰狡。趙南星與其父允貞友善，嘗歎曰：「見泉無子。」見泉，允貞別號也。廣微聞之，恨刺骨。既柄政，三及南星門，閽人辭不見。廣微怫然曰：「他人可拒，相公尊，不可拒也。」益恨南星。楊漣之劾忠賢二十四罪也，忠賢懼，屬廣微爲調旨，一如忠賢意。而秉謙以漣疏有「門生宰相」語，怒甚。會孟冬饗廟，且頒朔，廣微偃蹇後至，給事中魏大中、御史李應昇連劾之。廣微益憤，遂決意傾善類，與秉謙謀盡逐諸正人，點縉紳便覽一冊，若葉向高、韓爌、何如寵、成基命、繆昌期、姚希孟、陳子壯、侯恪、趙南星、高攀龍、喬允升、李邦華、鄭三俊、楊漣、左光斗、魏大中、黃尊素、周宗建、李應昇等百餘人，目爲邪黨，而以黃克纘、王永光、徐大化、賈繼春、霍維華等六十餘人爲正人，由閹人王朝用進之，俾據是爲黜陟。忠賢得內閣爲羽翼，勢益張。秉謙、廣微亦曲奉忠賢，若奴役然。

葉向高、韓爌相繼罷，何宗彥卒，秉謙遂爲首輔。自四年十二月至六年九月，凡傾害忠直，皆秉謙票擬。三朝要典之作，秉謙爲總裁，復擬御製序冠其首，欲用是鉗天下口。朝廷有一舉動，輒擬旨歸美忠賢，褒贊不已。廣微以札通忠賢，簽其函曰「內閣家報」，時稱曰

「外魏公」。先是，內閣調旨，惟出首輔一人；餘但參議論而已。廣微欲擅柄，謀之忠賢，令衆輔分任，政權始分，後遂沿爲故事。

楊漣等六人之逮也，廣微實與其謀，秉謙調嚴旨，五日一追比。尚書崔景榮懼其立死杖下，亟請廣微諫止。廣微不自安，疏言：「漣等在今日，誠爲有罪之人，在前日實爲卿寺之佐。縱使贓私果眞，亦當轉付法司，據律論罪，豈可逐日嚴刑，令鎭撫追贓乎？身非木石，重刑之下，就死直須臾耳。以理刑之職，使之追贓，官守安在？勿論傷好生之仁，抑且違祖宗之制，將朝政日亂，與古之帝王大不相侔矣。」疏入，大忤忠賢意。廣微懼，急出景榮手書自明，而忠賢怒已不可解。乃具疏乞休，不許。居兩月，矯詔切責廷臣，中言「朕方率循舊章，而曰『朝政日亂』，朕方祖述堯、舜，而曰『大不相侔』」，蓋卽指廣微疏語。廣微益懼，丐秉謙爲解，忠賢意少釋。然廣微卒不自安，復三疏乞休，五年八月許之去。〔三〕廣微先已加少保、太子太傅，改吏部尚書、建極殿大學士，至是復加少傅、太子太師，廕子中書舍人，賜白金百、坐蟒一、綵幣四表裏，乘傳，行人護歸。典禮優渥，猶用前好故也。居二年，卒於家，贈太傅，恤典如制。

秉謙票擬，事事徇忠賢指。初矯旨罪主考丁乾學，又調旨殺漣、光斗等。惟周順昌、李應昇等下詔獄，秉謙請付法司，毋令死非其罪。內臣出鎭，秉謙撰上諭，已復與丁紹軾請罷。二事微有執爭。馮銓既入閣，同黨中日夜交軋，羣小亦各有所左右。秉謙不自安，屢疏乞休，後廣微一年致仕去。崇禎元年，爲言官祖重曄、徐尚勳、汪應元所糾，命削籍。已，坐交結近侍，入逆案中，論徒三年，贖爲民。二年，崑山民積怨秉謙，聚衆焚掠其家。秉謙年八十，倉皇竄漁舟得免，乃獻窖藏銀四萬於朝，寄居他縣以死。廣微亦追論削奪，列逆案遣戍中。

自秉謙、廣微當國，政歸忠賢。其後入閣者黃立極、施鳳來、張瑞圖之屬，皆依媚取容，名麗逆案。

黃立極，字中五，元城人。萬曆三十二年進士。累官少詹事、禮部侍郎。天啓五年八月，忠賢以同鄉故，擢禮部尚書兼東閣大學士，與丁紹軾、周如磐、馮銓並參機務。時魏廣微、顧秉謙皆以附忠賢居政府。未幾廣微去，如磐卒。明年夏，紹軾亦卒，銓罷。其秋，施鳳來、張瑞圖、李國槽入。已而秉謙乞歸，立極遂爲首輔。

施鳳來，平湖人。張瑞圖，晉江人。皆萬曆三十五年進士。鳳來殿試第二，瑞圖第三，同授編修，同積官少詹事兼禮部侍郎，同以禮部尚書入閣。鳳來素無節概，以和柔媚於世。瑞圖會試策言：「古之用人者，初不設君子小人之名，分別起於仲尼。」其悖妄如此。忠賢生祠碑文，多其手書。莊烈帝即位，山陰監生胡煥猷劾立極、鳳來、瑞圖、國槽等，「身居揆席，漫無主持。甚至顧命之重臣，斃於詔獄；五等之爵，尙公之尊，加於閹寺；而生祠碑頌，靡所不至。律以逢奸之罪，夫復何辭？」帝爲除煥猷名，下吏。立極等內不自安，各上疏求罷，帝猶優詔報之。十一月，立極乞休去，來宗道、楊景辰並入閣，鳳來爲首輔。御史羅元賓復疏糾，鳳來、瑞圖俱告歸。

宗道，蕭山人。立極同年進士，累官太子太保、禮部尙書，以本官兼內閣大學士，預機務。宗道官禮部時，爲崔呈秀父請䘏典，中有「在天之靈」語。編修倪元璐屢疏爭時事，宗道笑曰：「渠何事多言，詞林故事，止香茗耳。」時謂宗道淸客宰相云。

景辰，瑞圖同縣人。萬曆四十一年進士。積官吏部右侍郎，與宗道同入閣。官翰林時，爲要典副總裁，一徇奸黨指，又三疏頌忠賢。及朝局已變，乃請燬要典，給事、御史交劾之，與宗道同日罷。

其後定逆案，瑞圖、宗道初不與，莊烈帝詰之，韓爌等對無實狀。帝曰：「瑞圖爲忠賢書碑，宗道稱呈秀父『在天之靈』，非實狀耶？」乃以瑞圖、宗道與顧秉謙、馮銓等坐贖徒爲民，而立極、鳳來、景辰落職閒住。

崔呈秀，薊州人。萬曆四十一年進士。授行人。天啓初，擢御史，巡按淮、揚。卑污狡獪，不修士行。見東林勢方盛，將出都，力薦李三才，求入其黨，東林拒不納。在淮、揚，贜私狼籍。霍丘知縣鄭延祚貪，將劾之，以千金賄免。延祚知其易與，再行千金，卽薦之。其行事多類此。

四年九月還朝，高攀龍爲都御史，盡發其貪污狀。吏部尚書趙南星議戍之，詔革職候勘。呈秀大窘，夜走魏忠賢所，叩頭乞哀，言攀龍、南星皆東林，挾私排陷，復叩頭涕泣，乞爲養子。當是時，忠賢爲廷臣交攻，憤甚，方思得外廷爲助。涿州人馮銓，少年官侍從家居，與熊廷弼有隙，遺書魏良卿勸興大獄。忠賢冀假事端傾陷諸害己者，得呈秀，恨相見晚，遂用爲腹心，日與計畫。

明年正月，給事中李恒茂爲呈秀訟冤。中旨卽言呈秀被誣，復其官。呈秀乃首疏薦張鶴鳴、申用懋、王永光、商周祚、許弘綱等；而再疏請令京官自陳，由是淸流多屏斥。尋督三殿工，忠賢以閱工故，日至外朝。呈秀必屏人密語，以間進同志諸錄，皆東林黨人。又進天鑒錄，皆不附東林者。令忠賢憑以黜陟，善類爲一空。暮夜乞憐者，莫不緣呈秀以進，蠅集蟻附，其門如市。累擢工部右侍郎並兼御史，督工如故。御史田景新言，侍郎兼御史非便，請改僉都御史，從之。

忠賢營修鄉縣肅寧城，呈秀首上疏稱美。六年二月，復疏頌忠賢督工功，請賜敕獎諭，末言：「臣非行媚中官者，目前千譏萬罵，臣固甘之。」疏出，朝野轟笑。閣臣顧秉謙輩撰敕八百餘言，褒忠賢，極口揚詡，前代九錫文不能過也。自是，中外章疏，無不頌忠賢功德者矣。時方創三朝要典，呈秀疏陳要典之源，追論並封、妖書、之藩三事，凡擁衞光宗者，悉加醜詆。忠賢悅，宣付史館。其年七月，進本部尙書。十月，皇極殿成，加太子太保兼左都御史，仍督大工。母死，不奔喪，奪情視事。

呈秀負忠賢寵，嗜利彌甚。朝士多拜爲門下士，以通於忠賢。其不附己及勢位相軋者，輒使其黨排去之，時有「五虎」之目，以呈秀爲魁。諸所傾陷，不可悉數，雖其黨亦深畏之。子鐸不能文，屬考官孫之獬，獲鄉薦。用其弟凝秀爲浙江總兵官，女夫張元芳爲吏部主事，妾弟優人蕭惟中爲密雲參將，所司皆不敢違。

明年八月冒寧、錦功，加太子太傅。俄敍三殿功，加少傅，世廕錦衣指揮僉事。其月遷兵部尙書，仍兼左都御史，並綰兩篆，握兵權憲紀，出入烜赫，勢傾朝野。無何，熹宗崩，廷臣入臨。內使十餘人傳呼崔尙書甚急，廷臣相顧愕眙。呈秀入見忠賢，密謀久之，語秘不得聞。或言忠賢欲篡位，呈秀以時未可，止之也。

莊烈帝卽位，其黨知忠賢必敗，內相攜。副都御史楊所修首請允呈秀守制，御史楊維垣、賈繼春相繼力攻，呈秀乞罷。帝猶慰留。章三上，溫旨令乘傳歸。已而言者劾呈秀及工部尚書吳淳夫、兵部尚書田吉、太常卿倪文煥、副都御史李夔龍，號稱「五虎」，宜肆市朝。詔逮治，籍其貲。時忠賢已死，呈秀知不免，列姬妾，羅諸奇異珍寶，呼酒痛飲，盡一巵卽擲壞之，飲已自縊。詔戮其屍，子鐸除名，弟凝秀遣戍。後定逆案，以呈秀爲首。

淳夫，晉江人。萬曆三十八年進士。歷官陝西僉事，以京察罷。五年夤緣起兵部郎中，與文煥、吉、夔龍並由呈秀進，爲忠賢義子。大學士馮銓釋褐十三年登宰輔，爲忠賢所暱。呈秀妬之，淳夫卽爲攻銓。六年冬，擢太僕少卿，視職方事。旋擢太僕卿，歷工部添注右侍郎。冒寧、錦及三殿功，累進工部尚書，加太子太傅。歲中六遷，至極品。

倪文煥，江都人。由進士授行人，擢御史，巡視南城。山東多大猾，事發則走匿京師。參政王維章數牒文煥，文煥納其賄，反劾罷維章。嘗誤撻皇城守卒，爲中官所糾，大懼，走謁呈秀求救，遂引入忠賢幕，爲鷹犬。首劾兵部侍郎李邦華，御史李日宣，吏部員外郎周順昌、林枝橋。〔四〕再劾戶部侍郎孫居相、御史夏之令及故吏部尚書崔景榮、吏部尚書李宗延等數十人。輕者削奪，重者拷死。呈秀首頌忠賢，文煥卽繼之。出按畿輔，爲忠賢建三祠。

河南道缺掌印官，呈秀爲懸缺待文煥，至越十餘人任之。冒寧、錦、殿功，加太僕卿，掌道如故。尋改太常卿。忠賢敗，文煥懼，乞終養歸。

田吉者，故城人。萬曆三十八年廷對懷挾，罰三科，以縣佐錄用。已，補試，由知縣歷兵部郎中。六年冬，遷淮揚參議，取中旨，擢太常少卿，視職方事。明年擢太常卿。未匝歲，連擢至兵部尚書，加太子太保。諸逆黨超擢，未有如吉者。

李夔龍，福建南安人。由進士歷吏部主事，被劾罷去。天啓五年夤緣復官，進郎中。專承呈秀指，引用邪人以媚忠賢。擢太常少卿，仍署選事。尋遷左僉都御史。三殿成，進左副都御史。

莊烈帝嗣位，淳夫、文煥、吉、夔龍，並以上林典簿樊維城、戶部員外郎王守履言，逮治論死。

方忠賢敗時，莊烈帝納廷臣言，將定從逆案。大學士韓爌、李標、錢龍錫不欲廣搜樹怨，僅以四五十人上。帝少之，令再議，又以數十人上。帝不懌，令以贊導、擁戴、頌美、諂附爲目，且曰：「內侍同惡者亦當入。」爌等以不知內侍對，帝曰：「豈皆不知，特畏任怨耳。」閱日，召入便殿，案有布囊，盛章疏甚夥，指之曰：「此皆奸黨頌疏，可案名悉入。」爌等知帝意不可回，乃曰：「臣等職在調旨，三尺法非所習。」帝召吏部尚書王永光問之，永光以不習刑名對，乃詔刑部尚書喬允升、左都御史曹于汴同事，於是案名羅列無脫遺者。崇禎二年三月上之，帝爲詔書頒示天下。

首逆凌遲者二人：魏忠賢，客氏。

首逆同謀決不待時者六人：呈秀及魏良卿，客氏子都督侯國興，太監李永貞、李朝欽、劉若愚。

交結近侍秋後處決者十九人：劉志選、梁夢環、倪文煥、田吉、劉詔、薛貞、吳淳夫、李夔龍、曹欽程，大理寺正許志吉，順天府通判孫如冽，國子監生陸萬齡，豐城侯李承祚，都督田爾耕、許顯純、崔應元、楊寰、孫雲鶴、張體乾。

結交近侍次等充軍者十一人：魏廣微、周應秋、閻鳴泰、霍維華、徐大化、潘汝禎、李魯生、楊維垣、張訥，都督郭欽，孝陵衞指揮李之才。

交結近侍又次等論徒三年輸贖爲民者：大學士顧秉謙、馮銓、張瑞圖、來宗道，尚書王紹徽、郭允厚、〔五〕張我續、曹爾禎、孟紹虞、馮嘉會、李春曄、邵輔忠、呂純如、徐兆魁、薛鳳翔、孫杰、楊夢袞、李養德、劉廷元、曹思誠，南京尚書范濟世、張樸，總督尚書黃運泰、郭尙友、李從心，巡撫尚書李精白等一百二十九人。

交結近侍滅等革職閒住者，黃立極等四十四人。忠賢親屬及內官黨附者又五十餘人。

案既定，其黨日謀更翻，王永光、溫體仁陰主之，帝持之堅，不能動。其後，張捷薦呂純如，被劾去。唐世濟薦霍維華，福建巡按應喜臣薦部內閒住通政使周維京，罪至謫戍。其黨乃不敢言。福王時，阮大鋮冒定策功，起用，其案始翻。於是太僕少卿楊維垣、徐景濂，給事中虞廷陛、郭如闇，御史周昌晉、陳以瑞、徐復陽，編修吳孔嘉，參政虞大復輩相繼而起，國亡乃止。

劉志選，慈谿人。萬曆中，與葉向高同舉進士。授刑部主事，偕同官劉復初、李懋檜爭鄭貴妃、王恭妃册封事。後懋檜因給事中邵庶請禁諸曹言事，抗疏力爭，貶二秩。志選言：「陛下謫懋檜，使人箝口結舌，蒙蔽耳目，非國家福也。」帝怒，謫福寧州判官。稍遷合肥知縣，以大計罷歸，家居三十年。

光宗、熹宗相繼立，諸建言得罪者盡起，志選獨以計典不獲與。會向高赴召，道杭州，志選與遊宴彌月。還朝，用爲南京工部主事，進郎中。時已七十餘，嗜進彌銳，上疏追論

「紅丸」，極詆孫愼行不道。魏忠賢喜，天啓五年九月召爲尙寶少卿。在道，復力攻愼行，遂并及向高。忠賢益喜，出兩疏宣史館。

明年擢順天府丞。冬十月遂上疏劾張國紀。國紀者，后父也。忠賢忌后賢明，欲傾之。會有張匿名榜於厚載門者，列忠賢反狀，并其黨七十餘人。忠賢疑出國紀及被逐諸人手。邵輔忠、孫杰謀因此興大獄，盡殺東林諸人，而借國紀以搖中宮，事成則立魏良卿女爲后，草一疏，募人上之。諸人慮禍不敢承。志選惑家人言，謂已老必先忠賢死，竟上之。極論國紀罪，而末言「毋令人訾及丹山之穴，藍田之種」。蓋前有死囚孫二言張后己所生，非國紀女也。疏上，事叵測。帝伉儷情篤，但令國紀自新而已。后爲故司禮劉克敬所選，忠賢遷怒克敬，謫發鳳陽，縊殺之。

未幾，志選疏頌要典，言：「命德討罪，無微不彰，卽堯、舜之放四凶，舉元、愷，何以加焉，洵游、夏無能贊一詞者。」因力詆王之宷、孫愼行、楊漣、左光斗，而極譽劉廷元、岳駿聲、黃克纘、徐景濂、范濟世、賈繼春并及傅櫆、陳九疇。且言：「慷慨憂時，力障狂瀾於旣倒者，魏廣微也，當還之揆席，以繼五臣之盛事。赤忠報國，弼成巨典於不日者，廠臣也，當增入簡端，以揚一德之休風。」又言：「之宷宜正典刑，愼行宜加謫戍。」忠賢大悅，於是駿聲等超擢，之宷被逮，愼行遣戍，悉如志選言。

七年擢右僉都御史，提督操江。其年，熹宗崩，忠賢敗，言官交劾，詔削籍。後定逆案，律無傾搖國母文，坐子罵母律，與梁夢環并論死。志選先自經。

夢環，廣東順德人。舉進士。歷官御史。父事忠賢，與汪文言獄，殺楊漣等。出巡山海關，會寧遠敍功，崔呈秀不獲與，夢環力敍其賢勞，遂進侍郎。劾熊廷弼乾沒軍資十七萬，廷弼已死，家益破。志選之劾國紀也，忠賢意未逞。夢環偵知之，七年二月馳疏極論國紀罪，且故詰「丹山、藍田」二語，冀傾后。顧事重，忠賢亦不能驟行，而國紀竟勒還籍。夢環建祠祀忠賢，三疏頌功德。寧、錦之役，復稱忠賢「德被四方，勳高百代」，於是有安平之封，夢環擢太僕卿。

又劉詔者，杞縣人。萬曆四十七年進士。授盧龍知縣。天啓二年超擢山東僉事。七年代閻鳴泰總督薊、遼、保定軍務。尋進兵部尚書，加太子太保。詔嗜利無恥，父事忠賢。釋褐九年，驟至極品。建四祠祀忠賢。忠賢敗，僅罷官聽勘。御史高弘圖言：「傾危社稷，搖動宮闈，如詔及劉志選、梁夢環三賊者，罪實浮於『五虎』『五彪』，而天討未加。且詔建祠薊州，迎忠賢像，五拜三稽首，呼九千歲。及聞先帝彌留，詔卽整兵三千，易置將領，用崔呈秀所親蕭惟中主郵騎，直接都門，此其意何爲。」由是三人皆被逮，論死。

邵輔忠，定海人。萬曆二十三年進士。爲工部郎中，首劾李三才貪險假橫四大罪。尋謝病去，久之起故官。天啓五年附忠賢，驟遷至兵部尚書，視侍郎事。諸奸黨攻擊正人，多其所主使。七年三月護桂王之藩衡州，加太子太保。還朝，時事已變，移疾歸。尋麗逆案，贖徒爲民。

孫杰，錢塘人。萬曆四十一年進士。官刑科右給事中，以附忠賢劾劉一燝、周嘉謨，爲清議所棄。出爲江西參議，引疾歸。忠賢召爲大理丞，累擢工部右侍郎。大學士馮銓由李魯生、李蕃擁戴爲首輔，素與崔呈秀暱。而杰與霍維華以呈秀最得忠賢歡，欲令入閣，謀之吳淳夫等，先擊去銓。又恐王紹徽爲吏部，不肯推呈秀，令袁鯨疏攻紹徽，而龔萃肅上閣臣內外兼用疏以堅之。自是，魯生、蕃與杰等分途，其黨日相軋矣。杰官亦至尚書，加少保。忠賢誅，杰被劾罷，名麗逆案，贖徒三年。輔忠、杰本謀搖中宮，而事發於志選、夢環，故得輕論云。

曹欽程，江西德化人。舉進士。授吳江知縣，贓污狼籍，以淫刑博强項聲。巡撫周起元劾之，貶秩，改順天教授，調國子助教。諂附汪文言，得爲工部主事。及文言敗，欽程力擠之。由座主馮銓父事魏忠賢，爲「十狗」之一。銓欲害御史張愼言、周宗建，令李魯生草疏，屬欽程上之，因及李應昇、黄尊素，而薦魯生及傅櫆、陳九疇、張訥、李蕃、李恒茂、梁夢環輩十餘人。愼言等四人並削籍。

欽程於羣小中尤無恥，日夜走忠賢門，卑諂無所不至，同類頗羞稱之。欽程顧驕衆人以忠賢親己。給事中吳國華劾之，忠賢怒，除國華名，欽程益得志。給事中楊所修緣忠賢指，力薦其賢，遂由員外郎擢太僕少卿。後忠賢亦厭之，六年正月爲給事中潘士聞所劾。忠賢責以敗羣，削其籍。瀕行猶頓首忠賢前曰：「君臣之義已絕，父子之恩難忘。」絮泣而去。忠賢誅，入逆案首等，論死。繫獄久之，家人不復饋食，欽程掠他囚餘食，日醉飽。李自成陷京師，欽程首破獄出降。自成敗，隨之西走，不知所終。福王時，定從賊案，欽程復列首等。

當忠賢盛時，其黨爭搏擊清流，獻諂希寵。最著者，石三畏、張訥、盧承欽、門克新、劉徽、智鋌。

三畏，交河人。知文登、曹二縣，大著貪聲。以御史陳九疇薦，得行取。趙南星秉銓，出爲王府長史。故事，外吏行取無爲王官者，三畏以是大恨。及忠賢得志，三畏諂附之，遂授御史。首劾都給事中劉弘化護熊廷弼，太僕卿吳炯黨顧憲成，兩人獲嚴譴。追論京察三變，力詆李三才、王圖、孫丕揚、曹于汴、湯兆京、王宗賢、顧憲成、胡忻、王元翰、王淑抃、趙南星、張問達、王允成、涂一榛、王象春等十五人，而薦喬應甲、徐兆魁等十三人。於是三才等生者除名，死者追奪。已，極論三案，請以其疏付史館，而劾禮部侍郎周炳謨、南京尙書沈儆炌、大理丞張廷拱，三人亦獲譴。三畏爲忠賢「十孩兒」之一。又倚呈秀爲薦主，鍛成楊、左之獄，咆哮特甚。一日，赴戚畹宴，魏良卿在焉。三畏醉，誤令優人演劉瑾酗酒一劇。忠賢聞，大怒，削籍歸。忠賢殛，借忤璫名，起故官，爲南京御史朱純所劾，罷去。

訥，閬中人。由行人擢御史，承忠賢指，首劾趙南星十大罪，幷及御史王允成，吏部郎鄒維璉、程國祥、夏嘉遇。忠賢大喜，立除南星等名，且令再奏。乃羅織兵部侍郎李邦華，湖廣巡撫孫鼎相，舊給事中毛士龍、魏大中，光祿少卿史記事等十七人，誣以賄南星得官，諸人並獲罪。尋請毀東林、關中、江右、徽州諸書院。痛詆鄒元標、馮從吾、余懋衡、孫愼行幷及侍郎鄭三俊、畢懋良等，亦坐削奪。復劾罷江西巡撫韓光祐。訥爲忠賢鷹犬，前後搏擊用力多。忠賢深德之，用其兄太僕少卿樸至南京戶部尙書，加太子太保。樸官宣大總督，爲忠賢建四祠。兄弟並入逆案。

承欽，餘姚人。由中書舍人擢御史，首劾罷户部侍郎孫居相等，因言：「東林自顧憲成、李三才、趙南星而外，如王圖、高攀龍等謂之副帥，曹于汴、湯兆京、史記事、魏大中、袁化中謂之『先鋒』，丁元薦、沈正宗、李朴、賀烺謂之『敢死軍人』，孫丕揚、鄒元標謂之『土木魔神』。請以黨人姓名、罪狀榜示海內。」忠賢大喜，敕所司刊籍，凡黨人已罪未罪者，悉編名其中。承欽官至太僕少卿卒。

克新，汝陽人。由青州推官擢御史，劾右庶子葉燦、光祿卿錢春、按察使張光縉倚傍門户，且請速誅熊廷弼。忠賢大喜，立傳旨行刑。以閣臣固争，乃令俟秋後，而除燦等名。御史吴裕中，廷弼姻也，憤曰：「廷弼已死人，何必疏促。」與克新絶，逆黨由此銜之。廷弼之禍，大學士丁紹軾有力焉。馮銓因使人嗾裕中劾紹軾，而先報忠賢曰：「裕中必爲廷弼報讐。」裕中疏上，遂命於午門杖之百，舁至家死。魏廣微將謝政，克新言：「廣微砥柱狂瀾，厥功甚偉，宜錫之温綸，優以禮數。」以是稍失忠賢意。太倉人孫文豸，與同里武進士顧同寅嘗客廷弼所。廷弼死，文豸爲詩誄之，同寅題尺牘亦有追惜語，爲邏卒所獲。克新遽以誹謗聞，兩人遂棄市，連及同郡編修陳仁錫、故修撰文震孟，並削籍。克新尋巡按山東，崇禎初，引疾去。

徽，清苑人。由臨淮知縣擢御史。陳朝輔劾馮銓，徽出疏繼之，且曰：「臣與銓同鄉，痛惡羣小之悞銓，不忍銓坐失燕、趙本色。」聞者笑之。出督遼餉，乾沒不貲。初，梁夢環巡關，誣熊廷弼侵盜軍貲十七萬。徽言：「廷弼原領帑金三十萬，茫無所歸。其家貲不下百萬，而僅以十七萬還公家，何以申國法？」因誣給事中劉弘化、毛士龍，御史樊尙燝、房可壯贓賄事。忠賢喜，削弘化等籍，敕所司徵廷弼贓。尋加徽太僕少卿，先後頌忠賢至十一疏。忠賢敗，被劾回籍。

鋌，元氏人。舉鄉試，受業趙南星門，授知縣。由魏廣微通於忠賢，得擢御史，遂疏詆南星爲元惡。先後劾罷禮部侍郎徐光啓等。鋌以乙榜起家，欲得忠賢歡，搏擊彌銳。忠賢大喜，加太僕少卿，以憂歸。崇禎初，禮部主事喬若雯劾鋌及陳九疇、張訥爲魏廣微爪牙，詔奪職。後與三畏、訥、承欽、克新、徽並入逆案，訥遣戍，三畏等論徒。

當忠賢横時，宵小希進干寵，皆陷善類以自媒。始所擊皆東林也，其後凡所欲去者，悉誣以東林而逐之。自四年十月迄熹宗崩，斃詔獄者十餘人，下獄謫戍者數十人，削奪者三百餘人，他革職貶黜者不可勝計。

王紹徽，咸寧人，尙書用賓從孫也。舉萬曆二十六年進士。授鄒平知縣，擢戶科給事中。居官强執，頗以清操聞。湯賓尹號召黨與，圖柄用。吏部尚書孫丕揚以紹徽其門生，用年例出爲山東參議，紹徽辭疾不就。泰昌時，起通政參議，遷太僕少卿，被劾引疾。尋以拾遺罷。

天啓四年冬，魏忠賢既逐去左光斗，卽召紹徽代爲左僉都御史。明年六月進左副都御史。尋進戶部侍郎，督倉場，甫視事，改左都御史。十二月拜吏部尚書。忠賢爲從子良卿求世封，紹徽卽爲奏請良卿封伯。請推崇其三世，紹徽亦議如其言。至忠賢遣內臣出鎭，紹徽乃偕同官陳四不可。王恭廠、朝天宮並災，紹徽言誅罰過多。忤忠賢意，得譙讓。已復上言：「四方多事，九邊缺餉，難免催科，乞定分數，寬年限，以緩急之宜付撫按。正殿旣成，兩殿宜緩，請敕工部裁省織造、瓷器諸冗費，用佐大工。奸黨削除已盡，恐藏禍蓄怨，反受中傷。逮繫重刑，加於封疆、顯過、三案巨奸，則人心悅服，餘宜少寬貸。」復忤忠賢意。

初，紹徽在萬曆朝，素以排擊東林爲其黨所推，故忠賢首用居要地。紹徽倣民間水滸傳，編東林一百八人爲點將錄，獻之，令按名黜汰，以是益爲忠賢所喜。旣而奸黨轉盛，後進者求速化，妬諸人妨己，擬次第逐之。孫杰乃謀使崔呈秀入閣，先擊去紹徽，令御史袁鯨、張文熙詆紹徽朋比。鯨再疏列其鬻官穢狀，遂落紹徽職，而以周應秋代。逆案旣定，紹徽削籍論徒。

應秋，金壇人。萬曆中進士。歷官工部侍郎，生平無持操。天啓三年避東林謝病去。明年冬，魏忠賢起爲南京刑部左侍郎。五年召拜刑部添註尙書。時忠賢廣樹私人，悉餌以顯爵，故兩京大僚多添註。尋改左都御史。家善烹飪，每魏良卿過，進豚蹄留飮，良卿大歡，時號「煨蹄總憲」。明年七月代紹徽爲吏部尙書，與文選郎李夔龍鬻官分賄。清流未盡逐者，應秋毛舉細故，削奪無虛日。忠賢門下有「十狗」，應秋其首也。冒三殿功，屢加太子太師。初，楊漣等拷死，應秋夜半叩戶語其館客曰：「天眼開，楊漣、左光斗死矣。」莊烈帝嗣位，被劾歸。已，入逆案，遣戍死。

弟維持。天啓中爲御史，請刊黨籍，盡燬天下書院。俄劾兵部尙書趙彥等，並削籍。以兄應秋在位，引嫌歸。崇禎初，起按浙江，被劾罷。兄弟並麗逆案。

霍維華，東光人。萬曆四十一年進士。除金壇知縣，徵授兵科給事中。天啓元年六月，中官王安當掌司禮監印，辭疾居外邸，冀得溫旨卽視事。安與魏忠賢有隙，閹人陸藎臣者，維華內弟也，偵知之以告。維華故與忠賢同郡交好，遂乘機劾安，忠賢輒矯旨殺之。劉一燝、周嘉謨咸惡維華，用年例出爲陝西僉事。其同官孫杰言，維華三月兵垣無過失，一燝、嘉謨仰王安鼻息，故擯於外。忠賢大喜，立逐兩人，而維華亦以外艱歸。

四年冬，朝事大變，南京御史呂鵬雲以外轉請告。忠賢傳旨令與被察徐大化、年例外轉孫杰俱擢京卿，維華及王志道、郭興治、徐景濂、賈繼春、楊維垣並復故官。維華得刑科。諸爲趙南星斥者，競起用事。維華益銳意攻東林，劾罷御史劉璞、南京御史涂世業、黃公輔、萬言揚。追論三案，痛詆劉一燝、韓爌、孫愼行、張問達、周嘉謨、王之宷、楊漣、左光斗，而譽范濟世、王志道、汪慶百、劉廷元、徐景濂、郭如楚、張捷、唐嗣美、岳駿聲、曾道唯。請改光宗實錄，宣其疏史館。忠賢立傳旨削一燝等五人籍，逮之宷，免李可灼戍，擢濟世巡撫、志道等京卿，嗣美以下悉起用，實錄更撰，而以閣臣言免一燝等罪。尋言，總督張我續宜罪，尙書趙彥宜去，御史方震孺不宜逮，韓敬宜復官，湯賓尹宜雪。忤忠賢意，傳旨譙責之。五年冬擢太僕少卿。明年擢本寺卿。尋擢兵部右侍郎，署部事。每陳奏，必頌忠賢。七年，延綏奏捷，進右都御史，廕子錦衣千戶。寧、錦敍功，進兵部尙書，視侍郎事，廕子如之。俄敍三殿功，加太子太保。

維華性憸邪，與崔呈秀爲忠賢謀主。所親爲近侍，宮禁事皆預知，因進仙方靈露飲。帝初甚甘之，已漸厭。及得疾，體腫，忠賢頗以咎維華。維華甚懼，而慮有後患，欲先自貳於忠賢，乃力辭寧、錦恩命，讓功袁崇煥，乞以己廕授之。忠賢覺其意，降旨頗厲。無何，熹宗崩，忠賢敗，維華與楊維垣等彌縫百方。其年十月，以兵部尚書協理戎政。

崇禎改元，附璫者多罷去，維華自如。遼東督師王之臣免，代者袁崇煥未至，維華謀行邊自固。帝已可之，給事中顏繼祖極論其罪，言：「維華狡人也，璫熾則借璫，璫敗則攻璫。擊楊、左者，維華也。楊、左逮，而陽爲救者，亦維華也。以一給事中，三年躐至尚書，無敍不及，有賚必加，卽維華亦難以自解。」乃寢前命。頃之，言者踵至，維華乃引退。逆案旣定，維華戍徐州，氣勢猶盛。七年，駱馬湖淤，維華言於治河尚書劉榮嗣，請自宿遷抵徐州，穿渠二百餘里，引黃河水通漕，冀敍功復職。榮嗣然其計，費金錢五十餘萬，工不成，下獄論死，維華意乃沮。九年，邊事急，都御史唐世濟薦維華邊才，至，下獄遣戍。維華遂憂憤死。

福王時，楊維垣翻逆案，爲維華等訟冤，章下吏部。尚書張捷重述三朝舊事，力稱維華等忠，追賜卹典。贈廕祭葬謚全者，維華及劉廷元、呂純如、楊所修、徐紹吉、徐景濂六人。贈廕祭葬不予謚者，徐大化、范濟世二人。贈官祭葬者，徐揚先、劉廷宣、岳駿聲三人。復官不賜卹者，王紹徽、徐兆魁、喬應甲三人。他若王德完、黃克纘、王永光、章光岳、徐鼎臣、徐卿伯、陸澄源，名不麗逆案，而爲淸議所抑者，亦賜卹有差。

徐大化，會稽人，家京師。由庶吉士改御史，以京察貶官，再起再貶，至工部主事。孫丕揚典京察，坐不謹落職。故事，大計斥退官無復起者。萬曆末，羣邪用事，文選郎陸卿榮破例起之。天啓初，屢遷刑部員外郎，結魏忠賢、劉朝，爲之謀主。給事中周朝瑞劾其奸貪，御史張新詔抉其閨房之隱，大化頗愧沮。已，承要人指，力詆熊廷弼。及廷弼入關，又請速誅，與朝瑞相訐，尚書王紀劾罷之。尋復羅察典，削職。四年冬，中旨起大理丞，益與魏廣微比，助忠賢爲虐。疏薦邵輔忠、姚宗文、陸卿榮、郭鞏等十三人，即召用。俄遷少卿。左僉都御史楊漣等之下獄也，大化獻策於忠賢曰：「彼但坐移宮罪，則無贓可指。若坐納楊鎬、熊廷弼賄，則封疆事重，殺之有名。」忠賢大悅，從之，由是諸人皆不免。尋進左副都御史，歷工部左、右侍郎。皇極殿成，加尚書，貪恣無忌，忠賢亦厭之。七年四月那移金錢事發，遂勒閒住。後入逆案，戍死。

李蕃，日照人。與李魯生皆萬曆四十一年進士。蕃由廬江知縣入爲御史，魯生亦方居垣中，皆爲魏忠賢心腹。孫承宗請入朝，蕃以王敦、李懷光爲比，承宗遂還鎭。朱國禎當國，不爲忠賢所喜，蕃希指劾去之。同官排擊忠良，多其代草。始與魯生諂事魏廣微，廣微敗，改事馮銓，銓寵衰，又改事崔呈秀，時號兩人爲四姓奴。出督畿輔學政，建祠天津、河間、眞定，呼忠賢九千歲。加太僕卿，視御史事。忠賢敗，被劾罷。

魯生，霑化人，知邢臺、邯鄲、儀封、祥符四縣。擢兵科給事中，由座主廣微通於忠賢，卑污奸險，常參密謀。周起元劾朱童蒙，魯生希忠賢指，攻罷起元。時中旨頻出，朝端以爲憂。魯生獨上言：「執中者帝，用中者王，旨不從中出而誰出？」舉朝大駭。內閣缺人，詔舉老成幹濟者。馮銓資淺，年未及四十，魯生、蕃欲令入閣。魯生遂上言：「成卽爲老，而非必老乎年。幹乃稱濟，而卽有濟於國。」銓果柄用。時有「十孩兒」之號，魯生其一也。嘗薦阮大鋮、陳爾翼、張素養、李嵩、張捷輩十一人，悉其私黨。疏詆家居大學士韓爌，削其籍。主事呂下問治徽州吳養春獄，株累者數百家，知府石萬程不能堪，棄官去。魯生反劾罷萬程。遷左給事中，典試湖廣，發策詆楊漣，因歷詆屈原、宋玉等。冒寧、錦功，進太僕少卿。莊烈帝卽位，魯生知禍及，疏請免漣等追贓。給事中汪始亨、顏繼祖，〔六〕御史張三謨交章發其奸，始罷去。御史汪應元再劾之，乃削籍。

又有李恒茂者，邢臺人。爲禮科給事中，薦呈秀復官，與深相得。劾罷侍郎扶克儉、太僕少卿孫之益、太常少卿莊欽鄰，皆不附忠賢者也。恒茂、魯生、蕃日走吏、兵二部，交通請託，時人爲之語曰：「官要起，問三李。」後忽與呈秀交惡，削籍歸。忠賢敗，起故官，爲御史鄒毓祚劾罷。逆案旣定，魯生遣戍，蕃、恒茂贖徒爲民。

閻鳴泰，清苑人。萬曆中進士。除戶部主事，屢遷遼東參政，拾遺被劾罷歸。久之，起僉事，分巡遼海。開原既失，經略熊廷弼遣撫瀋陽，半道慟哭而返。尋託疾謝歸。天啓二年起故官，監軍山海關。旋進副使，受知孫承宗，屢疏推薦，而鳴泰實無才略，工諂佞，以虛詞罔上而已。其年八月，廷推鳴泰遼東經略，會承宗自請督師，乃擢右僉都御史，巡撫遼東。自王化貞棄地後，巡撫罷不設。至是承宗以重臣當關，事權獨操，鳴泰不能有所爲。明年五月復移疾去，家居三年。魏忠賢竊柄，鳴泰潛結之，用御史智鋌薦，召爲兵部右侍郎。

六年正月，寧遠告警，畿輔震驚。內閣顧秉謙等以順天巡撫吳中偉非禦侮才，薦鳴泰代之。未幾，代王之臣總督薊、遼、保定軍務。寧遠敍功，進本部尚書。以繕修山海關城，進太子太傅。尋召還，協理戎政。敍錦州功，加少保。三殿成，加少師兼太子太師。熹宗崩，代崔呈秀爲兵部尚書。鳴泰由忠賢再起，專事諂諛。每陳邊事，必頌功德，於薊、遼建生祠，多至七所。其頌忠賢，有「民心依歸，卽天心向順」語，聞者咋舌。崇禎初，爲言者劾罷。後麗逆案，遣戍死。

生祠之建，始於潘汝禎。〔七〕汝禎巡撫浙江，徇機戶請，建祠西湖。六年六月疏聞於朝，詔賜名「普德」。自是，諸方效尤，幾遍天下。其年十月，孝陵衞指揮李之才建之南京。七年正月，宣大總督張樸、宣府巡撫秦士文、宣大巡按張素養建之宣府、大同，應天巡撫毛一鷺、巡按王珙建之虎丘。二月，鳴泰與順天巡撫劉詔、巡按倪文煥建之景忠山，宣大總督樸、大同巡撫王點、巡按素養又建之大同。三月，鳴泰與詔、文煥，巡按御史梁夢環建之西協密雲丫髻山，又建之昌平、通州，太僕寺卿何宗聖建之房山。四月，鳴泰與巡撫袁崇煥又建之寧前，宣大總督樸、山西巡撫曹爾禎、巡按劉弘光又建之五臺山，庶吉士李若琳建之蕃育署，工部郎中曾國禎建之盧溝橋。五月，通政司經歷孫如冽、順天府尹李春茂建之宣武門外，巡撫朱童蒙建之延綏，巡視五城御史黃憲卿、王大年、汪若極、張樞、智鋌等建之順天，戶部主事張化愚建之崇文門，武淸侯李誠銘建之藥王廟，保定侯梁世勳建之五軍營大敎場，登萊巡撫李嵩、山東巡撫李精白建之蓬萊閣、寧海院，督餉尚書黃運泰、保定巡撫張鳳翼、提督學政李蕃、順天巡按文煥建之河間、天津，河南巡撫郭增光、巡按鮑奇謨建之開封，上林監丞張永祚建之良牧、嘉蔬、林衡三署，博平侯郭振明等建之都督府、錦衣衞。六月，總漕尚書郭尚友建之淮安。是月，順天巡按盧承欽、山東巡按黃憲卿、順天巡按卓邁，七月，長蘆巡鹽龔萃肅、淮揚巡鹽許其孝、應天巡按宋禎漢、陝西巡按莊謙，各建之所部。八月，總河李從心、總漕尙友、山東巡撫精白、巡按黃憲卿、巡漕何可及建之濟寧，湖廣巡撫姚宗文、鄖陽撫治梁應澤、湖廣巡按溫皐謨建之武昌、承天、均州。三邊總督史永安，陝西巡撫胡廷晏，巡按謙、袁鯨建之固原太白山。楚王華奎建之高觀山。山西巡撫牟志夔，巡按李燦然、劉弘光建之河東。

每一祠之費，多者數十萬，少者數萬，剝民財，侵公帑，伐樹木無算。開封之建祠也，至毁民舍二千餘間，創宮殿九楹，儀如帝者。參政周鏘、祥符知縣季寓庸恣爲之，巡撫增光俛首而已。鏘與魏良卿善，祠成，熹宗已崩，猶抵書良卿，爲忠賢設滲金像。而都城數十里間，祠宇相望。有建之內城東街者，工部郎中葉憲祖竊歎曰：「此天子幸辟雍道也，土偶能起立乎！」忠賢聞，即削其籍。上林一苑，至建四祠。童蒙建祠延綏，用琉璃瓦。詔建祠薊州，金像用冕旒。

凡疏詞揄揚，一如頌聖，稱以「堯天帝德，至聖至神」。而閣臣輒以駢語褒答，中外若響應。運泰迎忠賢像，五拜三稽首，率文武將吏列班階下，拜稽首如初。已，詣像前，祝稱某事賴九千歲扶植，稽首謝。某月荷九千歲拔擢，又稽首謝。還就班，復稽首如初禮。運泰請以遊擊一人守祠，後建祠者必守。其孝等方建祠揚州，將上梁，而熹宗哀詔至，旣哭臨，釋縗易吉，相率往拜。監生陸萬齡至謂：「孔子作春秋，忠賢作要典。孔子誅少正卯，忠賢誅東林。宜建祠國學西，與先聖並尊。」司業朱之俊輒爲舉行，會熹宗崩，乃止。而華奎、誠銘輩，以藩王之尊，戚畹之貴，亦獻諂希恩，祝釐恐後。最後，巡撫楊邦憲建祠南昌，毀周、程三賢祠，益其地，鬻澹臺滅明祠，曳其像碎之。比疏至，熹宗已崩，莊烈帝且閱且笑。忠賢覺其意，具疏僞辭，帝輒報允。無何，忠賢誅，諸祠悉廢，凡建祠者概入逆案云。

賈繼春，新鄉人。萬曆三十八年進士。歷知臨汾、任丘二縣，入爲御史。李選侍移噦鸞宮，一時頗逼迫，然故無恙也。繼春聽流言，上書內閣方從哲等，略言：「新君御極，首導以違忤先皇，逼逐庶母，通國痛心。昔孝宗不問昭德，先皇優遇鄭妃，何不輔上取法？且先皇彌留，面以選侍諭諸臣，而玉體未寒，愛妾莫保。忝爲臣子，夫獨何心。」給事中周朝瑞駁之，繼春再揭，謂「選侍雉經，皇八妹入井」，至稱選侍爲未亡人。楊漣乃上移宮始末疏，謂：「宸宮未定，先帝之社稷爲重，則平日之寵愛爲輕。及宸居已安，旣盡臣子防危之忠，卽當體聖主如天之度。臣所以請移宮者如此。而蜚語謂選侍踉蹌徒跣，屢欲自裁，皇妹失所投井。恐釀今日之疑端，流爲他年之實事。」帝於是宣敕數百言，極言選侍無狀，嚴責廷臣黨庇。

時繼春出按江西，便道旋里，馳疏自明上書之故，中有「威福大權，莫聽中涓旁落」語。王安激帝怒，嚴旨切責，令陳狀。於是御史張慎言、高弘圖連章爲求寬。帝益怒，下廷臣雜議。尙書周嘉謨等言：「臣等意陛下篤念聖母，不能忘選侍。及誦敕諭，知聖心自體恤。而繼春誤聽風聞，愼言等又連疏瀆奏。然意本無他，罪當宥。」未報。御史王大年、張捷、周宗建、劉廷宣，給事中王志道、倪思輝等交章論救，給事、御史復合詞爲請，諸閣臣又於講筵救之，乃停愼言、弘圖、大年俸，宥志道等。既而繼春回奏，詞甚哀，且隱「雉經、入井」二語。帝嚴旨窮詰，令再陳。嘉謨等復力救，帝不許。繼春益窘，惶恐引罪，言得之風聞。乃除名永錮，時天啓元年四月也。其後言者屢請召還，帝皆不納。

四年冬，魏忠賢既逐楊漣等，卽以中旨召復官。至則重述移宮事，極言：「漣與左光斗目無先皇，罪不容死。且漣因傅櫆發汪文言事，知禍及，故上劾內疏，先發制人，天地祖宗所必殛。而止坐納賄結黨，則漣等當死之罪未大暴天下。宜速定爰書布中外，昭史册，使後世知朝廷之罪漣等以不道無人臣禮也。」疏娓娓數百言，且請用楊所修言，亟修三朝要典，忠賢大喜。

莊烈帝卽位，繼春方督學南畿，知忠賢必敗，馳疏劾崔呈秀及尙書田吉、順天巡撫單明詡、副都御史李夔龍，羣小始自貳。旋由太常少卿進左僉都御史，與霍維華輩力扼正人。

籍。

崇禎改元五月，給事中劉斯球極言其反覆善幻，乃自引歸。已，楊漣子之易疏訐之，詔削

初，繼春以移宮事詆漣結王安圖封拜，後見公議直漣，畏漣嚮用，俛首乞和，聲言疏非己意。還朝則極詆漣。及忠賢殛，又極譽高弘圖之救漣，且薦韓爌、倪元璐，以求容於淸議。帝定逆案，繼春不列名，帝問故。閣臣言繼春雖反覆，持論亦可取。帝曰：「惟反覆，故爲眞小人。」遂引交結近侍律，坐徒三年，自恨死。

田爾耕，任丘人，兵部尙書樂孫也。用祖廕，積官至左都督。天啓四年十月代駱思恭掌錦衣衞事。狡黠陰賊，與魏良卿爲莫逆交。魏忠賢斥逐東林，數興大獄。爾耕廣布偵卒，羅織平人，鍛鍊嚴酷，入獄者率不得出。宵人希進者，多緣以達於忠賢，良卿復左右之，言無不納，朝士輻輳其門。魏廣微亦與締姻，時有「大兒田爾耕」之謠。又與許顯純、崔應元、楊寰、孫雲鶴有「五彪」之號。〔八〕累加至少師兼太子太師，廕錦衣世職者數人，歲時賞賚不可勝紀。顯純等加官亦如之。忠賢敗，言者交劾，下吏論死。崇禎元年六月與顯純並伏誅。

顯純，定興人，駙馬都尉從誠孫也。舉武會試，擢錦衣衞都指揮僉事。天啓四年，劉僑

掌鎮撫司，治汪文言獄，失忠賢指，得罪，以顯純代之。顯純略曉文墨，性殘酷，大獄頻興，毒刑鍛鍊，楊漣、左光斗、周順昌、黃尊素、王之宷、夏之令等十餘人，皆死其手。諸人供狀，皆顯純自爲之。每讞鞫，忠賢必遣人坐其後，謂之聽記，其人偶不至，卽袖手不敢問。

應元，大興人。市井無賴，充校尉，冒緝捕功，積官至錦衣指揮。雲鶴，霸州人，爲東廠理刑官。寰，吳縣人。隸籍錦衣，爲東司理刑。凡顯純殺人事，皆應元等共爲之。而寰爲田爾耕心腹。及顯純論死，法司止當應元、雲鶴、寰戍。後定逆案，三人並論死，寰先死戍所。

校勘記

〔一〕使羣盜糜之　糜，原作「麋」，據明史稿傳一八一焦芳傳改。

〔二〕瑾從孫二漢當死　從孫，原作「從子」。按本書卷三〇四劉瑾傳作「從孫」，武宗實錄卷六六正德五年八月戊申條作「侄孫」，據改。

〔三〕五年八月許之去　五年八月，原作「六年九月」，據本書卷二二熹宗紀、卷一一〇宰輔年表及熹宗實錄卷五七天啓五年八月己亥條改。

〔四〕林枝橋　原作「林梓橋」，據熹宗實錄卷五六天啓五年七月壬戌條、明進士題名碑錄萬曆丙辰科改。

〔五〕尚書王紹徽郭允厚　郭允厚，原作「郭允寬」，據本書卷一一二七卿年表、熹宗實錄卷七八天啓七年四月丁未條、國榷卷九〇頁五四七四改。

〔六〕顏繼祖　原作「顧繼祖」，據本書卷二四八顏繼祖傳、國榷卷八九頁五四二五改。

〔七〕始於潘汝禎　潘汝禎，熹宗實錄卷六八天啓六年閏六月辛丑條同。本書卷二二熹宗紀、國榷卷八七頁五三三〇都作「潘汝楨」，下同。

〔八〕又與許顯純崔應元楊寰孫雲鶴有五彪之號　五彪，原作「五虎」，按本書卷三〇五魏忠賢傳載：文臣崔呈秀等號「五虎」，武臣田爾耕等號「五彪」，據改。

明史卷三百七

列傳第一百九十五

佞倖

漢史所載佞倖，如籍孺、閎孺、鄧通、韓嫣、李延年、董賢、張放之屬，皆以宦寺弄臣貽譏千古，未聞以武夫、健兒、貪人、酷吏、方技、雜流任親暱，承寵渥於不衰者也。明興，創設錦衣衞，典親軍，暱居肘腋。成祖卽位，知人不附己，欲以威讋天下，特任紀綱爲錦衣，寄耳目。綱刺廷臣陰事，以希上指，帝以爲忠，被殘殺者不可勝數。英宗時，門達、逯杲之徒，並見親信。至其後，廠衞遂相表裏，淸流之禍酷焉。憲宗之世，李孜省、僧繼曉以祈禱被寵任，萬安、尹直、彭華等至因之以得高位。武宗日事般遊，不恤國事，一時宵人並起，錢寧以錦衣幸，臧賢以伶人幸，江彬、許泰以邊將幸，馬昂以女弟幸。禍流中外，宗社幾墟。世宗入繼大統，宜矯前軌，乃任陸炳於從龍，寵郭勛於議禮，而一時方士如陶仲文、邵元節、藍道行之輩，紛然並進，玉杯牛帛，詐妄滋興。凡此諸人，口銜天憲，威福在手，天下士大夫靡然從風。雖以成祖、世宗之英武聰察，而孽倖釀亂，幾與昏庸失道之主同其蒙蔽。彼第以親己爲可信，而孰知其害之至於此也。至顧可學、盛端明、朱隆禧之屬，皆起家甲科，致位通顯，乃以秘術干榮，爲世戮笑。此亦佞倖之尤者，附之篇末，用以示戒云。

紀綱　門達 逯杲　李孜省　繼曉　江彬 許泰　錢寧　陸炳

邵元節　陶仲文　顧可學 盛端明等

紀綱，臨邑人，爲諸生。燕王起兵過其縣，綱叩馬請自效。王與語，說之。綱善騎射，便辟詭黠，善鉤人意嚮。王大愛幸，授忠義衞千戶。既即帝位，擢錦衣衞指揮使，令典親軍，司詔獄。

都御史陳瑛滅建文朝忠臣數十族，親屬被戮者數萬人。綱覘帝旨，廣布校尉，日摘臣民陰事。帝悉下綱治，深文誣詆。帝以爲忠，親之若肺腑。擢都指揮僉事，仍掌錦衣。綱用指揮莊敬、袁江，千戶王謙、李春等爲羽翼，誣逮浙江按察使周新，致之死。帝所怒內侍及武臣下綱論死，輒將至家，洗沐好飲食之，陽爲言，見上必請赦若罪，誘取金帛且盡，忽刑於市。

數使家人僞爲詔，下諸方鹽場，勒鹽四百餘萬。還復稱詔，奪官船二十、牛車四百輛，載入私第，弗予直。搆陷大賈數十百家，罄其資乃已。詐取交阯使珍奇。奪吏民田宅。籍故晉王、吳王，乾沒金寶無算。得王冠服服之，高坐置酒，命優童奏樂奉觴，呼萬歲，器物僭乘輿。欲買一女道士爲妾，都督薛祿先得之，遇祿大內，撾其首，腦裂幾死。恚都指揮啞失帖木不避道，誣以冒賞事，捶殺之。腐良家子數百人，充左右。詔選妃嬪，試可，令暫出待年，綱私納其尤者。吳中故大豪沈萬三，洪武時籍沒，所漏貲尚富。其子文度蒲伏見綱，進黃金及龍角、龍文被、奇寶異錦，願得爲門下，歲時供奉。綱乃令文度求索吳中好女。文度因挾綱勢，什五而中分之。

綱又多蓄亡命，造刀甲弓弩萬計。端午，帝射柳，綱屬鎮撫龐瑛曰：「我故射不中，若折柳鼓譟，以覘衆意。」瑛如其言，無敢糾者。綱喜曰：「是無能難我矣。」遂謀不軌。十四年七月，內侍讎綱者發其罪，命給事、御史廷劾，下都察院按治，具有狀。卽日磔綱於市，家屬無少長皆戍邊，列罪狀頒示天下。其黨敬、江、謙、春、瑛等，誅譴有差。

門達，豐潤人。襲父職爲錦衣衛百戶。性機警沉鷙。正統末，進千戶，理鎮撫司刑。久之，遷指揮僉事，坐累解職。景泰七年復故官，佐理衛事兼鎮撫理刑。天順改元，與「奪門」功，進指揮同知。旋進指揮使，專任理刑。千戶謝通者，浙江人也，佐逵理司事，用法仁恕，逵倚信之。重獄多平反，有罪者以下禁獄爲幸，朝士翕然稱逵賢。然是時英宗慮廷臣黨比，欲知外事，倚錦衣官校爲耳目，由是逯杲得大幸，逵反爲之用。

逯杲者，安平人也，以錦衣衞校尉爲逵及指揮劉敬腹心，從「奪門」。帝大治奸黨，杲縛錦衣百戶楊瑛，指爲張永親屬，又執千戶劉勤於朝，奏其訕上，兩人並坐誅。用楊善薦，授本衞百戶。以捕妖賊功，進副千戶。又用曹吉祥薦，擢指揮僉事。帝以杲強鷙，委任之，杲乃摭羣臣細故以稱帝旨。英國公張懋、太平侯張瑾、外戚會昌侯孫繼宗兄弟並侵官田，杲劾奏，還其田於官。懋等皆服罪，乃已。石亨恃寵不法，帝漸惡之，杲即伺其陰事。亨從子彪有罪下獄，命杲赴大同械其黨都指揮朱諒等七十六人。杲因發彪弟慶他罪，連及者皆坐，杲進指揮同知。明年復奏亨怨望，懷不軌，亨下獄死。有詔盡革「奪門」功，逵、杲言臣等俱特恩，非以亨故。帝優詔留任，以杲發亨奸，益加倚重。

杲益發舒，勢出逵上。白遣校尉偵事四方，文武大吏、富家高門多進伎樂貨賄以祈免，親藩郡王亦然。無賄者輒執送逵，鍛鍊成獄。天下朝覲官大半被譴，逮一人，數大家立破。四方奸民詐稱校尉，乘傳縱橫，無所忌。彭城伯張瑾以葬妻稱疾不朝，而與諸公侯飲私第。杲劾奏，幾得重罪。杲所遣校尉誣寧府弋陽王奠壏母子亂，帝遣官往勘，事已白，靖王奠培等亦言無左驗。〔一〕帝怒責杲，杲執如初，帝竟賜奠壏母子死。方昇尸出，大雷雨，平地水數尺，人咸以爲冤。指揮使李斌嘗搆殺弘農衞千戶陳安，爲安家所訴，下巡按御史邢宥覆讞，石亨囑宥薄斌罪。至是，校尉言：「斌素藏妖書，謂其弟健當有大位，欲陰結外番爲石亨報讐。」杲以聞，下錦衣獄，達坐斌謀反。帝兩命廷臣會訊，畏杲不敢平反。斌兄弟置極刑，坐死者二十八人。

杲本由石亨、曹吉祥進，訐亨致死，復奏吉祥及其從子欽陰事，吉祥、欽大恨。五年七月，欽反，入杲第斬之，取其首以去。事平，贈杲指揮使，給其子指揮僉事俸。

時達已掌衞事，仍兼理刑。杲被殺，達以守衞功，進都指揮僉事。初，杲給事達左右，及得志恣甚。達怒，力逐之。杲旋復官，欲傾達，達惴惴不敢縱。杲死，達勢遂張。欲踵杲所爲，益布旗校於四方。告訐者日盛，中外重足立，帝益以爲能。

外戚都指揮孫紹宗及軍士六十七人冒討曹欽功，達發其事。紹宗被責讓，餘悉下獄。盜竊戶部山西司庫金，巡城御史徐茂劾郎中趙昌、主事王珪、徐源疏縱。達治其事，皆下獄謫官。達以囚多，獄舍少，不能容，請城西武邑庫隙地增置之，報可。御史樊英、主事鄭瑛犯贓罪，給事中趙忠等報不以實。達劾其徇私，亦下獄謫官。給事中程萬里等五人直登聞鼓，有軍士妻愬冤，會齋戒不爲奏。達劾諸人蒙蔽，詔下達治。已，劾南京戶部侍郎馬諒，左都御史石璞，掌前府忻城伯趙榮，都督同知范雄、張斌老聵，皆罷去。裕州民奏知州秦永昌衣黃衣閱兵。帝怒，命達遣官覈，籍其貲，戮永昌，榜示天下。幷逮布政使侯臣、按察使吳中以下及先後巡按御史吳琬等四人下獄，臣等停俸，琬等謫縣丞。御史李蕃按宣府，或告蕃擅撻軍職，用軍容迎送。御史楊璡按遼東，韓琪按山西，校尉言其妄作威福。皆下達治，蕃、琪並荷校死。陝西督儲參政婁良，湖廣參議李孟芳，陝西按察使錢博，福建僉事包瑛，陝西僉事李觀，四川巡按田斌，雲南巡按張祚，清軍御史程萬鍾及刑部郎中馮維、孫瓊，員外郎貝鈿，給事中黃甄，皆爲校尉所發下獄。瑛守官無玷，不勝憤，自縊死，其他多遣戍。湖廣諸生馬雲罪黜，詐稱錦衣鎭撫，奉命葬親，布政使孫毓等八人咸賻祭。事覺，法司請逮問，卒不罪雲。達初欲行督責之術，其同列呂貴曰：「武臣不易犯，曹欽可鑒也。獨文吏易裁耳。」達以爲然，故文吏禍尤酷。

都指揮袁彬恃帝舊恩，不爲達下。達深銜之，廉知彬妾父千戶王欽誆人財，奏請下彬獄，論贖徒還職。有趙安者，初爲錦衣力士役於彬，後謫戍鐵嶺衞，赦還，改府軍前衞，有罪，下詔獄。達坐安改補府軍由彬請託故，乃復捕彬，搒掠，誣彬受石亨、曹欽賄，用官木爲私第，索內官督工者甎瓦，奪人子女爲妾諸罪名。軍匠楊塤不平，擊登聞鼓爲彬訟冤，語侵達，詔幷下達治。當是時，達害大學士李賢寵，又數規己，嘗譖於帝，言賢受陸瑜金，酬以尙書。帝疑之，不下詔者半載。至是，拷掠塡，敎以引賢，塡卽謬曰：「此李學士導我也。」達大喜，立奏聞，請法司會鞫塡午門外。帝遣中官裴當監視。達欲執賢幷訊，當曰：「大臣不可辱。」乃止。及訊，塡曰：「吾小人，何由見李學士，此門錦衣敎我。」達色沮不能言，彬亦歷數達納賄狀，法司畏達不敢聞，坐彬絞輸贖，塡斬。帝命彬贖畢調南京錦衣，而禁錮塡。

明年，帝疾篤，達知東宮局丞王綸必柄用，預爲結納。無何，憲宗嗣位，綸敗，達坐調貴州都勻衞帶俸差操。甫行，言官交章論其罪。命逮治，論斬繫獄，沒其貲鉅萬。指揮張山同謀殺人，罪如之。子序班升、從子千戶清、壻指揮楊觀及其黨都指揮牛循等九人，謫戍、降調有差。後當審錄，命貸達，發廣西南丹衞充軍，死。

李孜省，南昌人。以布政司吏待選京職，贓事發，匿不歸。時憲宗好方術，孜省乃學五雷法，厚結中官梁芳、錢義，以符籙進。

成化十五年，特旨授太常丞。御史楊守隨、給事中李俊等劾孜省贓吏，不宜典祭祀，乃改上林苑監丞。日寵幸，賜金冠、法劍及印章二，許密封奏請。益獻淫邪方術，與芳等表裏爲奸，漸干預政事。十七年，擢右通政，寄俸本司，仍掌監事。同官王㬌輕之，不加禮。孜省譜彔，左遷太僕少卿。故事，寄俸官不得預郊壇分獻，帝特以命孜省。廷臣懲彔事，無敢執奏者。

初，帝踐位甫踰月，卽命中官傳旨，用工人爲文思院副使。自後相繼不絕，一傳旨姓名至百十人，時謂之傳奉官，文武、僧道濫恩澤者數千。鄧常恩、趙玉芝、淩中、顧玒及奸僧繼曉輩，皆尊顯，與孜省相倚爲奸，然權寵皆出孜省下。居二年，進左通政。給事中王瑞、御史張稷等交劾之。乃貶二秩，爲本司左參議，他貶黜者又十二人。蓋特借以塞中外之望，孜省寵固未嘗替也。頃之，復遷左通政。

二十一年正月，星變求言。九卿大臣、給事御史皆極論傳奉官之弊，首及孜省、常恩等。帝頗感悟，貶孜省上林監丞，令吏部錄冗濫者名凡五百餘人。帝爲留六十七人，餘皆斥罷，中外大說。孜省緣是恨廷臣甚，搆逐主事張吉、員外郎彭綱，而益以左道持帝意。

其年十月，再復左通政，益作威福。搆罪吏部尙書尹旻及其子侍講龍。〔三〕又假扶鸞術言江西人赤心報國，於是致仕副都御史劉敷、禮部郎中黃景、南京兵部侍郎尹直、工部尙書李裕、禮部侍郎謝一夔，皆因之以進。間採時望，若學士楊守陳、倪岳，少詹事劉健，都御史余子俊、李敏諸名臣，悉密封推薦。搢紳進退，多出其口，執政大臣萬安、劉吉、彭華從而附麗之。通政邊鏞爲僉都御史，李和爲南京戶部侍郎，皆其力也。所排擠江西巡撫閔珪、洗馬羅璟、兵部尚書馬文升、順天府丞楊守隨，皆被譴，朝野側目。

吏部奏通政使缺，卽以命孜省，而右通政陳政以下五人，遞進一官。時張文質方以尚書掌司事，通政故未嘗缺使也。已，復擢禮部右侍郎，掌通政如故。常恩，臨江人，因中官陳喜進。玉芝，番禺人，因中官高諒進。並以曉方術，累擢太常卿。玉芝丁母憂，特賜祭葬，大治塋域，制度踰等。玒、中不知何許人。玒以扶鸞術，累官太常少卿，喪母賜祭，且給贈誥。故事，四品未三載無給誥賜祭者，憲宗特予之。吏部尚書尹旻因請幷贈其父。未幾，進本寺卿。其二子經、綸，亦官太常少卿。中以善書供事文華殿，不數年爲太常卿。踰月，以諫官言，降寺丞。孜省以星變貶，常恩亦貶本寺丞，而玉芝、玒、中並如故。孜省復通政，常恩亦復太常卿。

有李文昌者，試術不效，杖五十，斥還。岳州通判沈政以繪事夤緣至太常少卿，請斂天下貨財充內府。帝怒，下獄，杖謫廣西慶遠通判。人頗以爲快。

然羣奸中外蟠結，士大夫附者日益多。進士郭宗由刑部主事，以篆刻爲中人所引，擢尚寶少卿，日與市井工技伍，趨走闕廷。兵科左給事中張善吉謫官，因秘術干中官高英，得召見，因自陳乞復給事中，士論以爲羞。大學士萬安亦獻房中術以固寵。而諸雜流加侍郎、通政、太常、太僕、尚寶者，不可悉數。

憲宗崩，孝宗嗣位，始用科道言，盡汰傳奉官，謫孜省、常恩、玉芝、玒、中、經戍邊衞。又以中官蔣琮言，〔三〕逮孜省、常恩、玉芝等下詔獄，坐交結近侍律斬，妻子流二千里。詔免死，仍戍邊。孜省不勝搒掠，瘐死。

繼曉，江夏僧也。憲宗時，以秘術因梁芳進，授僧錄司左覺義。進右善世，命爲通元翊教廣善國師。日誘帝爲佛事，建大永昌寺於西市，逼徙民居數百家，費國帑數十萬。員外郎林俊請斬芳、繼曉以謝天下，〔四〕幾得重譴。繼曉虞禍及，乞歸養母，并乞空名度牒五百道，帝悉從之。

帝初卽位，卽以道士孫道玉爲眞人。其後西番僧劄巴堅參封萬行莊嚴功德最勝智慧圓明能仁感應顯國光教弘妙大悟法王西天至善金剛普濟大智慧佛，其徒劄實巴、鎖南堅參、端竹也失皆爲國師，錫誥命。服食器用，僭擬王者。出入乘椶輿，衞卒執金吾仗前導，錦衣玉食幾千人。取荒塚頂骨爲數珠，髑髏爲法盌。給事中魏元等切諫，不納。尋進劄實巴爲法王，班卓兒藏卜爲國師，又封領占竹爲萬行淸脩眞如自在廣善普慧弘度妙應掌教翊國正覺大濟法王西天圓智大慈悲佛，又封西天佛子劄失藏卜、劄失堅參、乳奴班丹、鎖南堅參、法領占五人爲法王，其他授西天佛子、大國師、國師、禪師者不可勝計。羽流加號眞人、高士者，亦盈都下。大國師以上金印，眞人玉冠、玉帶、玉珪、銀章。繼曉尤奸黠竊權，所奏請立從。成化二十一年，星變，言官極論其罪，始勒爲民，而諸番僧如故。

孝宗初，詔禮官議汰。禮官言諸寺法王至禪師四百三十七人，剌麻諸僧七百八十九人。華人爲禪師及善世、覺義諸僧官一百二十人，道士自眞人、高士及正一演法諸道官一百二十三人，請俱貶黜。詔法王、佛子遞降國師、禪師、都綱，餘悉落職爲僧，遣還本土，追奪誥敕、印章、儀仗諸法物。眞人降左正一，高士降左演法，亦追奪印章及諸玉器。僧錄司止留善世等九員，道錄司留正一等八員，餘皆廢黜。而繼曉以科臣林廷玉言，逮治棄市。

江彬，宣府人。初爲蔚州衞指揮僉事。正德六年，畿內賊起，京軍不能制，調邊兵。彬以大同遊擊隸總兵官張俊赴調。過薊州，殺一家二十餘人，誣爲賊，得賞。後與賊戰淮上，被三矢，其一著面，鏃出於耳，拔之更戰。武宗聞而壯之。七年，賊漸平，遣邊兵還鎭大同、宣府。軍過京師，犒之，遂幷宣府守將許泰皆留不遣。彬因錢寧得召見。帝見其矢痕，呼曰：「彬健能爾耶！」

彬狡黠强很，貌魁碩有力，善騎射。談兵帝前，帝大說，擢都指揮僉事，出入豹房，同臥起。嘗與帝弈不遜，千戶周騏叱之。彬陷騏搒死，左右皆畏彬。彬導帝微行，數至教坊司；進鋪花氈幄百六十二間，制與離宮等，帝出行幸皆御之。

寧見彬驟進，意不平。一日，帝捕虎，召寧，寧縮不前。虎迫帝，彬趨撲乃解。帝戲曰：「吾自足辦，安用爾。」然心德彬而嗛寧。寧他日短彬，帝不應。彬知寧不相容，顧左右皆寧黨，欲籍邊兵自固，因盛稱邊軍驍悍勝京軍，請互調操練。言官交諫，大學士李東陽疏稱十不便，皆不聽。於是調遼東、宣府、大同、延綏四鎮軍入京師，號外四家，縱橫都市。每團練大內，間以角觝戲。帝戎服臨之，與彬聯騎出，鎧甲相錯，幾不可辨。

八年命許泰領敢勇營，彬領神威營。改太平倉爲鎭國府，處邊兵。建西官廳於奮武營。賜彬、泰國姓。越二年，遷都督僉事。彬薦萬全都指揮李琮、陝西都指揮神周勇略，並召侍豹房，同賜姓爲義兒。毀積慶、鳴玉二坊民居，造皇店酒肆，建義子府。四鎮軍，彬兼統之。帝自領羣閹善射者爲一營，號中軍。晨夕馳逐，甲光照宮苑，呼譟聲達九門。帝時臨閱，名過錦。諸營悉衣黃罩甲，泰、琮、周等冠遮陽帽，帽植天鵝翎，貴者三翎，次二翎。兵部尚書王瓊得賜一翎，自喜甚。

彬既心忌寧，欲導帝巡幸遠寧。因數言宣府樂工多美婦人，且可觀邊釁，瞬息馳千里，何鬱鬱居大內，爲廷臣所制。帝然之。十二年八月，急裝微服出幸昌平，至居庸關，爲御史張欽所遮，乃還。數日，復夜出。先令太監谷大用代欽，止廷臣追諫者。因度居庸，幸宣府。彬爲建鎭國府第，悉輦豹房珍玩、女御實其中。彬從帝，數夜入人家，索婦女。帝大樂之，忘歸，稱曰家裏。未幾，幸陽和。迤北五萬騎入寇，諸將王勛等力戰。至應州，寇引去。斬首十六級，官軍死數百人，以捷聞京師。帝自稱威武大將軍朱壽，又自稱鎭國公，所駐蹕稱軍門。中外事無大小，白彬乃奏，或壅格至二三歲。廷臣前後切諫，悉置不省。

十三年正月還京，數念宣府。彬復導帝往，因幸大同。聞太皇太后崩，乃還京發喪。將葬，如昌平，祭告諸陵，遂幸黃花、密雲。彬等掠良家女數十車，日載以隨，有死者。永平知府毛思義忤彬，下獄謫官。典膳李恭疏請回鑾，指斥彬罪。未及上，彬逮恭死詔獄。帝旣駐大喜峯口，欲令朶顏三衞花當、把兒孫等納質宴勞，御史劉士元陳四不可，不報。帝旣還，下詔稱總督軍務威武大將軍總兵官朱壽統率六軍，而命彬爲威武副將軍。錄應州功，封彬平虜伯，子三人，錦衣衞指揮；泰，安邊伯；琮、周，俱都督。陞賞內外官九千五百五十餘人，賞賜億萬計。

彬又導帝由大同渡黃河，次楡林，至綏德，幸總兵官戴欽第，納其女。還，由西安歷偏頭關，抵太原，大徵女樂，納晉府樂工楊騰妻劉氏以歸。彬與諸近幸皆母事之，稱曰劉娘娘。初，延綏總兵官馬昂罷免，有女弟善歌，能騎射，解外國語，嫁指揮畢春，有娠矣。昂因彬奪歸，進於帝，召入豹房，大寵。傳陞昂右都督，弟炅、杲並賜蟒衣，大璫皆呼爲舅，賜第太平倉。給事、御史諫，不應。嘗幸昂第，召其妾。昂不聽，帝怒而起。昂復結太監張忠進其妾杜氏，遂傳陞炅都指揮，杲儀眞守備。昂喜過望，又進美女四人謝恩。及是，納欽女，皆彬所導也。

十四年正月自太原還至宣府，命彬提督十二團營。帝東西遊幸，歷數千里，乘馬腰弓矢，涉險阻，冒風雪，從者多道病，帝無倦容。及還京，復欲南幸。刑部主事汪金疏陳九不可，且極言酣酒當戒，帝不省。廷臣百餘人伏闕諫，彬故激帝怒，悉下獄，多杖死者。彬亦意沮，議得寢。

會寧王宸濠反，彬復贊帝親征，下令諫者處極刑。命彬提督贊畫機密軍務，並督東廠錦衣官校辦事。是時，張銳治東廠，錢寧治錦衣，彬兼兩人之任，權勢莫與比，遂扈帝以行。尋止寧，令董皇店役，不得從。八月發京師。彬在途，矯旨輒縛長吏，通判胡琮懼，自縊死。十二月至揚州，卽民居爲都督府，遍刷處女、寡婦，導帝漁獵。以劉姬諫，稍止。至南京，又欲導帝幸蘇州，下浙江，抵湖、湘。諸臣極諫，會其黨亦勸沮，乃止。當是時，彬率邊兵數萬，跋扈甚。成國公朱輔爲長跪，魏國公徐鵬舉及公卿大臣皆側足事之。惟參贊尙書喬宇、應天府丞寇天敍挺身與抗，彬氣稍折。

十五年六月幸牛首山。諸軍夜驚，言彬欲爲逆，久之乃定。時宸濠已就擒，繫江上舟中，民間數訛傳將爲變。帝心疑，欲歸。閏八月發南京。至淸江浦，漁積水池，帝舟覆被溺，遂得疾。十月，帝至通州。彬尙欲勸帝幸宣府，矯旨召勳戚大臣議宸濠獄。又上言：「賴鎭國公朱壽指授方略，擒宸濠逆黨申宗遠等十五人，乞明正其罪。」乃下詔褒賜鎭國公，歲加彬祿米百石，廕一子錦衣千戶。會帝體憊甚，左右力請乃還京。彬猶矯旨改團練營爲威武團練營，自提督軍馬，令泰、周、琮等提督敎場操練。

及帝崩，大學士楊廷和用遺命，分遣邊兵，罷威武團練營。彬內疑，稱疾不出，陰布腹心，衷甲觀變，令泰詣內閣探意。廷和以溫語慰之，彬稍安，乃出成服。廷和密與司禮中官魏彬計，因中官溫祥入白太后，請除彬。會坤寧宮安獸吻，卽命彬與工部尙書李鐩入祭。彬禮服入，家人不得從。事竟將出，中官張永留彬、鐩飯，太后遽下詔收彬。彬覺，亟走西安門，門閉。尋走北安門，門者曰：「有旨留提督。」彬曰：「今日安所得旨？」排門者。門者執之，拔其鬚且盡。收者至，縛之。有頃，周、琮並縛至，罵彬曰：「奴早聽我，豈爲人擒！」世宗卽位，磔彬於市，周、琮與彬子勳、杰、鰲、熙俱斬，繪處決圖，榜示天下，幼子然及妻、女俱發功臣家爲奴。時京師久旱，遂大雨。籍彬家，得黃金七十櫃，白金二千二百櫃，他珍瑤不可數計。

許泰，江都人。都督寧子，襲職爲羽林前衞指揮使。中武會舉第一，擢署都指揮同知。尋充副總兵，協守宣府。正德六年，與郤永、江彬俱調剿流賊，敗賊霸州，追敗之東光半壁店。未幾，復敗賊棗强。劉六寇曹州，泰與馮楨、郤永擊却之，乘勝擒斬千八百人。賊犯蠡縣、臨城，泰等不敢擊，被劾停俸。旣而賊奔衞輝，泰爲所敗。調赴萊陽，逗遛不進，詔革署都督僉事新銜，仍以都指揮同知辦賊。賊平，進署都督同知，留京師，與彬日侍左右，賜國姓，歷遷左都督。冒應州功，封安邊伯。

宸濠反，帝以泰爲威武副將軍，偕中官張忠率禁軍先往。宸濠已爲王守仁所擒。泰欲攘其功，疾馳至南昌，窮搜逆黨，士民被誣陷者不可勝計。誅求刑戮，甚於宸濠之亂。嫉守仁功，排擠之百方。執伍文定，窘辱備至。居久之，始旋師。世宗卽位，廷臣交劾，文定亦備以虐民妒功狀上聞，下獄論死。夤緣貴近，減死徙邊。馬昂亦罷，炅等戍邊。

錢寧，不知所出，或云鎭安人。幼鬻太監錢能家爲奴，能嬖之，冒錢姓。能死，推恩家人，得爲錦衣百戶。

正德初，曲事劉瑾，得幸於帝。性猾狡，善射，拓左右弓。帝喜，賜國姓，爲義子，傳陞錦衣千戶。瑾敗，以計免，歷指揮使，掌南鎭撫司。累遷左都督，掌錦衣衞事，典詔獄，言無不聽，其名刺自稱皇庶子。引樂工臧賢、回回人于永及諸番僧，以秘戲進。請於禁內建豹房、新寺，恣聲伎爲樂，復誘帝微行。帝在豹房，常醉枕寧臥。百官候朝，至晡莫得帝起居，密伺寧，寧來，則知駕將出矣。

太監張銳領東廠緝事，橫甚，而寧典詔獄，勢最熾，中外稱曰「廠、衞」。司務林華、評事沈光大皆以杖繫校尉，爲寧所奏，逮下錦衣獄，黜光大，貶華一級。錦衣千戶王注與寧暱，撻人至死，員外郎劉秉鑑持其獄急。寧匿注於家，而屬東廠發刑部他事。尙書張子麟亟造謝寧，立釋注，乃已。廠衞校卒至部院白事，稱尙書子麟輩曰老尊長。太僕少卿趙經初以工部郎督乾清宮工，乾沒帑金數十萬。經死，寧佯遣校尉治喪，迫經妻子扶櫬出，姬妾、帑藏悉據有之。中官廖堂鎭河南，其弟錦衣指揮鵬肆惡，爲巡撫鄧庠所劾，詔降級安置。鵬懼，使其嬖妾私事寧，得留任。

寧子永安，六歲爲都督。養子錢傑、錢靖等，俱冒國姓，授錦衣衞官。念富貴已極，帝無子，思結强藩自全。爲寧王宸濠營復護衞，又遣人往宸濠所，有異謀。又令宸濠數進金銀玩好於帝。謀召其世子司香太廟，爲入嗣地。又以玉帶、綵紵附其典寶萬銳歸，詐稱上賜。凡宸濠所遣私人行賄京師，皆主伶人臧賢家，由寧以達帝左右。宸濠反，帝心疑寧。寧懼，白帝收宸濠所遣盧孔章，而歸罪賢，謫戍邊，使校尉殺之途以滅口，又致孔章瘐死，冀得自全。然卒中江彬計，使董皇店役。彬在道，盡白其通逆狀。帝曰：「黠奴，我固疑之。」乃羈之臨淸，馳收其妻子家屬。帝還京，裸縛寧，籍其家，得玉帶二千五百束、黃金十餘萬兩、白金三千箱、胡椒數千石。世宗卽位，磔寧於市。養子傑等十一人皆斬，子永安幼，免死，妻妾發功臣家爲奴。

陸炳，其先平湖人。祖墀，以軍籍隸錦衣衞爲總旗。父松，襲職，從興獻王之國安陸，選爲儀衞司典仗。世宗入承大統，松以從龍恩，遷錦衣副千戶。累官後府都督僉事，協理錦衣事。

世宗始生，松妻爲乳媼，炳幼從母入宮中。稍長，日侍左右。炳武健沉鷙，長身火色，行步類鶴。舉嘉靖八年武會試，授錦衣副千戶。松卒，襲指揮僉事。尋進署指揮使，掌南鎭撫事。十八年從帝南幸，次衞輝。夜四更，行宮火，從官倉猝不知帝所在。炳排闥負帝出，帝自是愛幸炳。屢擢都指揮同知，掌錦衣事。

帝初嗣位，掌錦衣者朱宸，未久罷。代者駱安，繼而王佐、陳寅，皆以興邸舊人掌錦衣衞。佐嘗保持張鶴齡兄弟獄，有賢聲。寅亦謹厚不爲惡。及炳代寅，權勢遠出諸人上。未幾，擢署都督僉事。又以緝捕功，擢都督同知。

炳驟貴，同列多父行，炳陽敬事之，徐以計去其易己者。又能得閣臣夏言、嚴嵩歡，以故日益重。嘗捶殺兵馬指揮，爲御史所糾，詔不問。言故暱炳，一日，御史劾炳諸不法事，言卽擬旨逮治。炳窘，行三千金求解不得，長跪泣謝罪，乃已。炳自是嫉言次骨。及嵩與言搆，炳助嵩，發言與邊將關節書，言罪死。嵩德炳，恣其所爲，引與籌畫，通賕賂。後仇鸞得寵，陵嵩出其上，獨憚炳。炳曲奉之，不敢與鈞禮，而私出金錢結其所親愛，得鸞陰私。及鸞病亟，炳盡發其不軌狀。帝大驚，立收鸞敕印，鸞憂懼死，至剖棺戮屍。

炳先進左都督，錄擒哈舟兒功，加太子太保。以發鸞密謀，加少保兼太子太傅，歲給伯祿。三十三年命入直西苑，與嚴嵩、朱希忠等侍修玄。三十五年三月賜進士恩榮宴。故事，錦衣列於西。帝以炳故，特命上坐，班二品之末。明年疏劾司禮中官李彬侵盜工所物料，營墳墓，僭擬山陵，與其黨杜泰三人論斬，籍其貲，銀四十餘萬，金珠珍寶無算。尋加炳太保兼少傅，掌錦衣如故。三公無兼三孤者，僅於炳見之。

炳任豪惡吏爲爪牙，悉知民間銖兩奸。富人有小過輒收捕，沒其家。積貲數百萬，營別宅十餘所，莊園遍四方，勢傾天下。時嚴嵩父子盡攬六曹事，炳無所不關說。文武大吏爭走其門，歲入不貲，結權要，周旋善類，亦無所吝。帝數起大獄，炳多所保全，折節士大夫，未嘗搆陷一人，以故朝士多稱之者。三十九年卒官。贈忠誠伯，謚武惠，祭葬有加，官其子繹爲本衞指揮僉事。

隆慶初，用御史言，追論炳罪，削秩，籍其產，奪繹及弟太常少卿焯官，坐贓數十萬，繫繹等追償，久之貲盡。萬曆三年，繹上章乞免。張居正等言，炳救駕有功，且律非謀反叛逆奸黨，無籍沒者；況籍沒、追贓，二罪幷坐，非律意。帝憫之，遂獲免。

邵元節，貴溪人，龍虎山上淸宮道士也。師事范文泰、李伯芳、黃太初，咸盡其術。寧王宸濠召之，辭不往。

世宗嗣位，惑內侍崔文等言，好鬼神事，日事齋醮。諫官屢以爲言，不納。嘉靖三年，徵元節入京，見於便殿，大加寵信，俾居顯靈宮，專司禱祀。雨雪愆期，禱有驗，封爲淸微妙濟守靜修眞凝玄衍範志默秉誠致一眞人，統轄朝天、顯靈、靈濟三宮，總領道教，錫金、玉、銀、象牙印各一。

六年乞還山，詔許馳傳。未幾，趨朝。有事南郊，命分獻風雲雷雨壇。預宴奉天殿，班二品。贈其父太常丞，母安人，并贈文泰眞人，賜元節紫衣玉帶。給事中高金論之，帝下金詔獄。敕建眞人府於城西，以其孫啓南爲太常丞，曾孫時雍爲太常博士。歲給元節祿百石，以校尉四十人供灑掃，賜莊田三十頃，蠲其租。又遣中使建道院於貴溪，賜名仙源宮。旣成，乞假還山。中途上奏，言爲大學士李時弟員外旼所侮。時上章引罪，旼下獄獲譴。比還朝，舟至潞河，命中官迎入，賜蟒服及「闡教輔國」玉印。

先是，以皇嗣未建，數命元節建醮，以夏言爲監禮使，文武大臣日再上香。越三年，皇子疊生，帝大喜，數加恩元節，拜禮部尙書，賜一品服。孫啓南、徒陳善道等咸進秩，贈伯芳、太初爲眞人。

帝幸承天，元節病不能從。無何死，帝爲出涕，贈少師，賜祭十壇，遣中官錦衣護喪還，有司營葬，用伯爵禮。禮官擬諡榮靖，不稱旨，再擬文康。帝兼用之，曰文康榮靖。啓南官至太常少卿。善道亦封淸微闡教崇眞衞道高士。隆慶初，削元節秩諡。

陶仲文，初名典眞，黃岡人。嘗受符水訣於羅田萬玉山，與邵元節善。嘉靖中，由黃梅縣吏爲遼東庫大使。秩滿，需次京師，寓元節邸舍。元節年老，宮中黑眚見，治不效，因薦仲文於帝。以符水噀劍，絕宮中妖。莊敬太子患痘，禱之而瘥，帝深寵異。十八年南巡，元節病，以仲文代。次衞輝，有旋風繞駕，帝問：「此何祥也？」對曰：「主火。」是夕行宮果火，宮人死者甚衆。帝益異之，授神霄保國宣敎高士，尋封神霄保國弘烈宣敎振法通眞忠孝秉一眞人。明年八月欲令太子監國，專事靜攝。太僕卿楊最疏諫，杖死，廷臣震懾。大臣爭諂媚取容，神仙禱祀日亟。以仲文子世同爲太常丞，子壻吳濬、從孫良輔爲太常博士。帝有疾，既而瘳，喜仲文祈禱功，特授少保、禮部尚書。久之，加少傅，仍兼少保。仲文起筦庫，不二歲登三孤，恩寵出元節上。乃請建雷壇於鄉縣，祝聖壽，以其徒臧宗仁爲左至靈，馳驛往，督黃州同知郭顯文監之。工稍稽，謫顯文典史，遣工部郎何成代，督趣甚急，公私騷然。御史楊爵、郎中劉魁言及之。給事中周怡陳時事，有「日事禱祠」語。帝大怒，悉下詔獄，拷掠長繫。吏部尚書熊浹諫乩仙，卽命削籍。自是，中外爭獻符瑞，焚修、齋醮之事，無敢指及之者矣。

帝自二十年遭宮婢變，移居西內，日求長生，郊廟不親，朝講盡廢，君臣不相接，獨仲文得時見；見輒賜坐，稱之爲師而不名。心知臣下必議己，每下詔旨多憤疾之辭，廷臣莫知所指。小人顧可學、盛端明、朱隆禧輩，皆緣以進。其後，夏言以不冠香葉冠，積他釁至死。而嚴嵩以虔奉焚修蒙異眷者二十年。大同獲諜者王三，帝歸功上玄，加仲文少師，仍兼少傅少保。一人兼領三孤，終明世，惟仲文而已。久之，授特進光祿大夫柱國兼支大學士俸，廕子世恩爲尚寶丞。復以聖誕加恩，給伯爵俸，授其徒郭弘經、王永寧爲高士。

時都御史胡纘宗下獄，株連數十人。二十九年春，京師災異頻見，帝以咨仲文。對言慮有冤獄，得雨方解。俄法司上纘宗等爰書，帝悉從輕典，果得雨。乃以平獄功，封仲文恭誠伯，歲祿千二百石，弘經、永寧封眞人。仇鸞之追戮也，下詔稱仲文功，增祿百石，廕子世昌國子生。三十二年，仲文言：「齊河縣道士張演昇建大淸橋，濬河得龍骨一，重千斤。又突出石沙一脈，長數丈，類有神相。」帝卽發帑銀助之。時建元嶽湖廣太和山，旣成，遣英國公張溶往行安神禮，仲文偕顧可學建醮祈福。明年，聖誕，加恩，廕子錦衣百戶。

帝益求長生，日夜禱祠，簡文武大臣及詞臣入直西苑，供奉青詞。四方奸人段朝用、龔可佩、藍道行、王金、胡大順、藍田玉之屬，咸以燒煉符咒熒惑天子，然不久皆敗，獨仲文恩寵日隆，久而不替，士大夫或緣以進。又創二龍不相見之說，青宮虛位者二十年。

三十五年，上皇考道號爲三天金闕無上玉堂都仙法主玄元道德哲慧聖尊開眞仁化大帝，皇妣號爲三天金闕無上玉堂總仙法主玄元道德哲慧聖母天后掌仙妙化元君，帝自號靈霄上清統雷元陽妙一飛玄眞君，後加號九天弘教普濟生靈掌陰陽功過大道思仁紫極仙翁一陽眞人元虛玄應開化伏魔忠孝帝君，再號太上大羅天仙紫極長生聖智昭靈統元證應玉虛總掌五雷大眞人玄都境萬壽帝君。明年，仲文有疾，乞還山，獻上歷年所賜蟒玉、金寶、法冠及白金萬兩。既歸，帝念之不置，遣錦衣官存問，命有司以時加禮，改其子尙寶少卿世恩爲太常丞兼道錄司右演法，供事眞人府。

仲文得寵二十年，位極人臣。然小心愼密，不敢恣肆。三十九年卒，年八十餘。帝聞痛悼，葬祭視邵元節，特諡榮康惠肅。世恩後至太常卿。隆慶元年坐與王金僞製藥物，下獄論死。仲文秩諡亦追削。

段朝用，合肥人。以燒煉干郭勛，言所化銀皆仙物，用爲飲食器，當不死。勛進之帝，帝大悅。仲文亦薦之，獻萬金助雷壇工費。帝嘉其忠，授紫府宣忠高士。朝用請歲進數萬金以資國用，帝益喜。已而術不驗，其徒王子巖攻發其詐。帝執子巖、朝用，付鎭撫拷訊，朝用所獻銀，故出勛貲。事既敗，帝亦寖疎勛。明年，勛亦下獄，朝用乃脅勛賄，捶死其家人，復上疏瀆奏。帝怒，遂論死。

龔可佩，嘉定人。出家崑山爲道士，通曉道家神名，由仲文進。諸大臣撰青詞者，時從可佩問道家故事，俱愛之，得爲太常博士。帝命入西宮，教宮人習法事，累遷太常少卿。爲中官所惡，誣其嗜酒，使使偵之，報可佩醉員外郎邵畯所。執下詔獄，幷逮畯，俱杖六十。可佩杖死，屍暴潞河，爲羣犬所食，畯亦奪官。畯與可佩故無交，無敢白其枉者。

藍道行以扶鸞術得幸，有所問，輒密封遣中官詣壇焚之，所答多不如旨。帝咎中官穢褻，中官懼，交通道行，啓視而後焚，答始稱旨。帝大喜，問：「今天下何以不治？」道行故惡嚴嵩，假乩仙言嵩奸罪。帝問：「果爾，上仙何不殛之？」答曰：「留待皇帝自殛。」帝心動，會御史鄒應龍劾嵩疏上，帝卽放嵩還。已，嵩詗知道行所爲，厚賂帝左右，發其怙寵招權諸不法事。下詔獄，坐斬，死獄中。

胡大順者，仲文同縣人也。緣仲文進，供事靈濟宮。仲文死，大順以奸欺事發，斥回籍。後覬復用，僞撰萬壽金書一帙，詭稱呂祖所作，且言呂祖授三元大丹，可却疾不老。遣其子元玉從妖人何廷玉齎入京，因左演法藍田玉、左正一羅萬象以通內官趙楹，獻之帝。

田玉者，鐵柱觀道士。嚴嵩罷歸，至南昌，值聖誕，田玉爲帝建醮。會御史姜儆訪秘法至，嵩索田玉諸符籙進獻。田玉亦自以召鶴術託儆附奏，得召爲演法，與萬象並以扶鸞術供奉西內，因交歡楹。時帝方幸此三人，故大順書由三人進。帝覽書問：「旣云乩書，扶乩者何不來？」田玉遂詐爲聖諭徵之，至則屢上書求見。帝語徐階曰：「自藍道行下獄，遂百孽擾宮。今大順來，可復用乎？」對曰：「扶乩之術，惟中外交通，間有驗者，否則茫然不知。今宮孽已久，似非道行所致。且用此輩，孽未必消。小人無賴，宜治以法。」帝悟，報曰：「田玉無狀，去冬代廷玉進水銀藥，遂詐傳密旨，徵取大順，不治無以儆將來。」階對：「水銀不可服食，詐傳詔旨罪尤重。倘置不問，羣小互相朋結，恐釀大患。」乃命執大順、田玉、萬象等下錦衣獄，不知其奸由楹也。錦衣上獄詞，帝有意寬之，以問階。階力言不可不重治，乃下諸人法司，令重擬。楹伺間，具密奏，爲諸人申理。帝大怒，付司禮拷訊，具得其交通狀，遂與大順、田玉、萬象、廷玉、元玉並論死。楹瘐死。帝以逆囚當顯戮，怒所司不如法，詔停刑部司官俸。嘉靖四十四年也。

世宗朝，奏章有前朝、後朝之說。前朝所奏者，諸司章奏也；他方士雜流有所陳請，則從後朝入，前朝官不與聞，故無人摘發。賴帝晚年漸悟其妄，而政府力爲執奏，諸奸獲正法云。

王金者，鄠縣人也。爲國子生，殺人當死。知縣陰應麟雅好黃白術，聞金有秘方，爲之解，得末減。金遂逃京師，匿通政使趙文華所。以仙酒獻文華，文華獻之帝。及文華視師江南，金落魄無所遇。一日，帝於秘殿扶乩，言服芝可延年，使使採芝天下。四方來獻者，皆積苑中；中使竊出市人，復進之以邀賞。金厚結中使，得芝萬本，聚爲一山，號萬歲芝山，又僞爲五色龜，欲因禮部以獻，尙書吳山不爲進。山罷，金自進之。帝大喜，遣官告太廟。禮官袁煒率廷臣表賀，而授金太醫院御醫。

先是，總督胡宗憲獻白鹿者再。帝喜，告謝玄極寶殿及太廟，進宗憲秩，百官表賀。已，宗憲獻靈芝五、白龜二。帝益喜，賜金幣、鶴衣，告廟表賀如初。不數日，龜死，帝曰：「天降靈物，朕固疑處塵寰不久也。」淮王獻白雁二，帝曰：「天降祥羽，其告廟。」嚴嵩孫鵠獻玉兔一、靈芝六十四，藍道行獻瑞龜。俱遣中官獻太廟，廷臣表賀。未幾，兔生二子，禮官請謝玄告廟。是月，兔又生二子，帝以爲延生之祥，特建謝典告廟。已又生數子，皆稱賀。其他西苑嘉禾，顯陵甘露，無不告廟稱賀者。

當是時，陶仲文已死，嚴嵩亦罷政，藍道行又以詐僞誅，宮中數見妖孽，帝春秋高，意邑邑不樂，中官因詐飾以娛之。四十三年五月，帝夜坐庭中，獲一桃御幄後，左右言自空中下。帝大喜曰：「天賜也。」修迎恩醮五日。明日復降一桃，其夜白兔生二子。帝益喜，謝玄告廟。未幾，壽鹿亦生二子，廷臣表賀。帝以奇祥三錫，天眷非常，手詔褒答。

時遣官求方士於四方，至者日衆。豐城人熊顯進仙書六十六冊，方士趙添壽進秘法三十二種，醫士申世文亦進三種。帝知其多妄，無殊錫。金思所以動帝，乃與世文及陶世恩、陶倣、劉文彬、高守中僞造諸品仙方、養老新書、七元天禽護國兵策，與所製金石藥並進。其方詭秘不可辨，性燥，非服食所宜。帝御之，稍稍火發不能愈。世恩竟得遷太常卿，倣太醫院使，文彬太常博士。未幾，帝大漸，遺詔歸罪金等，命悉正典刑，五人並論死繫獄。隆慶四年十月，高拱柄國，盡反徐階之政，乃宥金等死，編口外爲民。

顧可學，無錫人。舉進士，歷官浙江參議。言官劾其在部時盜官帑，斥歸，家居二十餘年。睏世宗好長生，而同年生嚴嵩方柄國，乃厚賄嵩，自言能煉童男女溲爲秋石，服之延年。嵩爲言於帝，遣使齎金幣就其家賜之。可學詣闕謝，遂命爲右通政。嘉靖二十四年超拜工部尚書，尋改禮部，再加至太子太保。時盛端明亦以方術承帝眷，可學獨揚揚自喜，請厲公事，人咸畏而惡之。

帝惑乩仙言，手詔問禮部：「古用芝入藥，今產何所？」尚書吳山博引本草、黃帝內經、漢舊儀、王充論衡、瑞命記，言：「歷代皆以芝爲瑞，然服食之法未有傳，所產地亦未敢預擬。」乃詔有司採之五嶽及太和、龍虎、三茅、齊雲、鶴鳴諸山。無何，宛平民獻芝五本。帝悅，賚銀幣。自是，來獻者接踵。時又採銀礦、龍涎香，中使四出，論者咸咎可學。可學尋以年老乞休。卒，賜祭葬，謚榮僖。

端明，饒平人。舉進士，歷官右副都御史，督南京糧儲，劾罷，家居十年。自言通曉藥石，服之可長生，由陶仲文以進，嚴嵩亦左右之，遂召爲禮部右侍郎。尋拜工部尚書，改禮部，加太子少保，皆與可學並命。二人但食祿不治事，供奉藥物而已。端明頗負才名，晚由他途進，士論恥之。端明內不自安，引去，卒於家。賜祭葬，謚榮簡。隆慶初，二人皆褫官奪謚。

朱隆禧者，崑山人。由進士歷順天府丞，坐大計黜。二十七年，陶仲文赴太和山，隆禧邀至其家，以所傳長生秘術及所製香衲祈代進。仲文還朝，奏之。帝悅，即其家賜白金、飛魚服。隆禧入朝謝恩，帝以大計罷閒官例不復起，加太常卿致仕。居二年，加禮部右侍郎。會有邊警，仲文乘閒薦隆禧知兵。帝曰：「祖宗法不可廢。」卒不用。既卒，其妻請卹典，所司執不予，帝特諭予之。隆慶初，褫官。

帝晚年求方術益急，仲文、可學輩皆前死。四十一年冬，命御史姜儆、王大任分行天下，訪求方士及符籙秘書。儆，江南、山東、浙江、江西、福建、廣東、廣西；大任，畿輔、河南、湖廣、四川、山西、陝西、雲南、貴州。至四十三年十月還朝，上所得法秘數千冊，方士唐秩、劉文彬等數人。儆、大任擢侍講學士，秩等賜第京師。儆不自安，尋引退。大任入翰林，不爲同官所齒。隆慶元年正月，言官劾兩人所進劉文彬等已正刑章，宜幷罪，遂奪職。

校勘記

〔一〕靖王奠培等亦言無左驗　靖王，原作「寧王」，據本書卷一一七寧王權傳改。

〔二〕搆罪吏部尙書尹旻及其子侍講龍　吏部，原作「禮部」，據本書卷一一一七卿年表、孝宗實錄卷八成化二十三年十二月辛卯條改。

〔三〕又以中官蔣琮言　蔣琮，原作「蔣宗」，據明史稿傳一八〇李孜省傳、孝宗實錄卷八成化二十三年十二月辛卯條改。

〔四〕員外郎林俊請斬芳繼曉以謝天下　林俊，原作「淩俊」，據本書卷一九四林俊傳、明史稿傳一八〇繼曉傳改。

明史卷三百八

列傳第一百九十六

奸臣

宋史論君子小人，取象於陰陽，其說當矣。然小人世所恒有，不容概被以奸名。必其竊弄威柄、搆結禍亂、動搖宗祏、屠害忠良、心跡俱惡、終身陰賊者，始加以惡名而不敢辭。有明一代，巨奸大惡，多出於寺人內豎，求之外廷諸臣，蓋亦鮮矣。當太祖開國之初，胡惟庸兇狡自肆，竟坐叛逆誅死。陳瑛在成祖時，以刻酷濟其奸私，逢君長君，荼毒善類。此其所値，皆英武明斷之君，而包藏禍心，久之方敗。令遇庸主，其爲惡可勝言哉。厥後權歸內豎，懷奸固寵之徒依附結納，禍流搢紳。惟世宗朝，閹宦斂迹，而嚴嵩父子濟惡，貪饕無厭。莊烈帝手除逆黨，而周延儒、溫體仁懷私植黨，悞國覆邦。南都末造，本無足言，馬士英庸瑣鄙夫，饕殘恣惡。之數人者，內無閹尹可依，而外與羣邪相比，罔恤國事，職爲亂階。究其心迹，殆將與杞、檜同科。吁可畏哉！作姦臣傳。

胡惟庸 陳寧　陳瑛 馬麟等　嚴嵩 趙文華等　周延儒

溫體仁　馬士英 阮大鋮

胡惟庸，定遠人。歸太祖於和州，授元帥府奏差。尋轉宣使，除寧國主簿，進知縣，遷吉安通判，擢湖廣僉事。吳元年，召爲太常少卿，進本寺卿。洪武三年拜中書省參知政事。已，代汪廣洋爲左丞。六年正月，右丞相廣洋左遷廣東行省參政，帝難其人，久不置相，惟庸獨專省事。七月拜右丞相。久之，進左丞相，復以廣洋爲右丞相。

自楊憲誅，帝以惟庸爲才，寵任之。惟庸亦自勵，嘗以曲謹當上意，寵遇日盛，獨相數歲，生殺黜陟，或不奏徑行。內外諸司上封事，必先取閱，害己者，輒匿不以聞。四方躁進之徒及功臣武夫失職者，爭走其門，饋遺金帛、名馬、玩好，不可勝數。大將軍徐達深疾其姦，從容言於帝。惟庸遂誘達閽者福壽以圖達，爲福壽所發。御史中丞劉基亦嘗言其短。久之基病，帝遣惟庸挾醫視，遂以毒中之。基死，益無所忌。與太師李善長相結，以兄女妻其從子佑。學士吳伯宗劾惟庸，幾得危禍。自是，勢益熾。其定遠舊宅井中，忽生石筍，出水數尺，諛者爭引符瑞，又言其祖父三世塜上，皆夜有火光燭天。惟庸益喜自負，有異謀矣。

吉安侯陸仲亨自陝西歸，擅乘傳。帝怒責之，曰：「中原兵燹之餘，民始復業，籍戶買馬，艱苦殊甚。使皆效爾所爲，民雖盡鬻子女，不能給也。」責捕盜於代縣。平涼侯費聚奉命撫蘇州軍民，日嗜酒色。帝怒，責往西北招降蒙古，無功，又切責之。二人大懼。惟庸陰以權利脅誘二人，二人素戇勇，見惟庸用事，密相往來。嘗過惟庸家飲，酒酣，惟庸屏左右言：「吾等所爲多不法，一旦事覺，如何？」二人益惶懼，惟庸乃告以己意，令在外收集軍馬。又嘗與陳寧坐省中，閱天下軍馬籍，令都督毛驤取衞士劉遇賢及亡命魏文進等爲心膂，曰：「吾有所用爾也。」太僕寺丞李存義者，善長之弟，惟庸壻李佑父也，惟庸令陰說善長。善長已老，不能强拒，初不許，已而依違其間。惟庸益以爲事可就，乃遣明州衞指揮林賢下海招倭，與期會。又遣元故臣封績致書稱臣于元嗣君，請兵爲外應。事皆未發。會惟庸子馳馬於市，墜死車下，惟庸殺輓車者。帝怒，命償其死。惟庸請以金帛給其家，不許。惟庸懼，乃與御史大夫陳寧、中丞涂節等謀起事，陰告四方及武臣從己者。

十二年九月，占城來貢，惟庸等不以聞。中官出見之，入奏。帝怒，敕責省臣。惟庸及廣洋頓首謝罪，而微委其咎於禮部，部臣又委之中書。帝益怒，盡囚諸臣，窮詰主者。未幾，賜廣洋死，廣洋妾陳氏從死。帝詢之，乃入官陳知縣女也。大怒曰：「沒官婦女，止給功臣家。文臣何以得給？」乃敕法司取勘。于是惟庸及六部堂屬咸當坐罪。明年正月，涂節遂上變，告惟庸。御史中丞商暠時謫爲中書省吏，亦以惟庸陰事告。帝大怒，下廷臣更訊，詞連寧、節。廷臣言：「節本預謀，見事不成，始上變告，不可不誅。」乃誅惟庸、寧幷及節。

惟庸既死，其反狀猶未盡露。至十八年，李存義爲人首告，免死，安置崇明。十九年十月，林賢獄成，惟庸通倭事始著。二十一年，藍玉征沙漠，獲封績，善長不以奏。至二十三年五月，事發，捕績下吏，訊得其狀，逆謀益大著。會善長家奴盧仲謙首善長與惟庸往來狀，而陸仲亨家奴封帖木亦首仲亨及唐勝宗、費聚、趙庸三侯與惟庸共謀不軌。〔一〕帝發怒，肅淸逆黨，詞所連及坐誅者三萬餘人。乃爲昭示奸黨錄，布告天下。株連蔓引，迄數年未靖云。

陳寧，茶陵人。元末爲鎭江小吏，從軍至集慶，館於軍帥家，代軍帥上書言事。太祖覽之稱善，召試檄文，詞意雄偉，乃用爲行省掾吏。時方四征，羽書旁午，寧酬答整暇，事無留滯，太祖益才之。淮安納款，奉命徵其兵，抵高郵，爲吳人所獲。寧抗論不屈，釋還，擢廣德知府。會大旱，乞免民租，不許。寧自詣太祖奏曰：「民饑如此，猶徵租不已，是爲張士誠敺民也。」太祖壯而聽之。

辛丑除樞密院都事。癸卯遷提刑按察司僉事。明年改浙東按察使。有小隸訟其隱過，寧已擢中書參議，太祖親鞫之，寧首服，繫應天獄一歲。吳元年，冬盡將決，太祖惜其才，命諸將數其罪而宥之，用爲太倉市舶提舉。

洪武元年召拜司農卿，遷兵部尚書。明年出爲松江知府。用嚴爲治，積歲蠹弊，多所釐革。尋改山西行省參政。召拜參知政事，知吏、戶、禮三部事。寧，初名亮，至是賜名寧。

三年，坐事出知蘇州。尋改浙江行省參政，未行，用胡惟庸薦，召爲御史中丞。太祖嘗御東閣，免冠而櫛。寧與侍御史商暠入奏事，太祖見之，遂移入便殿，遣人止寧毋入。櫛已，整冠出閣，始命入見。六年命兼領國子監事。俄拜右御史大夫。八月遣釋奠先師。丞相胡惟庸、參政馮冕、誠意伯劉基不陪祀而受胙，太祖以寧不舉奏，亦停俸半月。自是，不預祭者不頒胙。久之，進左御史大夫。

寧有才氣，而性特嚴刻。其在蘇州徵賦苛急，嘗燒鐵烙人肌膚。吏民苦之，號爲陳烙鐵。及居憲臺，益務威嚴。太祖嘗責之，寧不能改。其子孟麟亦數諫，寧怒，捶之數百，竟死。太祖深惡其不情，曰：「寧於其子如此，奚有於君父耶！」寧聞之懼，遂與惟庸通謀。十三年正月，惟庸事發，寧亦伏誅。

陳瑛，滁人。洪武中，以人才貢入太學。擢御史，出爲山東按察使。建文元年調北平僉事。湯宗告瑛受燕王金錢，通密謀，逮謫廣西。燕王稱帝，召爲都察院左副都御史，署院事。

瑛天性殘忍，受帝寵任，益務深刻，專以搏擊爲能。甫莅事，卽言：「陛下應天順人，萬姓率服，而廷臣有不順命、效死建文者，如侍郎黃觀、少卿廖昇、修撰王叔英、紀善周是修、按察使王良、知縣顏伯瑋等，其心與叛逆無異，請追戮之。」帝曰：「朕誅奸臣，不過齊、黃數輩，後二十九人中如張紞、王鈍、鄭賜、黃福、尹昌隆，皆宥而用之。況汝所言，有不與此數者，勿問。」後瑛閱方孝孺等獄詞，遂簿觀、叔英等家，給配其妻女，疏族、外親莫不連染。胡閏之獄，所籍數百家，號冤聲徹天。兩列御史皆掩泣，瑛亦色慘，謂人曰：「不以叛逆處此輩，則吾等爲無名。」於是諸忠臣無遺種矣。

永樂元年擢左都御史，益以訐發爲能。八月劾歷城侯盛庸怨誹，當誅，庸自殺。二年劾曹國公李景隆謀不軌，又劾景隆弟增枝知景隆不臣不諫，多置莊產，蓄佃僕，意叵測，俱收繫。又劾長興侯耿炳文僭，炳文自殺。劾駙馬都尉梅殷邪謀，殷遇害。三年，行部尚書雒僉言事忤帝意，瑛劾僉貪暴，僉坐誅死。又劾駙馬都尉胡觀强取民間女子，娶娼爲妾，預景隆逆謀，以親見宥不改。帝命勿治，罷觀朝請。已，又劾其怨望，逮下獄。八年劾隆平侯張信占練湖及江陰官田，命三法司雜治之。

瑛爲都御史數年，所論劾勳戚、大臣十餘人，皆陰希帝指。其他所劾順昌伯王佐，都督陳俊，指揮王恕，都督曹遠，指揮房昭，僉都御史俞士吉，大理少卿袁復，御史車舒，都督王瑞，指揮林泉、牛諒，通政司參議賀銀等，先後又數十人，俱得罪。帝以爲能發奸，寵任之，然亦知其殘刻，所奏讞不盡從。中書舍人芮善弟夫婦爲盜所殺，心疑其所親，訟於官。刑部驗非盜，縱之。善白帝刑部故出盜，帝命御史鞫治，果非盜。瑛因劾善妄奏，當下獄。帝曰：「兄弟同氣，得賊惟恐逸之，善何罪，其勿問。」車里宣慰使刀暹答侵威遠州地，執其知州刀算黨以歸。帝遣使諭之，刀暹答懼，歸地及所執知州，遣弟刀臘等貢方物謝罪。瑛請先下刀臘法司，且逮治刀暹答。帝曰：「蠻僚之性稍不相得則相讐，改則已。今服罪而復治之，何以處不服者。」遂赦弗問。知嘉興縣李鑑廷見謝罪，帝問故。瑛言：「鑑籍奸黨姚瑄，瑄弟亨當連坐，而鑑釋亨不籍，宜罪。」鑑言：「都察院文止籍瑄，未有亨名。」帝曰：「院文無名而不籍，不失爲愼重。」鑑得免。戶部人材高文雅言時政，因及建文事，辭意率直，帝命議行之。瑛劾文雅狂妄，請置之法。帝曰：「草野之人何知忌諱，其言有可采，奈何以直而廢之。瑛刻薄，非助朕爲善者。」以文雅付吏部，量材授官。海運糧漂沒，瑛請治官軍罪，責之償。

帝曰：「海濤險惡，官軍免溺死，幸矣。」悉釋不問。瑛之奸險附會，一意苛刻，皆此類也。

帝北巡，皇太子監國。瑛言兵部主事李貞受皂隸葉轉等四人金，請下貞獄。無何，貞妻擊登聞鼓訴冤。皇太子命六部大臣廷鞫之，自辰至午，貞等不至，惟葉轉至。訊之，云貞不承，不勝拷掠死，三皂隸皆笞死三日矣，貞實未嘗受金。先是，袁綱、覃珩兩御史俱至兵部索皂隸，貞猝無以應，兩御史銜之，興此獄。於是刑科給事中耿通等言瑛及綱、珩朋奸蒙蔽，擅殺無辜，請罪瑛。皇太子曰：「瑛大臣，蓋爲下所欺，不能覺察耳。」置勿問，械繫綱、珩，以其罪狀奏行在。又有學官坐事謫充太學膳夫者，皇太子令法司與改役，瑛格不行，中允劉子春等復劾瑛方命自恣。皇太子謂瑛曰：「卿用心刻薄，不明政體，殊非大臣之道。」時太子深惡瑛，以帝方寵任，無如何。久之，帝亦寖疏瑛。九年春，瑛得罪下獄死，天下快之。

帝以篡得天下，御下多用重典。瑛首承風旨，傾誣排陷者無算。一時臣工多效其所爲，如紀綱、馬麟、丁珏、秦政學、趙緯、李芳，皆以傾險聞。綱在佞倖傳。

麟，鞏人。洪武末爲工科給事中，建文時坐罪謫雲南爲吏。成祖卽位，悉復建文朝所罷官，麟得召還。尋進兵科都給事中。麟無他建白，專以訐發爲能。帝久亦厭之，諭麟等曰：「奏牘一字之誤皆喋喋，煩碎甚矣。僞謬即改正，不必以聞。」麟等言：「奏內有不稱臣者，不可宥。」帝曰：「彼亦偶脫漏耳。言官當陳軍國大務，細故可略也。」久之，擢右通政。帝一日顧侍臣曰：「四方頻奏水旱，朕甚不寧。」麟遽進曰：「水旱天數，堯、湯不免。一二郡有之，未害。」帝曰：「洪範恒雨恒暘，皆本人事，可委天數哉？爾此言，不學故也。」麟慚而退。麟居言路，糾彈諸司無虛日。嘗署兵部事，甫一日，輒有過，爲人所奏，自是稍戢。居通政八年，卒於官。

珏，山陽人。永樂四年，里社賽神，誣以聚衆謀不軌，坐死者數十人。法司因稱珏忠，特擢刑科給事中。伺察百僚小過，輒上聞。居官十年，貪黷不顧廉恥。母喪未期，起復視事，輒隨衆大祀齋宮，復與慶成宴，爲御史俞信等所劾，論大不敬當死。帝曰：「朕素疑其奸邪，若悉行所言，廷臣豈有一人免耶？」遂謫戍邊。

政學，慈谿人。永樂二年進士。歷行在禮部郎中，務摭人過失，肆爲奸貪。十六年春，有罪伏誅。

緯初爲大興教諭，燕兵起，與城守有勞。擢禮科給事中，坐罪謫思南宣慰司教授。永樂七年，復原官，務捃摭朝士過。久之，遷浙江副使。後入朝，仁宗見其名曰：「此人尚在耶！是無異蛇蝎。」遂謫嘉興典史。

芳，潁上人。永樂十三年進士。歷刑科給事中。宣宗數御便殿，與大臣議事。芳言：「洪武中，大臣面議時政，必給事中二人與俱，請復其舊。」帝是之。芳輒自矜，百司所爲，少不如意，卽詣帝前奏之，人比之紀綱。久之，帝亦惡其奸，黜爲海鹽丞，棄官歸。

嚴嵩，字惟中，分宜人。長身戌削，疏眉目，大音聲。舉弘治十八年進士，改庶吉士，授編修。移疾歸，讀書鈐山十年，爲詩古文辭，頗著淸譽。還朝，久之進侍講，署南京翰林院事。召爲國子祭酒。

嘉靖七年歷禮部右侍郎，奉世宗命祭告顯陵，還言：「臣恭上寶册及奉安神牀，皆應時雨霽。又石產棗陽，羣鸛集繞，碑入漢江，河流驟漲。請命輔臣撰文刻石，以紀天眷。」帝大悅，從之。遷吏部左侍郎，進南京禮部尙書，改吏部。

居南京五年，以賀萬壽節至京師。會廷議更修宋史，輔臣請留嵩以禮部尙書兼翰林學士董其事。及夏言入內閣，命嵩還掌部事。帝將祀獻皇帝明堂，以配上帝。已，又欲稱宗入太廟。嵩與羣臣議沮之，帝不悅，著明堂或問示廷臣。嵩惶恐，盡改前說，條畫禮儀甚備。禮成，賜金幣。自是，益務爲佞悅。帝上皇天上帝尊號、寶册，尋加上高皇帝尊謚聖號以配，嵩乃奏慶雲見，請受羣臣朝賀。又爲慶雲賦、大禮告成頌奏之，帝悅，命付史館。尋加太子太保，從幸承天，賞賜與輔臣埒。

嵩歸日驕。諸宗藩請卹乞封，挾取賄賂。子世蕃又數關說諸曹。南北給事、御史交章論貪汚大臣，皆首嵩。嵩每被論，亟歸誠於帝，事輒已。帝或以事諮嵩，所條對平無奇，帝必故稱賞，欲以諷止言者。嵩科第先夏言，而位下之。始倚言，事之謹，嘗置酒邀言，躬詣其第，言辭不見。嵩布席，展所具啓，跽讀。言謂嵩實下己，不疑也。帝以奉道嘗御香葉冠，因刻沈水香冠五，賜言等。言不奉詔，帝怒甚。嵩因召對冠之，籠以輕紗。帝見，益內親嵩。嵩遂傾言，斥之。言去，醮祀青詞，非嵩無當帝意者。

二十一年八月拜武英殿大學士，入直文淵閣，仍掌禮部事。時嵩年六十餘矣，精爽溢發，不異少壯。朝夕直西苑板房，未嘗一歸洗沐，帝益謂嵩勤。久之，請解部事，遂專直西苑。帝嘗賜嵩銀記，文曰「忠勤敏達」。尋加太子太傅。翟鑾資序在嵩上，帝待之不如嵩。嵩諷言官論之，鑾得罪去。吏部尙書許讚、禮部尙書張璧同入閣，皆不預聞票擬事，政事一歸嵩。讚嘗歎曰：「何奪我吏部，使我旁睨人。」嵩欲示厚同列，且塞言者意，因以顯夏言短，乃請凡有宣召，乞與成國公朱希忠、京山侯崔元及讚、璧偕入，如祖宗朝蹇、夏、三楊故事。帝不聽，然心益喜嵩，累進吏部尙書、謹身殿大學士、少傅兼太子太師。

久之，帝微覺嵩橫。時讚老病罷，璧死，乃復用夏言，帝爲加嵩少師以慰之。言至，復盛氣陵嵩，頗斥逐其黨，嵩不能救。子世蕃方官尙寶少卿，橫行公卿間。言欲發其罪，嵩父子大懼，長跪榻下泣謝，乃已。知陸炳與言惡，遂與比而傾言。世蕃遷太常少卿，嵩猶畏言，疏遣歸省墓。嵩尋加特進，再加華蓋殿大學士。窺言失帝眷，用河套事搆言及曾銑，俱棄市。已而南京吏部尙書張治、國子祭酒李本以疎遠擢入閣，益不敢預可否。嵩既傾殺言，益僞恭謹。言嘗加上柱國，帝亦欲加嵩，嵩乃辭曰：「尊無二上，上非人臣所宜稱。國初雖設此官，左相國達，功臣第一，亦止爲左柱國。乞陛下免臣此官，著爲令典，以昭臣節。」帝大喜，允其辭，而以世蕃爲太常卿。

嵩無他才略，惟一意媚上，竊權罔利。帝英察自信，果刑戮，頗護己短，嵩以故得因事激帝怒，戕害人以成其私。張經、李天寵、王忬之死，嵩皆有力焉。前後劾嵩、世蕃者，謝瑜、葉經、童漢臣、趙錦、王宗茂、何維柏、王曄、陳塏、厲汝進、沈鍊、徐學詩、楊繼盛、周鈇、吳時來、張翀、董傳策皆被譴。經、鍊用他過置之死，繼盛附張經疏尾殺之。他所不悅，假遷除考察以斥者甚衆，皆未嘗有跡也。

俺答薄都城，慢書求貢。帝召嵩與李本及禮部尙書徐階入對西苑。嵩無所規畫，委之禮部。帝悉用階言，稍輕嵩。嵩復以間激帝怒，杖司業趙貞吉而謫之。兵部尙書丁汝夔受嵩指，不敢趣諸將戰。寇退，帝欲殺汝夔。嵩懼其引己，謂汝夔曰：「我在，毋慮也。」汝夔臨死始知爲嵩紿。

大將軍仇鸞，始爲曾銑所劾，倚嵩傾銑，遂約爲父子。已而鸞挾寇得帝重，嵩猶兒子蓄之，寖相惡。嵩密疏毀鸞，帝不聽，而頗納鸞所陳嵩父子過，少疏之。嵩當入直，不召者數矣。嵩見徐階、李本入西內，卽與俱入。至西華門，門者以非詔旨格之。嵩還第，父子對泣。時陸炳掌錦衣，與鸞爭寵，嵩乃結炳共圖鸞。會鸞病死，炳訐鸞陰事，帝追戮之。於是益信任嵩，遣所乘龍舟過海子召嵩，載直西內如故。世蕃尋遷工部左侍郎。倭寇江南，用趙文華督察軍情，大納賄賂以遺嵩，致寇亂益甚。及胡宗憲誘降汪直、徐海，文華乃言：「臣與宗憲策，臣師嵩所授也。」遂命嵩兼支尙書俸無謝，自是褒賜皆不謝。

帝嘗以嵩直廬隘，撤小殿材爲營室，植花木其中，朝夕賜御膳、法酒。嵩年八十，聽以肩輿入禁苑。帝自十八年葬章聖太后後，卽不視朝，自二十年宮婢之變，卽移居西苑萬壽宮，不入大內，大臣希得謁見，惟嵩獨承顧問，御札一日或數下，雖同列不獲聞，以故嵩得逞志。然帝雖甚親禮嵩，亦不盡信其言，間一取獨斷，或故示異同，欲以殺離其勢。嵩父子獨得帝竅要，欲有所救解，嵩必順帝意痛詆之，而婉曲解釋以中帝所不忍。卽欲排陷者，必先稱其𡢃，而以微言中之，或觸帝所恥與諱。以是移帝喜怒，往往不失。士大夫輻輳附嵩，時稱文選郎中萬宷、職方郎中方祥等爲嵩文武管家。尚書吳鵬、歐陽必進、高燿、許論輩，皆惴惴事嵩。

嵩握權久，遍引私人居要地。帝亦寖厭之，而漸親徐階。會階所厚吳時來、張翀、董傳策各疏論嵩，嵩因密請究主使者，下詔獄，窮治無所引。帝乃不問，而慰留嵩，然心不能無動，階因得間傾嵩。吏部尚書缺，嵩力援歐陽必進爲之，甫三月卽斥去。趙文華忤旨獲譴，嵩亦不能救。有詔二王就婚邸第，嵩力請留內。帝不悅，嵩亦不能力持。嵩雖警敏，能先意揣帝指，然帝所下手詔，語多不可曉，惟世蕃一覽了然，答語無不中。及嵩妻歐陽氏死，世蕃當護喪歸，嵩請留侍京邸。帝許之，然自是不得入直所代嵩票擬，而日縱淫樂於家。嵩受詔多不能答，遣使持問世蕃。值其方耽女樂，不以時答。中使相繼促嵩，嵩不得已自爲之，往往失旨。所進靑詞，又多假手他人不能工，以此積失帝歡。會萬壽宮火，嵩請暫徙南城離宮，南城，英宗爲太上皇時所居也，帝不悅。而徐階營萬壽宮甚稱旨，帝益親階，顧問多不及嵩，卽及嵩，祠祀而已。嵩懼，置酒要階，使家人羅拜，舉觴屬曰：「嵩旦夕且死，此曹惟公乳哺之。」階謝不敢。

未幾，帝入方士藍道行言，有意去嵩。御史鄒應龍避雨內侍家，知其事，抗疏極論嵩父子不法，曰：「臣言不實，乞斬臣首以謝嵩、世蕃。」帝降旨慰嵩，而以嵩溺愛世蕃，負眷倚，令致仕，馳驛歸，有司歲給米百石，下世蕃於理。嵩爲世蕃請罪，且求解，帝不聽。法司奏論世蕃及其子錦衣鵠、鴻，客羅龍文，戍邊遠。詔從之，特宥鴻爲民，使侍嵩，而錮其奴嚴年於獄，擢應龍通政司參議。時四十一年五月也。龍文官中書，交關爲奸利，而年最黠惡，士大夫競稱萼山先生者也。

嵩既去，帝追念其贊玄功，意忽忽不樂，諭階欲遂傳位，退居西內，專祈長生。階極陳不可，帝曰：「卿等不欲，必皆奉君命，同輔玄修乃可。嚴嵩既退，其子世蕃已伏法，敢更言者，並應龍俱斬。」嵩知帝念己，乃賂帝左右，發道行陰事，繫刑部，俾引階。道行不承，坐論死，得釋。嵩初歸至南昌，值萬壽節，使道士藍田玉建醮鐵柱宮。田玉善召鶴，嵩因取其符籙，幷己祈鶴文上之，帝優詔褒答。嵩因言：「臣年八十有四，惟一子世蕃及孫鵠皆遠戍，乞移便地就養，終臣餘年。」不許。

其明年，南京御史林潤奏：「江洋巨盜多入逃軍羅龍文、嚴世蕃家。龍文居深山，乘軒衣蟒，有負險不臣之志。世蕃得罪後，與龍文日誹謗時政。其治第役衆四千，道路皆言兩人通倭，變且不測。」詔下潤逮捕，下法司論斬，皆伏誅，黜嵩及諸孫皆爲民。嵩竊政二十年，溺信惡子，流毒天下，人咸指目爲奸臣。其坐世蕃大逆，則徐階意也。又二年，嵩老病，寄食墓舍以死。

世蕃，短項肥體，眇一目，由父任入仕。以築京師外城勞，由太常卿進工部左侍郎，仍掌尙寶司事。剽悍陰賊，席父寵，招權利無厭。然頗通國典，曉暢時務。嘗謂天下才，惟己與陸炳、楊博爲三。炳死，益自負。嵩耄昏，且旦夕直西內，諸司白事，輒曰：「以質東樓。」東樓，世蕃別號也。朝事一委世蕃，九卿以下浹日不得見，或停至暮而遣之。士大夫側目屛息，不肖者奔走其門，筐篚相望於道。世蕃熟諳中外官饒瘠險易，責賄多寡，毫髮不能匿。其治第京師，連三四坊，堰水爲塘數十畝，羅珍禽奇樹其中，日擁賓客縱倡樂，雖大僚或父執，虐之酒，不困不已。居母喪亦然。好古尊彝、奇器、書畫，趙文華、鄢懋卿、胡宗憲之屬，所到輒輦致之，或索之富人，必得然後已。被應龍劾戍雷州，未至而返，益大治園亭。其監工奴見袁州推官郭諫臣，不爲起。

御史林潤嘗劾懋卿，懼相報，因與諫臣謀發其罪，且及冤殺楊繼盛、沈鍊狀。世蕃喜，謂其黨曰：「無恐，獄且解。」法司黃光昇等以讞詞白徐階，階曰：「諸公欲生之乎？」僉曰：「必欲死之。」曰：「若是，適所以生之也。夫楊、沈之獄，嵩皆巧取上旨。今顯及之，是彰上過也。必如是，諸君且不測，嚴公子騎款段出都門矣。」爲手削其草，獨按龍文與汪直姻舊，爲交通賄世蕃乞官。世蕃用彭孔言，以南昌倉地有王氣，取以治第，制擬王者。又結宗人典楧陰伺非常，多聚亡命。龍文又招直餘黨五百人，謀爲世蕃外投日本，先所發遣世蕃班頭牛信，亦自山海衞棄伍北走，誘致外兵，共相響應。卽日令光昇等疾書奏之。世蕃聞，詫曰：「死矣。」遂斬於市。籍其家，黃金可三萬餘兩，白金二百萬餘兩，他珍寶服玩所直又數百萬。

趙文華，慈谿人。嘉靖八年進士。授刑部主事。以考察謫東平州同知。久之，累官至通政使。性傾狡，未第時在國學，嚴嵩爲祭酒，才之。後仕於朝，而嵩日貴幸，遂相與結爲父子。嵩念己過惡多，得私人在通政，劾疏至，可預爲計，故以文華任之。

文華欲自結於帝，進百花仙酒，詭曰：「臣師嵩服之而壽。」帝飲甘之，手敕問嵩。嵩驚曰：「文華安得爲此！」乃宛轉奏曰：「臣生平不近藥餌，犬馬之壽誠不知何以然。」嵩恨文華不先白己，召至直所詈責之。文華跪泣，久不敢起。徐階、李本見之爲解，乃令去。嵩休沐歸，九卿進謁，嵩猶怒文華，令從吏扶出之。文華大窘，厚賂嵩妻。嵩妻敎文華伺嵩歸，匿於別室，酒酣，嵩妻爲之解，文華卽出拜，嵩乃待之如初。以建議築京師外城，加工部右侍郎。

東南倭患棘，文華獻七事。首以祭海神爲言，請遣官望祭於江陰、常熟。次令有司掩骼輕徭。次增募水軍。次蘇、松、常、鎭民田，一夫過百畝者，重科其賦，且預徵官田稅三年。次募富人輸財力自效，事寧論功。次遣重臣督師。次招通番舊黨並海鹽徒，易以忠義之名，令偵伺賊情，因以爲間。兵部尚書聶豹議行其五事，惟增田賦、遣重臣二事不行。帝怒，奪豹官，而用嵩言，卽遣文華祭告海神，因察賊情。

當是時，總督尚書張經方徵四方及狼土兵，議大舉，自以位文華上，心輕之。文華不悅。狼兵稍有斬獲功，文華厚犒之，使進剿，至漕涇戰敗，亡頭目十四人。文華恚，數趣經進兵。經慮文華輕淺洩師期，不以告。文華益怒，劾經養寇失機，疏方上，經大捷王江涇。文華攘其功，謂己與巡按胡宗憲督師所致，經竟論死。又劾浙江巡撫李天寵罪，薦宗憲代，天寵亦論死。帝益以文華爲賢，命鑄督察軍務關防，卽軍中賜之。文華自此出總督上，益恣行無忌。欲分蘇松巡撫曹邦輔滸墅關破賊功，不得，則以陶宅之敗，重劾邦輔。陶宅之戰，實文華、宗憲兵先潰也。兵科給事中夏栻得其情，劾文華欺誕。吏科給事中孫濬亦白邦輔冤狀。帝終信文華言，邦輔坐遣戍。文華既殺經、天寵，復先後論罷總督周珫、楊宜，至是又傾邦輔，勢益張。文武將吏爭輸貨其門，顚倒功罪，牽制兵機，紀律大乖，將吏人人解體，徵兵半天下，賊寇愈熾。文華又陳防守事宜，請籍閒田百萬畝給兵，爲屯守計，而令里居搢紳，分督郡邑兵事。爲兵部所駁而寢。

官軍既屢敗，文華知賊未易平，欲委責去。會川兵破賊周浦，俞大猷破賊海洋，文華遂言水陸成功，江南清晏，請還朝。帝悅，許之。比還，敗報踵至，帝疑其妄，數詰嵩，嵩曲爲解，帝意終不釋。會吏部尚書李默發策試選人，中言「漢武征四夷，而海內虛耗。唐憲復淮、蔡，而晚業不終」。文華劾其謗訕，默坐死。帝以是謂文華忠，進工部尚書，且加太子太保。是時，嵩年老，慮一旦死，有後患，因薦文華文學，宜供奉青詞，直內閣。帝不許。而東南警還至，部議再遣大臣督師，已命兵部侍郎沈良材矣，嵩令文華自請行，爲帝言江南人矯首望文華。帝以爲然，命兼右副都御史，總督江南、浙江諸軍事。時宗憲先以文華薦代楊宜爲總督，及文華再出，宗憲欲藉文華以通於嵩，諂奉無不至。文華素不知兵，亦倚宗憲，兩人交甚歡。已而宗憲平徐海，俘陳東，文華以大捷聞，歸功上玄。帝大喜，祭告郊廟社稷，加文華少保，廕子錦衣千戶。召還朝，文華乃推功元輔嵩，辭陞廕，帝優詔不允。

文華既寵貴，志日驕，事中貴及世蕃，漸不如初，諸人憾之。帝嘗遣使賜文華，值其醉，拜跪不如禮，帝聞惡其不敬。又嘗進方士藥，帝服之畫，使小璫再索之，不應。西苑造新閣，不以時告成。帝一日登高，見西長安街有高甍，問誰宅。左右曰：「趙尙書新宅也。」旁一人曰：「工部大木，半爲文華作宅，何暇營新閣。」帝益慍。會三殿災，帝欲建正陽門樓，責成甚亟，文華猝不能辦。帝積怒，且聞其連歲視師黷貨要功狀，思逐之，乃諭嵩曰：「門樓庀材遲，文華似不如昔。」嵩猶未知帝意，力爲掩覆，且言：「文華觸熱南征，因致疾，宜增侍郞一人專督大工。」帝從之。文華因上章稱疾，請賜假靜攝旬月。帝手批曰：「大工方興，司空是職。文華既有疾，可回籍休養。」制下，舉朝相賀。

帝雖逐文華，猶以爲未盡其罪，而言官無攻者，帝怒無所洩。會其子錦衣千戶懌思以齋祀停封章日請假送父，〔三〕帝大怒，黜文華爲民，戍其子邊衞。以禮科失糾劾，令對狀。於是都給事中謝江以下六人，並廷杖削籍。文華故病蠱，及遭譴臥舟中，意邑邑不自聊，一夕手捫其腹，腹裂，臟腑出，遂死。後給事中羅嘉賓等核軍餉，文華所侵盜以十萬四千計。有詔徵諸其家，至萬曆十一年徵猶未及半，有司援恩詔祈免。神宗不許，戍其子愼思於烟瘴地。

鄢懋卿，豐城人。由行人擢御史，屢遷大理少卿。三十五年，轉左僉都御史。尋進左副都御史。懋卿以才自負，見嚴嵩柄政，深附之，爲嵩父子所暱。會戶部以兩浙、兩淮、長蘆、河東鹽政不舉，請遣大臣一人總理，嵩遂用懋卿。舊制，大臣理鹽政，無總四運司者。至是懋卿盡握天下利柄，倚嚴氏父子，所至市權納賄，監司郡邑吏膝行蒲伏。

懋卿性奢侈，至以文錦被廁牀，白金飾溺器。歲時饋遺嚴氏及諸權貴，不可勝紀。其按部，常與妻偕行，製五綵輿，令十二女子舁之，道路傾駭。淳安知縣海瑞、慈谿知縣霍與瑕，以抗忤罷去。御史林潤嘗劾懋卿要索屬吏，餽遺鉅萬，濫受民訟，勒富人賄，置酒高會，日費千金，虐殺不辜，怨咨載路，苛斂淮商，幾至激變，五大罪。帝置不問。四十年召爲刑部右侍郎。兩淮餘鹽，歲徵銀六十萬兩，及懋卿增至一百萬。懋卿去，巡鹽御史徐爌極言其害，乃復六十萬之舊。

嵩敗，御史鄭洛劾懋卿及大理卿萬宋朋奸黷貨，兩人皆落職。旣而宋匿嚴氏銀八萬兩，懋卿紿得其二萬，事皆露，兩人先後戍邊。

時坐嚴氏黨被論者，前兵部右侍郎柏鄉魏謙吉、工部左侍郎南昌劉伯躍、南京刑部右侍郎德安何遷、右副都御史信陽董威、僉都御史萬安張雨、應天府尹祥符孟淮、南京光祿卿南昌胡植、南京光祿少卿武進白啓常、右諭德蘭谿唐汝楫、南京太常卿掌國子監事新城王材、太僕丞新喩張春及嵩壻廣西副使袁應樞等數十人，黜謫有差。植與嵩鄉里，嘗勸嵩殺楊繼盛。啓常官禮部郎，匿喪遷光祿，與材、汝楫俱爲世蕃狎客。啓常至以粉墨塗面供歡笑。而材、汝楫俱出入嵩臥內，關通請屬，尤爲人所惡云。

周延儒，字玉繩，宜興人。萬曆四十一年會試、殿試皆第一。授修撰，年甫二十餘。

院事。尋以少詹事掌南京翰林美麗自喜，與同年生馮銓友善。天啓中，遷右中允，掌司經局事。尋以少詹事掌南京翰林院事。

莊烈帝即位，召爲禮部右侍郎。延儒性警敏，善伺意指。崇禎元年冬，錦州兵譁，督師袁崇煥請給餉。帝御文華殿，召問諸大臣，皆請發內帑。延儒揣帝意，獨進曰：「關門昔防敵，今且防兵。寧遠譁，餉之，錦州譁，復餉之，各邊且效尤。」帝曰：「卿謂何如？」延儒曰：「事迫，不得不發。但當求經久之策。」帝頷之，降旨責羣臣。居數日，復召問，延儒曰：「餉莫如粟，山海粟不缺，缺銀耳。何故譁？譁必有隱情，安知非驕弁搆煽以脅崇煥邪？」帝方疑邊將要挾，聞延儒言大說，由此屬意延儒。

十一月，大學士劉鴻訓罷，命會推，廷臣以延儒望輕置之，列成基命、錢謙益、鄭以偉、李騰芳、孫慎行、何如寵、薛三省、盛以弘、羅喻義、王永光、曹于汴十一人名上。帝以延儒不預，大疑。及溫體仁訐謙益，延儒助之。帝遂發怒，黜謙益，盡罷會推者不用。二年三月召對延儒於文華殿，漏下數十刻乃出，語秘不得聞。御史黃宗昌劾其生平穢行，御史李長春論獨對之非。延儒乞罷，不允。南京給事中錢允鯨言：「延儒與馮銓密契，延儒柄政，必爲逆黨翻局。」延儒疏辨，帝優詔褒答。其年十二月，京師有警，特旨拜延儒禮部尚書兼東閣大學士，參機務。明年二月加太子太保，改文淵閣。六月，體仁亦入。九月，成基命致仕，延儒遂爲首輔。尋加少保，改武英殿。

體仁既並相，務爲柔佞，帝意漸嚮之。而體仁陽曲謹媚延儒，陰欲奪其位，延儒不知也。體仁與吏部尚書王永光謀起逆案王之臣、呂純如等。或謂延儒曰：「彼將翻逆案，而外歸咎於公。」延儒愕然。會帝以之臣問，延儒曰：「用之臣，亦可雪崔呈秀矣。」帝悟而止。體仁益欲傾延儒。四年春，延儒姻婭陳于泰廷對第一，及所用大同巡撫張廷拱、登萊巡撫孫元化皆有私，時論籍籍。其子弟家人暴邑中，邑中民爇其廬，發其先壟，爲言官所糾。兄素儒冒錦衣籍，〔三〕授千戶，又用家人周文郁爲副總兵，益爲言者所詆。

五年正月，叛將李九成等陷登州，囚元化。侍郎劉宇烈視師無功，言路咸指延儒庇宇烈。於是給事中孫三傑、馮元飈，御史余應桂、衞景瑗、尹明翼、路振飛、吳執御、王道純、王象雲等，屢劾延儒。應桂並謂延儒納巨盜神一魁賄。而監視中官鄧希詔與總督曹文衡相訐奏，語侵延儒。給事中李春旺亦論延儒當去。延儒數上疏辯，帝雖慰留，心不能無動。已而延儒令于泰陳時政四事，宣府太監王坤承體仁指，直劾延儒庇于泰。給事中傅朝佑言中官不當劾首揆，輕朝廷，疑有邪人交搆，副都御史王志道亦言之。帝怒，削志道籍，延儒不能救。體仁復嗾給事中陳贊化劾延儒「昵武弁李元功等，招搖罔利。陛下特恩停刑，元功以爲延儒功，索獄囚賕謝。而延儒至目陛下爲羲皇上人，語誖逆」。帝怒，下元功詔獄，且窮詰贊化語所自得。贊化言得之上林典簿姚孫渠、給事中李世祺，而副使張鳳翼亦具述延儒語。帝益怒。錦衣衞帥王世盛拷掠元功無所承。獄上，鐫世盛五級，令窮治其事。延儒覬體仁爲援，體仁卒不應，且陰黜與延儒善者，延儒大困。六年六月引疾乞歸，賜白金、綵緞，遣行人護行。體仁遂爲首輔矣。

始延儒里居，頗從東林游，善姚希孟、羅喩義。旣陷錢謙益，遂仇東林。及主會試，所取士張溥、馬世奇等，又皆東林也。至是歸，失勢，心內慚。而體仁益橫，越五年始去。去而張至發、薛國觀相繼當國，與楊嗣昌等並以娼嫉稱。一時正人鄭三俊、劉宗周、黃道周等，皆得罪。溥等憂之，說延儒曰：「公若再相，易前轍，可重得賢聲。」延儒以爲然。溥友吳昌時爲交關近侍，馮銓復助爲謀。會帝亦頗思延儒，而國觀適敗。十四年二月詔起延儒。九月至京，復爲首輔。尋加少師兼太子太師，進吏部尙書、中極殿大學士。

延儒被召，溥等以數事要之。延儒慨然曰：「吾當銳意行之，以謝諸公。」旣入朝，悉反體仁輩弊政。首請釋漕糧白糧欠戶，蠲民間積逋，凡兵殘歲荒地，減見年兩稅。蘇、松、常、嘉、湖諸府大水，許以明年夏麥代漕糧。宥戍罪以下，皆得還家。復詿誤舉人，廣取士額及召還言事遷謫諸臣李淸等。帝皆忻然從之。延儒又言：「老成名德，不可輕棄。」於是鄭三俊長吏部，劉宗周掌都察院，范景文長工部，倪元璐佐兵部，皆起自廢籍。其他李邦華、張國維、徐石麒、張瑋、金光辰等，布滿九列。釋在獄傅宗龍等，贈已故文震孟、姚希孟等官。中外翕然稱賢。嘗燕侍，帝語及黃道周，時道周方謫戍辰州。延儒曰：「道周氣質少偏，然學與守皆可用。」蔣德璟請移道周戍近地。延儒曰：「上欲用卽用之耳，何必移戍。」帝卽日復道周官。其因事開釋如此。

帝尊禮延儒特重，嘗於歲首日東向揖之，曰：「朕以天下聽先生。」因徧及諸閣臣。然延儒實庸駑無材略，且性貪。當邊境喪師，李自成殘掠河南，張獻忠破楚、蜀，天下大亂，延儒一無所謀畫。用侯恂、范志完督師，皆僨事，延儒無憂色。而門下客盛順、董廷獻因緣爲奸利。又信用文選郎吳昌時及給事中曹良直、廖國遴、楊枝起、曾應遴輩。

昌時，嘉興人。有幹材，頗爲東林效奔走。然爲人墨而傲，通廠衞，把持朝官，同朝咸嫉之。行人司副熊開元廷劾延儒納賄狀，觸帝怒，與給事中姜埰俱廷杖，下詔獄。左都御史宗周、僉都御史光辰以救開元、埰罷，尙書石麒又以救宗周等罷，延儒皆弗救，朝議皆以咎延儒。會昌時以年例出言路十人於外，言路大譁。掌科給事中吳麟徵、掌道御史祁彪佳劾昌時挾勢弄權，延儒頗不自安。

初，延儒奏罷廠衞緝事，都人大悅。朝士不肖者因通賂遺，而廠衞以失權，胥怨延儒。又儆同官陳演，演銜刺骨。掌錦衣者駱養性，延儒所薦也，養性狡狠背延儒，與中官結，刺延儒陰事。十六年四月，大清兵略山東，還至近畿，帝憂甚。大學士吳甡方奉命辦流寇，延儒不得已自請視師。帝大喜，降手敕，奬以召虎、裴度，賜章服、白金、文綺、上駟，給金帛賞軍。延儒駐通州不敢戰，惟與幕下客飲酒娛樂，而日騰章奏捷，帝輒賜璽書褒勵。偵大清兵去，乃言敵退，請下兵部議將吏功罪。既歸朝，繳敕諭，帝卽令藏貯，以識勳勞。論功，加太師，廕子中書舍人，賜銀幣、蟒服。延儒辭太師，許之。居數日，養性及中官盡發所刺軍中事。帝乃大怒，諭府部諸臣責延儒蒙蔽推諉，事多不忍言，令從公察議。陳演等公揭救之，延儒席藁待罪，自請戍邊。帝猶降溫旨，言「卿報國盡忱，終始勿替」，許馳驛歸，賜路費百金，以彰保全優禮之意。及廷臣議上，帝復諭延儒功多罪寡，令免議。延儒遂歸。

既去，給事中郝絅疏請除奸，以指延儒。帝不聽。山東僉事雷縯祚糾范志完，亦及延儒。已而御史蔣拱宸劾吳昌時贓私巨萬，大抵牽連延儒，而中言昌時通中官李端、王裕民，洩漏機密，重賄入手，輒預揣溫旨告人。給事中曹良直亦劾延儒十大罪。帝怒甚，御中左門，親鞫昌時，折其脛，無所承，怒不解。拱宸面訐其通內，帝察之有迹，乃下獄論死，始有意誅延儒。初，薛國觀賜死，謂昌時致之。其門人魏藻德新入閣有寵，恨昌時甚，因與陳演共排延儒，養性復騰蜚語。帝遂命盡削延儒職，遣緹騎逮入京師。時舊輔王應熊被召，延儒知帝怒甚，宿留道中，俟應熊先入，冀爲請。帝知之，應熊既抵京，命之歸。延儒至，安置正陽門外古廟，上疏乞哀，不許。法司以戍請，同官申救，皆不許。冬十二月，昌時棄市，命勒延儒自盡，籍其家。

溫體仁，字長卿，烏程人。萬曆二十六年進士。改庶吉士，授編修，累官禮部侍郎。崇禎初，遷尙書，協理詹事府事。爲人外曲謹而中猛鷙，機深刺骨。

崇禎元年冬，詔會推閣臣，體仁望輕，不與也。侍郎周延儒方以召對稱旨，亦弗及。體仁揣帝意必疑，遂上疏訐謙益關節受賄，神奸結黨，不當與閣臣選。先是，天啓二年，謙益主試浙江，所取士錢千秋者，首場文用俚俗詩一句，分置七義結尾，蓋奸人給爲之。爲給事中顧其仁所摘，謙益亦自發其事。法司戍千秋及奸人，奪謙益俸，案久定矣。至是體仁復理其事，帝心動。次日，召對閣部科道諸臣於文華殿，命體仁、謙益皆至。謙益不虞體仁之劾己也，辭頗屈，而體仁盛氣詆謙益，言如湧泉，因進曰：「臣職非言官不可言，會推不與，宜避嫌不言。但枚卜大典，宗社安危所係。謙益結黨受賄，舉朝無一人敢言者，臣不忍見皇上孤立於上，是以不得不言。」帝久疑廷臣植黨，聞體仁言，輒稱善。而執政皆言謙益無罪，吏科都給事中章允儒爭尤力，且言：「體仁熱中觖望，如謙益當糾，何俟今日。」體仁曰：「前此，謙益皆閒曹，今者糾之，正爲朝廷愼用人耳。如允儒言，乃眞黨也。」帝怒，命禮部進千秋卷，閱竟，責謙益，謙益引罪。歎曰：「微體仁，朕幾悞！」遂叱允儒下詔獄，幷切責諸大臣。時大臣無助體仁者，獨延儒奏曰：「會推名雖公，主持者止一二人，餘皆不敢言，卽言，徒取禍耳。且千秋事有成案，不必復問諸臣。」帝乃卽日罷謙益官，命議罪。允儒及給事中瞿式耜、御史房可壯等，皆坐謙益黨，降謫有差。

亡何，御史毛九華劾體仁居家時，以抑買商人木，爲商人所訴，賂崔呈秀以免。又因杭州建逆祠，作詩頌魏忠賢。帝下浙江巡撫覈實。明年春，御史任贊化亦劾體仁娶娼、受金，奪人產諸不法事。帝怒其語褻，貶一秩調外。體仁乞罷，因言：「比爲謙益故，排擊臣者百出。而無一人左袒臣，臣孤立可見。」帝再召內閣九卿質之，體仁與九華、贊化詰辯良久，言二人皆謙益死黨。帝心以爲然，獨召大學士韓爌等於內殿，諭諸臣不憂國，惟挾私相攻，當重繩以法。體仁復力求去以要帝，帝優詔慰答焉。已，給事中祖重曄、南京給事中錢允鯨、南京御史沈希詔相繼論體仁熱中會推，劾言者以黨，帝皆不聽。法司上千秋獄，言謙益自發在前，不宜坐。詔令再勘。體仁復疏言獄詞皆出謙益手。於是刑部尙書喬允升，左都御史曹于汴，大理寺卿康新民，太僕寺卿蔣允儀，府丞魏光緖，給事中陶崇道，御史吳甡、樊尙璟、劉廷佐，各疏言：「臣等雜治千秋，觀聽者數千人，非一手一口所能掩。體仁顧欺罔求勝。」體仁見于汴等詞直，乃不復深論千秋事，惟詆于汴等黨護而已。謙益坐杖論贖，而九華所論體仁媢璫詩，亦卒無左驗。當是時，體仁以私憾撐拒諸大臣，展轉不肯詘。帝謂體仁孤立，益嚮之。未幾，延儒入閣。其明年六月，遂命體仁以禮部尚書兼東閣大學士。

體仁既藉延儒力得輔政，勢益張。踰年，吏部尚書王永光去，用其鄉人閔洪學代之，凡異己者，率以部議論罷，而體仁陰護其事。又用御史史𡎴、高捷及侍郎唐世濟、副都御史張捷等為腹心，忌延儒居己上，并思傾之。初，帝殺袁崇煥，事牽錢龍錫，論死。體仁與延儒、永光主之，將興大獄，梁廷棟不敢任而止，事詳龍錫傳。比龍錫減死出獄，延儒言帝盛怒，解救殊難，體仁則佯曰：「帝固不甚怒也。」善龍錫者，因薄延儒。其後太監王坤、給事中陳贊化先後劾延儒，體仁默為助，延儒遂免歸。始與延儒同入閣者何如寵，錢象坤踰歲致政去，無何，如寵亦去。延儒既罷，廷臣惡體仁當國，勸帝復召如寵。如寵屢辭，給事中黃紹傑言：「君子小人不並立，如寵瞻顧不前，則體仁宜思自處。」帝為謫紹傑於外，如寵卒辭不入，體仁遂為首輔。

體仁荷帝殊寵，益忮横，而中阻深。所欲推薦，陰令人發端，己承其後。欲排陷，故為寬假，中上所忌，激使自怒。帝往往為之移，初未嘗有迹。姚希孟為講官，以才望遷詹事。體仁惡其偪，乃以冒籍武生事，奪希孟一官，使掌南院去。禮部侍郎羅喻義，故嘗與基命、謙益同推閣臣，有物望。會進講章中有「左右未得人」語，體仁欲去之，喻義執不可。體仁因自劾：「日講進規例從簡，喻義駁改不從，由臣不能表率。」帝命吏部議，洪學等因謂：「聖聰天亶，何俟喻義多言。」喻義遂罷歸。

時魏忠賢遺黨日望體仁翻逆案，攻東林。會吏部尚書、左都御史缺，體仁陰使侍郎張捷舉逆案呂純如以嘗帝。言者大譁，帝亦甚惡之，捷氣沮，體仁不敢言，乃薦謝陞、唐世濟爲之。世濟尋以薦逆案霍維華得罪去。維華之薦，亦體仁主之也，體仁自是不敢訟言用逆黨，而愈側目諸不附己者。

文震孟以講春秋稱旨，命入閣。體仁不能沮，薦其黨張至發以間之，而日伺震孟短，遂用給事中許譽卿事，逐之去。先是，秦、楚盜起，議設五省總督，兵部侍郎彭汝楠、汪慶百當行，憚不敢往，體仁庇二人，罷其議。賊犯鳳陽，南京兵部尚書呂維祺等議，令淮撫、操江移鎮，體仁又却不用。既而賊大至，焚皇陵。譽卿言：「體仁納賄庇私，貽憂要地，以皇陵爲孤注，使原廟震驚，誤國孰大焉。」體仁素忌譽卿，見疏益憾。會謝陞以營求北缺劾譽卿，體仁擬旨降調，而故重其詞。帝果命削籍，震孟力爭之，大學士何吾騶助爲言。體仁訐奏震孟語，謂言官罷斥爲至榮，蓋以朝廷賞罰爲不足懲勸，悖理蔑法。帝遂逐震孟并罷吾騶。震孟既去，體仁憾未釋。庶吉士鄭鄤與震孟同建言，相友善也，其從母舅大學士吳宗達已謝政歸。體仁劾鄖假乩仙判詞，逼父振先杖母，言出宗達。帝震怒，下鄖獄。其後體仁已去，而帝怒鄖甚，不俟左証，磔死。滋陽知縣成德，震孟門人，以强直忤巡按御史禹好善，被誣劾，震孟爲不平。體仁劾德，杖戍之。

體仁輔政數年，念朝士多與爲怨，不敢恣肆，用廉謹自結於上，苞苴不入門。然當是時，流寇蹂躪畿輔，擾中原，邊警雜沓，民生日困，未嘗建一策，惟日與善類爲仇。誠意伯劉孔昭劾倪元璐，給事中陳啓新劾黃景昉，皆奉體仁指。禮部侍郎陳子壯嘗面責體仁，尋以議宗藩事忤帝指，竟下獄削籍。其所引與同列者，皆庸材，苟以充位，且藉形己長，固上寵。帝每訪兵餉事，輒遜謝曰：「臣夙以文章待罪禁林，上不知其駑下，擢至此位。盜賊日益衆，誠萬死不足塞責。顧臣愚無知，但票擬勿欺耳。兵食之事，惟聖明裁決。」有詆其窺帝意旨者，體仁言：「臣票擬多未中窾要，每經御筆批改，頌服將順不暇，詎能窺上旨。」帝以爲樸忠，愈親信之。

自體仁輔政後，同官非病免物故，卽以他事去。獨體仁居位八年，官至少師兼太子太師，進吏部尚書、中極殿大學士，階左柱國，兼支尚書俸，恩禮優渥無與比。而體仁專務刻核，迎合帝意。帝以皇陵之變，從子壯言，下詔寬恤在獄諸臣，吏部以百餘人名上。體仁靳之，言於帝，僅釋十餘人。秋決論囚，帝再三諮問，體仁略無平反。陝西華亭知縣徐兆麟涖任甫七日，以城陷論死，帝頗疑之。體仁不爲救，竟棄市。帝憂兵餉急，體仁惟倡衆捐俸助馬修城而已。所上密揭，帝率報可。

體仁自念排擠者衆，恐怨歸己，倡言密勿之地，不宜宣洩，凡閣揭皆不發，幷不存錄閣中，冀以滅迹，以故所中傷人，廷臣不能盡知。當國既久，劾者章不勝計，而劉宗周劾其十二罪、六奸，皆有指實。宗藩如唐王聿鍵，勳臣如撫寧侯朱國弼，布衣如何儒顯、楊光先等，亦皆論之，光先至輿櫬待命。帝皆不省，愈以爲孤立，每斥責言者以慰之，至有杖死者。庶吉士張溥、知縣張采等倡爲復社，與東林相應和。體仁因推官周之夔及奸人陸文聲訐奏，將興大獄。嚴旨察治，以提學御史倪元珙、海道副使馮元颺不承風指，皆降謫之。最後復有張漢儒訐錢謙益、瞿式耜居鄉不法事。體仁故讐謙益，擬旨逮二人下詔獄嚴訊。謙益等危甚，求解於司禮太監曹化淳。漢儒偵知之，告體仁。體仁密奏帝，請幷坐化淳罪。帝以示化淳，化淳懼，自請案治，乃盡得漢儒等奸狀及體仁密謀。獄上，帝始悟體仁有黨。會國弼再劾體仁，帝命漢儒等立枷死。體仁乃佯引疾，意帝必慰留。及得旨竟放歸，體仁方食，失匕箸，時十年六月也。踰年卒，帝猶惜之，贈太傅，謚文忠。

崇禎末，福王立於南京，以尚書顧錫疇議，削其贈謚，天下快焉。尋用給事中戴英言，復如初。體仁雖前死，其所推薦張至發、薛國觀之徒，皆效法體仁，蔽賢植黨，國事日壞，以至於亡。

馬士英，貴陽人。萬曆四十四年，與懷寧阮大鋮同中會試。又三年，士英成進士，授南京戶部主事。天啓時，遷郎中，歷知嚴州、河南、大同三府。崇禎三年，遷山西陽和道副使。五年，擢右僉都御史，巡撫宣府。到官甫一月，檄取公帑數千金，餽遺朝貴，爲鎭守太監王坤所發，坐遣戍。尋流寓南京。時大鋮名挂逆案，失職久廢，以避流賊至，與士英相結甚歡。

大鋮機敏猾賊，有才藻。天啓初，由行人擢給事中，以憂歸。同邑左光斗爲御史有聲，大鋮倚爲重。四年春，吏科都給事中缺，大鋮次當遷，光斗招之。而趙南星、高攀龍、楊漣等以察典近，大鋮輕躁不可任，欲用魏大中。大鋮至，使補工科。大鋮心恨，陰結中璫寢推大中疏。吏部不得已，更上大鋮名，卽得請。大鋮自是附魏忠賢，與霍維華、楊維垣、倪文煥爲死友，造百官圖，因文煥達諸忠賢。然畏東林攻己，未一月遽請急歸。而大中掌吏科，大鋮憤甚，私謂所親曰：「我猶善歸，未知左氏何如耳。」已而楊、左諸人獄死，大鋮對客詡詡自矜。尋召爲太常少卿，至都，事忠賢極謹，而陰慮其不足恃，每進謁，輒厚賄忠賢閽人，還其刺。居數月，復乞歸。忠賢旣誅，大鋮函兩疏馳示維垣。其一專劾崔、魏。其一以七年合算爲言，謂天啓四年以後，亂政者忠賢，而翼以呈秀，四年以前，亂政者王安，而翼以東林。傳語維垣，若時局大變，上劾崔、魏疏，脫未定，則上合算疏。會維垣方並指東林、崔、魏爲邪黨，與編修倪元璐相詆，得大鋮疏，大喜，爲投合算疏以自助。崇禎元年，起光祿卿。御史毛羽健劾其黨邪，罷去。明年定逆案，論贖徒爲民，終莊烈帝世，廢斥十七年，鬱鬱不得志。

流寇偪皖，大鋮避居南京，頗招納遊俠爲談兵說劍，覬以邊才召。無錫顧杲、吳縣楊廷樞、蕪湖沈士柱、餘姚黃宗羲、鄞縣萬泰等，皆復社中名士，方聚講南京，惡大鋮甚，作留都防亂揭逐之。大鋮懼，乃閉門謝客，獨與士英深相結。周延儒內召，大鋮輦金錢要之維揚，求湔濯。延儒曰：「吾此行，謬爲東林所推。子名在逆案，可乎？」大鋮沉吟久之，曰：「瑤草何如？」瑤草，士英別字也，延儒許之。十五年六月，鳳陽總督高斗光以失五城逮治。禮部侍郎王錫袞薦士英才，延儒從中主之，遂起兵部右侍郎兼右僉都御史，總督廬、鳳等處軍務。

永城人劉超者，天啓中以征安邦彥功，積官至四川遵義總兵官，坐罪免，數營復官不得。李自成圍開封，超請募士寇協擊，乃用爲保定總兵官，令率兵赴救。超憚不敢行，宿留家中，以私怨殺御史魏景琦等三家，遂據城反。巡撫王漢討之，被殺。帝乃命士英偕太監盧九德、河南總兵官陳永福進討。明年四月，圍其城，連戰，賊屢挫，築長圍困之。超官貴州時，與士英相識，緣舊好乞降。士英佯許之，超出見，不肯去佩刀。士英笑曰：「若既歸朝，安用此？」手解其刀。已，潛去其親信，遂就縛。獻俘於朝，磔死。時流寇充斥，士英捍禦數有功。

十七年三月，京師陷，帝崩，南京諸大臣聞變，倉卒議立君。而福王由崧、〔四〕潞王常淓俱避賊至淮安，倫序當屬福王。諸大臣慮福王立，或追怨「妖書」及「挺擊」、「移宮」等案；潞王立，則無後患，且可邀功。陰主之者，廢籍禮部侍郎錢謙益，力持其議者兵部侍郎呂大器，而右都御史張慎言、詹事姜曰廣皆然之。前山東按察使僉事雷縯祚、禮部員外郎周鑣往來遊說。時士英督師盧、鳳，獨以爲不可，密與操江誠意伯劉孔昭，總兵高傑、〔五〕劉澤清、黃得功、劉良佐等結，而公致書於參贊機務兵部尚書史可法，言倫序親賢，無如福王。可法意未決。及廷臣集議，吏科給事中李沾探士英指，面折大器。士英亦自盧、鳳擁兵迎福王至江上，諸大臣乃不敢言。王之立，士英力也。

當王監國時，廷推閣臣，劉孔昭攘臂欲得之，可法折以勳臣無入閣例。孔昭乃訟言：「我不可，士英何不可？」於是進士英東閣大學士兼兵部尚書、都察院右副都御史，與可法及戶部尚書高弘圖並命，士英仍督師鳳陽。士英大慍，令高傑、劉澤清等疏趣可法督師淮、揚，而士英留輔政，仍掌兵部，權震中外。尋論定策功，加太子太師，廕錦衣衞指揮僉事。九月，敍江北歷年戰功，加少傅兼太子太師、建極殿大學士，廕子如前。十二月，進少師。明年，進太保。當是時，中原郡縣盡失，高傑死睢州，諸鎭權侔無統。左良玉擁兵上流，跋扈有異志。而士英爲人貪鄙無遠略，復引用大鋮，日事報復，招權罔利，以迄於亡。

初，可法、弘圖及姜曰廣、張愼言等皆宿德在位，將以次引海內人望，而士英必欲起大鋮。有詔廣搜人材，獨言逆案不可輕議。士英令孔昭及侯湯國祚、伯趙之龍等攻愼言去之，而薦大鋮知兵。初，大鋮在南京，與守備太監韓贊周暱。京師陷，中貴人悉南奔，大鋮因贊周遍結之，爲羣奄言東林當日所以危貴妃、福王者，俾備言於王，以潛傾可法等。羣奄更極口稱大鋮才，士英亦言大鋮從山中致書與定策謀，爲白其附璫贊導無實跡。遂命大鋮冠帶陛見。大鋮乃上守江策，陳三要、兩合、十四隙疏，并自白孤忠被陷，痛詆孫愼行、魏大中、左光斗，且指大中爲大逆。於是大學士姜曰廣、侍郎呂大器、懷遠侯常延齡等並言大鋮逆案巨魁，不可召。士英爲大鋮奏辨，力攻曰廣、大器，益募宗室統𨰻、建安王統鏷輩，連疏交攻。而以大學士高弘圖爲御史時嘗詆東林，必當右己，乃言「弘圖素知臣者」。弘圖則言先帝欽定逆案一書，不可擅改。士英與爭，弘圖因乞罷。士英意稍折，遲迴月餘，用安遠侯柳祚昌薦，〔六〕中旨起大鋮兵部添註右侍郎。左都御史劉宗周言：「殺大中者魏璫，大鋮其主使也。卽才果足用，臣慮黨邪害正之才，終病世道。大鋮進退，實係江左興亡，乞寢成命。」有旨切責。未幾，大鋮兼右僉都御史，巡閱江防。尋轉左侍郎。明年二月進本部尙書兼右副都御史，仍閱江防。

呂大器、姜曰廣、劉宗周、高弘圖、徐石麒皆與士英齟齬，先後罷歸。士英獨握大柄，內倚中官田成輩，外結勳臣劉孔昭、朱國弼、柳祚昌，鎭將劉澤淸、劉良佐等，而一聽大鋮計。盡起逆案中楊維垣、虞廷陛、郭如闇、周昌晉、虞大復、徐復陽、陳以瑞、吳孔嘉；其死者悉予贈卹，而與張捷、唐世濟等比；若張孫振、袁弘勳、劉光斗皆得罪先朝，復置言路爲爪牙。朝政濁亂，賄賂公行。四方警報狎至，士英身掌中樞，一無籌畫，日以鋤正人引兇黨爲務。

初，舉朝以逆案攻大鋮，大鋮憾甚。及見北都從逆諸臣有附會淸流者，因倡言曰：「彼攻逆案，吾作順案與之對。」以李自成僞國號曰順也。士英因疏糾從逆光時亨等；時亨名附東林，故重劾之。大鋮又誣逮顧杲及左光斗弟光先下獄，劾周鑣、雷縯祚殺之。時有狂僧大悲出語不類，爲總督京營戎政趙之龍所捕。大鋮欲假以誅東林及素所不合者，因造十八羅漢、五十三參之目，書史可法、高弘圖、姜曰廣等姓名，內大悲袖中，海內人望，無不備列。錢謙益先已上疏頌士英，且爲大鋮訟冤修好矣，大鋮憾不釋，亦列焉，將窮治其事。獄詞詭秘，朝士皆自危，而士英不欲興大獄，乃當大悲妖言律斬而止。

張縉彥以本兵首從賊，賊敗，縉彥竄歸河南，自言集義勇收復列城，即授原官，總督河北、山西、河南軍務，便宜行事。其他大僚降賊者，賄入，輒復其官。諸白丁、隸役輸重賂，立躋大帥。都人爲語曰：「職方賤如狗，都督滿街走。」其刑賞倒亂如此。大清兵抵宿遷、邳州，未幾引還。史可法以聞，士英大笑不止，坐客楊士聰問故。士英曰：「君以爲誠有是事耶？乃史公妙用也。歲將暮，防河將吏應敘功，耗費軍資應稽算，此特爲序功、稽算地耳。」侍講衞胤文兼給事中，監高傑軍。傑死，胤文窺士英指，論可法督師爲贅。士英即擢胤文兵部右侍郎，總督傑營將士以分其權，可法益不得展布。

先是，左良玉接監國詔書，不肯拜，袁繼咸强之，乃開讀如禮。而屬承天守備何志孔、巡按御史黃澍入賀，陰伺朝廷動靜。澍挾良玉勢，當陛見，面數士英奸貪不法，且言嘗受張獻忠僞兵部尙書周文江重賄，爲題授參將，罪當斬。志孔亦論士英罔上行私諸罪。司禮太監韓贊周叱志孔退，士英跪乞處分，澍舉笏直擊其背曰：「願與奸臣同死。」士英大號呼，王搖首不言者久之，贊周卽執志孔候命。王因澍言意頗動，夜諭贊周，欲令士英避位。士英佯引疾，而賂福邸舊奄田成等向王泣曰：「上非馬公不得立，逐馬公，天下將議上背恩矣。且馬公去，誰念上者？」王默然，卽慰留士英。士英亦畏良玉，請釋志孔，而命澍速還湖廣。故都督掌錦衣衞劉僑者，嘗遣戍，由周文江賄張獻忠，受僞命，爲錦衣指揮使。及良玉復蘄、黃，僑削髮逃去，澍持之急。而士英納僑賄，令許澍，遂復僑官，削澍職。尋以楚府中尉言，逮澍。良玉令部將羣譁，欲下南京索餉，因保救澍。袁繼咸爲上疏代澍申理，士英不得已，乃免逮。澍遂匿良玉軍中，良玉與士英由此有隙。及僞太子獄起，良玉遂假爲兵端。

太子之來也，識者指其僞，而都下士民譁然是之。時又有童氏者，自稱王妃，亦下獄。督撫、鎭將交章爭太子及童妃事。王亟出獄詞，徧示中外，衆論益籍籍，謂士英等朋奸，導王滅絕倫理。澍在良玉軍中，日夜言太子冤狀，請引兵除君側惡。良玉亦上疏請全太子，斥士英等爲奸臣。又以士英裁其餉，大憾，移檄遠近，聲士英罪。復上疏言：「自先帝之變，士英利災擅權，事事爲難。逆案先帝手定，士英首翻之。要典先帝手焚，士英復修之。越其杰貪婪遺戍，濫授節鉞。張孫振贓污絞犯，驟畀京卿。他如袁弘勳、楊文驄、劉泌、王燧、黃鼎等，或行同狗彘，或罪等叛逆，皆用之當路。己爲首輔，用腹心阮大鋮爲添註尚書。又募死士伏皇城，詭名禁軍，動曰廢立由我。陛下卽位之初，恭儉明仁，士英百計誑惑，進優童豔女，傷損盛德。復引用大鋮，睚眦殺人，如雷縯祚、周鑣等，鍛煉周內，株連蔓引。尤其甚者，借三案爲題，凡生平不快意之人，一網打盡。令天下士民，重足解體。目今皇太子至，授受分明。大鋮一手握定抹殺識認之方拱乾，而信朋謀之劉正宗，忍以十七年嗣君，付諸幽囚。凡有血氣，皆欲寸磔士英、大鋮等，以謝先帝。乞立肆市朝，傳首抒憤。」疏上，遂引兵而東。

士英懼，乃遣阮大鋮、朱大典、黃得功、劉孔昭等禦良玉，而撤江北劉良佐等兵，從之西。時大清兵日南下，大理少卿姚思孝，御史喬可聘、成友謙請無撤江北兵，亟守淮、揚。士英厲聲叱曰：「若輩東林，猶藉口防江，欲縱左逆入犯耶？北兵至，猶可議款。左逆至，則若輩高官，我君臣獨死耳！」力排思孝等議，淮、揚備禦益弱。會良玉死，其子夢庚連陷郡縣，率兵至采石。得功等與相持，大鋮、孔昭方虛張捷音，以邀爵賞，而大清兵已破揚州，逼京城。

五月三日，王出走太平，奔得功軍。孔昭斬關遁。明日，士英奉王母妃，以黔兵四百人爲衞，走浙江。經廣德州，知州趙景和疑其詐，閉門拒守。士英攻破，執景和殺之，大掠而去。走杭州，守臣以總兵府爲母妃行宮。不數日，大鋮、大典、方國安俱倉皇至，則得功已兵敗死，王被擒。次日，請潞王監國，不受。未幾，大兵至，王率衆降，尋同母妃北去。此即大器等之所議欲立者也。

杭州旣降，士英欲謁監國魯王，魯王諸臣力拒之。大鋮投朱大典於金華，亦爲士民所逐，大典乃送之嚴州總兵方國安軍。士英，國安同鄉也，先在其軍中。大鋮掀髯指掌，日談兵，國安甚喜。而士英以南渡之壞，半由大鋮，而己居惡名，頗以爲恨。已，我兵擊敗士英、國安。無何，士英、國安率衆渡錢塘，窺杭州，大兵擊敗之，溺江死者無算。士英擁殘兵欲入閩，唐王以罪大不許。明年，大兵剿湖賊，士英與長興伯吳日生俱擒獲，詔俱斬之。事具國史。大鋮偕謝三賓、宋之晉、蘇壯等赴江干乞降，從大兵攻仙霞關，僵仆石上死。而野乘載士英遁至台州山寺爲僧，爲我兵搜獲，大鋮、國安先後降。尋唐王走順昌。我大兵至，搜龍扛，〔七〕得士英、大鋮、國安父子請王出關爲內應疏，遂駢斬士英、國安於延平城下。大鋮方遊山，自觸石死，仍戮屍云。

校勘記

〔一〕亦首仲亨及唐勝宗費聚趙庸三侯與惟庸共謀不軌　趙庸，原作「趙雄」，據本書卷一〇五功臣世表、卷一二七李善長傳改。

〔二〕會其子錦衣千户懌思以齋祀停封章日請假送父　懌思，原脱「思」字，據明史稿傳一八一趙文華傳、世宗實録卷四五一嘉靖三十六年九月辛亥條補。

〔三〕兄素儒冒錦衣籍　兄素儒，本書卷二三三姜應麟傳作「弟素儒」。

〔四〕而福王由崧　由崧，原作「由松」，據本書卷一二〇福王傳改。

〔五〕總兵高傑　高傑，原作「高杰」。本書卷二七三有高傑傳，事跡與此合，據改。本傳下文也作「高傑」。

〔六〕用安遠侯柳祚昌薦　柳祚昌，本書卷一〇六功臣世表作「柳昌祚」。

〔七〕搜龍扛　龍扛，小腆紀年附考卷一三、小腆紀傳卷六二馬士英傳及阮大鋮傳都作「龍槓」，疑「扛」字應從木作「杠」。

明史卷三百九

列傳第一百九十七

流賊

盜賊之禍，歷代恒有，至明末李自成、張獻忠極矣。史册所載，未有若斯之酷者也。永樂中，唐賽兒倡亂山東。厥後乘瑕弄兵，頻見竊發，然皆旋就撲滅。惟武宗之世，流寇蔓延，幾危宗社，而卒以掃除。莊烈帝勵精有爲，視武宗何啻霄壤，而顧失天下，何也？明興百年，朝廷之綱紀既肅，天下之風俗未澆。孝宗選舉賢能，布列中外，與斯民休養生息者十餘年，仁澤深而人心固，元氣盛而國脈安。雖以武之童昏，亟行稗政，中官倖夫，濁亂左右，而本根尚未盡撥，宰輔亦多老成。迨盜賊四起，王瓊獨典中樞，陸完、彭澤分任閫帥，委寄既專，旁撓絕少，以故危而不亡。莊烈帝承神、熹之後，神宗怠荒棄政，熹宗暱近閹人，元氣盡澌，國脈垂絕。向使熹宗御宇復延數載，則天下之亡不再傳矣。

甚。莊烈之繼統也，臣僚之黨局已成，草野之物力已耗，國家之法令已壞，邊疆之搶攘已甚。莊烈雖銳意更始，治核名實，而人才之賢否，議論之是非，政事之得失，軍機之成敗，未能灼見於中，不搖於外也。且性多疑而任察，好剛而尚氣。任察則苛刻寡恩，尚氣則急遽失措。當夫羣盜滿山，四方鼎沸，而委政柄者非庸即佞，勦撫兩端，茫無成算。內外大臣救過不給，人懷規利自全之心。言語戇直，切中事弊者，率皆摧折以去。其所任爲閫帥者，事權中制，功過莫償。敗一方卽戮一將，隳一城卽殺一吏，賞罰太明而至於不能罰，制馭過嚴而至於不能制。加以天災流行，饑饉洊臻，政繁賦重，外訌內叛。譬一人之身，元氣羸然，疽毒並發，厥症固已甚危，而醫則良否錯進，劑則寒熱互投，病入膏肓，而無可救，不亡何待哉。是故明之亡，亡於流賊，而其致亡之本，不在於流賊也。嗚呼！莊烈非亡國之君，而當亡國之運，又乏救亡之術，徒見其焦勞瞀亂，孑立於上十有七年。而帷幄不聞良、平之謀，行間未覩李、郭之將，卒致宗社顚覆，徒以身殉，悲夫！

自唐賽兒以下，本末易竟，事具勦賊諸臣傳中。獨志其亡天下者，立李自成、張獻忠傳。

李自成　張獻忠

李自成，米脂人，世居懷遠堡李繼遷寨。父守忠，無子，禱於華山，夢神告曰：「以破軍星爲若子。」已，生自成。幼牧羊於邑大姓艾氏，及長，充銀川驛卒。善騎射，鬬很無賴，數犯法。知縣晏子賓捕之，將置諸死，脫去爲屠。天啓末，魏忠賢黨喬應甲爲陝西巡撫，朱童蒙爲延綏巡撫，貪黷不詰盜，盜由是始。

崇禎元年，陝西大饑，延綏缺餉，固原兵劫州庫。白水賊王二，府谷賊王嘉胤，宜川賊王左掛、〔一〕飛山虎、大紅狼等，一時並起。有安塞馬賊高迎祥者，自成舅也，與饑民王大梁聚衆應之。迎祥自稱闖王，大梁自稱大梁王。二年春，詔以楊鶴爲三邊總督，捕之。參政劉應遇擊斬王二、王大梁，參政洪承疇擊破王左掛，〔二〕賊稍稍懼。會京師戒嚴，山西巡撫耿如杞勤王兵譁而西，延綏總兵吳自勉、甘肅巡撫梅之煥勤王兵亦潰，與羣盜合。延綏巡撫張夢鯨恚死，承疇代之，召故總兵杜文煥督延綏、固原兵，便宜剿賊。

三年，王左掛、王子順、苗美等戰屢敗，乞降。而王嘉胤掠延安、慶陽間，楊鶴撫之，不聽，從神木渡河犯山西。是時，秦地所徵曰新餉，曰均輸，曰間架，其目日增，吏因緣爲姦，民大困。以給事中劉懋議，裁驛站，山、陝游民仰驛糈者，無所得食，俱從賊，賊轉盛。兵部郎中李繼貞奏曰：「延民饑，將盡爲盜，請以帑金十萬振之。」帝不聽。而嘉胤已襲破黃甫川、清水、木瓜三堡，陷府谷、河曲。又有神一元、不沾泥、可天飛、郝臨菴、紅軍友、點燈子、李老柴、混天猴、獨行狼諸賊，所在蜂起，或掠秦，或東入晉，屠陷城堡。官兵東西奔擊，賊或降或死，旋滅旋熾。延安賊張獻忠亦聚衆據十八寨，稱八大王。

四年，孤山副將曹文詔破賊河曲，王嘉胤遁去。已，復自岳陽突犯澤、潞，爲左右所殺，其黨共推王自用號紫金梁者爲魁。自用結羣賊老回回、曹操、八金剛、掃地王、射塌天、閻正虎、滿天星、破甲錐、邢紅狼、上天龍、蝎子塊、過天星、混世王等及迎祥、獻忠共三十六營，衆二十餘萬，聚山西。自成乃與兄子過往從迎祥，與獻忠等合，號闖將，未有名。楊鶴撫賊不效被逮，洪承疇代鶴，張福臻代承疇，督諸將曹文詔、楊嘉謨剿賊，所向克捷，陝地略定。而山西賊大盛，剽掠寧鄉、石樓、稷山、聞喜、河津間。

五年，賊分道四出，連陷大寧、隰州、澤州、壽陽諸州縣，全晉震動。乃罷巡撫宋統殷，以許鼎臣代之，與宣大總督張宗衡分督諸將。宗衡督虎大威、賀人龍、左良玉等兵八千人，駐平陽，責以平陽、澤、潞四十一州縣。鼎臣督張應昌、頗希牧、艾萬年兵七千人，駐汾州，責以汾、太、沁、遼三十八州縣。賊亦轉入磨盤山，分衆爲三：閻正虎據交城、文水，窺太原；邢紅狼、上天龍據吳城，窺汾州；自用、獻忠突沁州、武鄉，陷遼州。

六年春，官兵共進力擊。自用懼，乞降於故錦衣僉事張道濬。約未定，陽和兵襲之。賊怒，敗約去。會總兵官曹文詔率陝西兵至，偕諸將猛如虎、虎大威、頗希牧、艾萬年、張應昌等合剿，屢戰皆大克，前後殺混世王、滿天星、姬關鎖、翻山動、掌世王、顯道神等，破自用、獻忠、老回回、蝎子塊、掃地王諸賊。其後，自用又爲川將鄧玘射殺之。山西三大盜俱敗。

初，賊之破澤州也，分其衆，南踰太行，掠濟源、清化、修武，圍懷慶。官軍擊之，賊遁走。別賊復闌入西山，大掠順德、眞定間。大名道盧象昇力戰却賊。賊自邢臺摩天嶺西下，抵武安，敗總兵左良玉，河北三府焚劫殆徧。潞王上疏告急，兼請衞鳳、泗陵寢。詔特遣總兵倪寵、王樸率京營兵六千人，與諸將並進。賊聞之，欲從河內走太行。文詔邀擊之，不敢進。

賊之敗於山西者，亦奔河北合營，迎祥、自成、獻忠、曹操、老回回等俱至。京兵蹙其後，左良玉、湯九州等扼其前，連戰於青店、石岡、石坡、牛尾、柳泉、猛虎村，屢敗之。賊欲逸，阻於河，大困。賊素畏文詔、道濬，道濬先坐事遣戍，文詔轉戰秦、晉、河北，遇賊輒大克，御史復劾其驕倨，調大同總兵去。賊遂詭辭乞降，監軍太監楊進朝信之，〔三〕爲入奏。會天寒河冰合，賊突從毛家寨策馬徑渡。河南諸軍無扼河者，賊遂連陷澠池、伊陽、盧氏三縣。河南巡撫玄默率諸將盛兵待之，賊竄入盧氏山中，由間道直走內鄉，掠鄖陽，又分掠南陽、汝寧，入棗陽、當陽，偪湖廣。巡撫唐暉斂兵守境。犯歸、巴、夷陵等處，破夔州，〔四〕攻廣元，逼四川，所在告急。

七年春，特設山、陝、河南、湖廣、四川總督，專辦賊，以延綏巡撫陳奇瑜爲之，以盧象昇撫治鄖陽，爲奇瑜破賊延水關有威名，而象昇歷戰陣知兵也。於是奇瑜自均州入，與象昇並進，師次烏林關，斬賊數千級。賊走漢南，奇瑜以湖廣不足憂，引兵西擊。

始，賊自澠池渡河，高迎祥最强，自成屬焉。及入河南，自成與兄子過結李牟、俞彬、白廣恩、李雙喜、顧君恩、高傑等自爲一軍。過、傑善戰，君恩善謀。及奇瑜兵至，獻忠等奔商、雒，自成等陷於興安之車箱峽。會大雨兩月，馬乏芻多死，弓矢皆脫，自成用君恩計，賄奇瑜左右，詐降。奇瑜意輕賊，許之，檄諸將按兵毋殺，所過州縣爲具糗傳送。賊甫渡棧，即大譟，盡屠所過七州縣。而略陽賊數萬亦來會，賊勢愈張。奇瑜坐削籍，而自成名始著矣。

已，洪承疇代奇瑜，李喬巡撫陝西，吳甡巡撫山西。大學士溫體仁謂甡曰：「流賊癬疥疾，勿憂也。」未幾，西寧兵變，承疇甫受命而東，聞變遽返。迎祥、自成遂入鞏昌、平涼、臨洮、鳳翔諸府數十州縣。敗賀人龍、張天禮軍，殺固原道陸夢龍。圍隴州四十餘日，承疇檄總兵左光先與人龍合擊，大破之。會朝廷亦命豫、楚、晉、蜀兵四道入陝，迎祥、自成遂竄入終南山。已而東出，陷陳州、靈寶、汜水、滎陽。聞左良玉將至，移壁梅山、溱水間。部賊拔上蔡，燒汝寧郛。乃命承疇出關追賊，與山東巡撫朱大典并力擊，賊偵知之。

八年正月大會於滎陽。老回回、曹操、革裏眼、左金王、改世王、射塌天、橫天王、混十萬、過天星、九條龍、順天王及迎祥、獻忠共十三家七十二營，議拒敵，未決。自成進曰：「一夫猶奮，況十萬衆乎！官兵無能爲也。宜分兵定所向，利鈍聽之天。」皆曰：「善。」乃議革裏眼、左金王當川、湖兵，橫天王、混十萬當陝兵，曹操、過天星扼河上，迎祥、獻忠及自成等略東方，老回回、九條龍往來策應。陝兵鋭，益以射塌天、改世王。所破城邑，子女玉帛惟均。衆如自成言。

先是，南京兵部尚書呂維祺懼賊南犯，請加防鳳陽陵寢，不報。及迎祥、獻忠東下，江北兵單，固始、霍丘俱失守。賊燔壽州，陷潁州，知州尹夢鼇、州判趙士寬戰死，殺故尚書張鶴鳴。乘勝陷鳳陽，焚皇陵，留守署正朱國相等皆戰死。事聞，帝素服哭，遣官告廟。逮漕運都御史楊一鵬棄市，以朱大典代之，大徵兵討賊。賊乃大書幟曰古元眞龍皇帝，合樂大飲。自成從獻忠求皇陵監小閹善鼓吹者，獻忠不與。自成怒，偕迎祥西趨歸德，與曹操、過天星合，復入陝西。獻忠獨東下廬州。

承疇方馳至汝州，命諸將左良玉、湯九州、尤世威、徐來朝、陳永福、鄧玘、張應昌分扼湖廣、河南、鄖陽諸關隘，召曹文詔爲中軍。文詔未至，玘以兵亂死。迎祥、自成從終南山出，大掠富平、寧州。老回回、獻忠、曹操、蝎子塊、過天星諸賊，聞承疇出關，先後皆走陝西，焚掠西安、平涼、鳳翔諸郡。承疇亟還救，分遣諸將擊老回回等，令副總兵劉成功、艾萬年擊迎祥、自成於寧州。萬年中伏戰死，文詔怒，復擊之，亦中伏戰死。羣賊乘勝掠地，火照西安城中。承疇力禦之涇陽、三原間，決死戰，賊不得過。獻忠、老回回等由他道轉突朱陽關，守關將徐來臣軍潰死，尤世威中箭遁。於是羣賊皆出關，分十三營東犯，而迎祥、自成獨留陝西。

時盧象昇已改湖廣巡撫，總理直隸、河南、山東、四川、湖廣諸軍務。詔承疇督關中，象昇督關外。賊亦分兵，迎祥略武功、扶風以西，自成略富平、固州以東。承疇遣將追自成，小捷，至醴泉。賊將高傑通於自成妻邢氏，懼誅，挾之來降。承疇身追自成，大戰渭南、臨潼，自成大敗東走。迎祥亦屢敗，東踰華陰南原，絕嶺，偕自成出朱陽關，與獻忠合。冬十一月，羣賊薄閿鄉，左良玉、祖寬禦之不克，遂陷陝州，進攻雒陽。河南巡撫陳必謙督良玉、寬援雒陽，獻忠走嵩、汝。迎祥、自成走偃師、鞏縣，略魯山、葉縣，陷光州，象昇擊敗之確山。

九年春，迎祥、自成攻廬州，不拔。陷含山、和州，殺知州黎弘業及在籍御史馬如蛟等。〔五〕又攻滁州，知州劉大鞏、太僕卿李覺斯堅守不下。象昇親督祖寬、羅岱、楊世恩等來援，戰於朱龍橋，賊大敗，屍咽水不流。北攻壽州，故御史方震孺堅守。折而西，入歸德，邊將祖大樂破之。走密、登封，故總兵湯九州戰死。分道犯南陽、裕州，必謙援南陽，象昇援裕，令大樂等擊賊，殺迎祥、自成精銳幾盡。賊復分兵再入陝，迎祥由鄖、襄趨興安、漢中，自成由南山踰商、雒，走延綏，犯鞏昌北境。諸將左光先、曹變蛟破之，自成走環縣。未幾，官軍敗於羅家山，盡亡士馬器仗，總兵官兪沖霄被執。自成勢復振，進圍綏德，欲東渡河，山西兵遏之。復西掠米脂，呼知縣邊大綬，〔六〕曰：「此吾故鄉也，勿虐我父老。」遺之金，令修文廟。將襲楡林，河水驟長，賊淹死甚衆，乃改道，從韓城而西。

時象昇及大樂、寬等皆入援京師。孫傳庭新除陝西巡撫，銳意滅賊。秋七月，擒迎祥於盩厔，獻俘闕下，磔死。於是賊黨乃共推自成爲闖王矣。是月，犯堦、徽。未幾，出汧、隴，犯鳳翔，渡渭河。

十年犯涇陽、三原。蝎子塊、過天星俱來會。傳庭督變蛟連戰七日，皆克，蝎子塊降。自成與過天星奔秦州。入蜀，陷寧羌，破七盤關，陷廣元，總兵官侯良柱戰死，遂連陷昭化、劍州、梓潼、江油、黎雅、青川等州縣。〔七〕劍州知州徐尙卿、吏目李英俊、昭化知縣王時化、郫縣主簿張應奇、金堂典史潘夢科皆死。〔八〕進攻成都，七日不克，巡撫王維章坐避賊徵。

十一年春，官軍敗賊梓潼，自成奔白水，食盡。承疇、傳庭合擊於潼關原，〔九〕大破之。自成盡亡其卒，獨與劉宗敏、田見秀等十八騎潰圍，竄伏商、洛山中。其年，獻忠降，自成勢益衰。承疇改薊遼總督，傳庭改保定總督。傳庭以疾辭，逮下獄。二人去，自成稍得安。總理熊文燦方主撫，諜者或報自成死，益寬之。

十二年夏，獻忠反穀城。自成大喜，出收衆，衆復大集。陝西總督鄭崇儉發兵圍之，令曰「圍師必缺」。自成乃由缺走，突武關，往依獻忠。獻忠欲圖之，覺，遁去。楊嗣昌督師夷陵，檄令降，自成出謾語。官軍圍自成於巴西、魚復諸山中，自成大困，欲自經，養子雙喜勸而止。賊將多出降。劉宗敏者，藍田鍛工也，最驍勇，亦欲降。自成與步入叢祠，顧而歎曰：「人言我當爲天子，盍卜之，不吉，斷我頭以降。」宗敏諾，三卜三吉。宗敏還，殺其兩妻，謂自成曰：「吾死從君矣。」軍中壯士聞之，亦多殺妻子願從者。自成乃盡焚輜重，輕騎由鄖、均走河南。河南大旱，斛穀萬錢，饑民從自成者數萬。遂自南陽出，攻宜陽，殺知縣唐啓泰。攻永寧，殺知縣武大烈，戕萬安王采𨫼。攻偃師，知縣徐日泰罵賊死。時十三年十二月也。

自成爲人高顴深頞，鴟目曷鼻，聲如豺。性猜忍，日殺人斮足剖心爲戲。所過，民皆保塢堡不下。杞縣舉人李信者，逆案中尙書李精白子也，嘗出粟振饑民，民德之曰：「李公子活我。」會繩伎紅娘子反，擄信，强委身焉。信逃歸，官以爲賊，囚獄中。紅娘子來救，饑民應之，共出信。盧氏舉人牛金星磨勘被斥，私入自成軍爲主謀，潛歸，事洩坐斬，已，得末減。二人皆往投自成，自成大喜，改信名曰巖。金星又薦卜者宋獻策，長三尺餘，上讖記云：「十八子，主神器。」自成大悅。巖因說曰：「取天下以人心爲本，請勿殺人，收天下心。」自成從之，屠戮爲減。又散所掠財物振饑民，民受餉者，不辨巖、自成也，雜呼曰：「李公子活我。」巖復造謠詞曰：「迎闖王，不納糧。」使兒童歌以相煽，從自成者日衆。

十四年正月攻河南，有營卒勾賊，城遂陷，福王常洵遇害。自成兵汋王血，雜鹿醢嘗之，名「福祿酒」。王世子由崧裸而逃。〔一〇〕自成發王邸金振饑民，遂移攻開封。時張獻忠亦陷襄陽，戕襄王翊銘。王開封者周王恭枵，聞賊至，急發庫金募死士，與巡撫都御史高名衡等固守。自成攻七晝夜，解去，屠密縣。賊魁羅汝才、土寇袁時中皆歸自成。時中衆二十萬，號小袁營。汝才卽曹操，與獻忠同降復叛去者也。

自成初爲迎祥裨將，至是勢大盛。帝以故尚書傅宗龍爲陝西總督，使專辦自成，別敕保定總督楊文岳會師。宗龍馳入關，與巡撫汪喬年調兵，兵已發盡，乃檄河南大將李國奇、賀人龍兵隸部下，亟出關。文岳率虎大威軍俱至新蔡，與自成遇。人龍卒先奔，國奇、大威繼之，宗龍、文岳以親軍築壘自固。夜，文岳兵潰奔陳州，宗龍與賊持數日，食盡，突圍走，被執死。自成陷葉縣，殺副將劉國能，遂圍左良玉於郾城。喬年代宗龍總督，出關，次襄城，自成盡銳攻之，喬年與副將李萬慶皆死。自成劓刖諸生百九十人。遂乘勝陷南陽、鄧州十四城，再圍開封。巡撫名衡、總兵陳永福力拒之，射中自成目，殪上天龍等，自成益怒。

自成每攻城，不用古梯衝法，專取瓴甋，得一甎卽歸營臥，後者必斬。取甎已，卽穿穴穴城。〔一〕初僅容一人，漸至百十，次第傳土以出。過三五步，留一土柱，繫以巨絙。穿畢，萬人曳絙一呼，而柱折城崩矣。名衡於城上鑿橫道，聽其下有聲，用毒穢灌之，多死。賊乃卽城壞處用火攻法，實藥甕中，火燃藥發，當者輒糜碎，名曰放迸。

十五年正月，〔二〕城半圮，賊用放迸法攻之，鐵騎數千馳譟，伺城頹卽擁入城。城故宋汴都，金人所重築也。厚數丈，土堅，火外擊，賊騎多殲，自成駭而去。南陷西華，尋屠陳州，副使關永傑、知州侯君擢皆罵賊死。〔三〕歸德、睢州、寧陵、太康數十郡縣，悉殘燬。商丘知縣梁以樟創死復甦，全家殲焉。

已，復攻開封，築長圍爲持久計。詔起孫傳庭爲總督，釋故尙書侯恂命督師，召左良玉援開封。良玉至朱仙鎭，大敗，奔襄陽。諸軍皆屯河北，不敢進。開封食盡。山東總兵劉澤淸亦奉詔至。傳庭知開封急，大會諸將西安，亟出關來救。未至，名衡等議決朱家寨口河灌賊，賊亦決馬家口河欲灌城。秋九月癸未，天大雨，二口並決，聲如雷，潰北門入，穿東南門出，注渦水。城中百萬戶皆沒，得脫者惟周王、妃、世子及撫按以下不及二萬人。賊亦漂沒萬餘，乃拔營西南去。

先是，有馬守應稱老回回、賀一龍稱革裏眼、賀錦稱左金王、劉希堯稱爭世王、藺養成稱亂世王者，皆附自成，時號「革左五營」。自成乃西迎傳庭兵，遇於南陽，傳庭軍潰走，豫人所謂柿園之敗也。是時大清兵南侵，京師方告急，朝廷不暇復討賊。自成乃收羣賊，連營五百餘里，再屠南陽，進攻汝寧。總兵虎大威中礮死，楊文岳被殺。自成乃脅崇王由樻使從軍，遂由確山、信陽、泌陽向襄陽。左良玉望風南走，自成入襄陽。分徇屬城及德安諸州縣，皆下，再破夷陵、荆門州。自成自攻荆州，湘陰王儼鉼遇害，燒獻陵木城，穿燬宮殿。

十六年春陷承天。將發獻陵，有聲震山谷，懼而止。旁掠潛山、京山、雲夢、黄陂、孝感等州縣，皆下。先驅徇漢陽，良玉走九江。攻鄖陽，撫治都御史徐起元及王光恩力守不下。光恩，賊反正者也。

自成自號奉天倡義大元帥，號羅汝才代天撫民威德大將軍。分其衆，曰標營，領兵百隊；曰先、後、左、右營，各領兵三十餘隊。標營白幟黑纛，自成獨白鬃大纛銀浮屠；左營幟白，右緋，前黑，後黃，纛隨其色。五營以序直晝夜，次第休息，巡徼嚴密。逃者謂之落草，磔之。收男子十五以上、四十以下者爲兵。精兵一人，主芻、掌械、執爨者十人。軍令不得藏白金，過城邑不得室處，妻子外不得攜他婦人。寢興悉用單布幕。緜甲厚百層，矢礮不能入。一兵倅馬三四匹，冬則以茵褥籍其蹏。剖人腹爲馬槽以飼馬，馬見人，輒鋸牙思噬若虎豹。軍止，即出較騎射，曰站隊。夜四鼓，蓐食以聽令。所過崇岡峻坂，騰馬直上。水惟惲黃河，若淮、泗、涇、渭，則萬衆翹足馬背，或抱鬣緣尾，呼風而渡，馬蹶所壅閼，水爲不流。臨陣，列馬三萬，名三堵牆。前者返顧，後者殺之。戰久不勝，馬兵佯敗誘官兵，步卒長鎗三萬，擊刺如飛，馬兵回擊，無不大勝。攻城，迎降者不殺，守一日殺十之三，二日殺十之七，三日屠之。凡殺人，束屍爲燎，謂之打亮。城將陷，步兵萬人環堞下，馬兵巡徼，無一人得免。獻忠雖至殘忍，不逮也。諸營較所獲，馬騾者上賞，弓矢鉛銃者次之，幣帛又次之，珠玉爲下。

自成不好酒色，脫粟粗糲，與其下共甘苦。汝才妻妾數十，被服紈綺，帳下女樂數部，厚自奉養，自成嘗嗤鄙之。汝才衆數十萬，用山西舉人吉珪爲謀主。自成善攻，汝才善戰，兩人相須若左右手。自成下宛、葉，克梁、宋，兵强士附，有專制心，顧獨忌汝才。乃召汝才所善賀一龍宴，縛之，晨以二十騎斬汝才於帳中，悉兼其衆。

自成在中州，所略城輒焚燬之。及渡漢江，謀以荆、襄爲根本，改襄陽曰襄京，修襄王宮殿居之。改禹州曰均平府，承天府曰揚武州，他府縣多所更易。

牛金星教以創官爵名號，大行署置。自成無子，兄子過及妻弟高一功，迭居左右，親信用事。田見秀、劉宗敏爲權將軍，李巖、賀錦、劉希堯等爲制將軍，張鼐、党守素等爲威武將軍，谷可成、任維榮等爲果毅將軍，凡五營二十二將。又置上相、左輔、右弼、六政府侍郎、郎中、從事等官。要地設防禦使，府曰尹，州曰牧，縣曰令。封崇王由樻襄陽伯，邵陵王在城棗陽伯，保寧王紹圯宣城伯，肅寧王術授順義伯。以張國紳爲上相，牛金星爲左輔，來儀爲右弼。國紳，安定人，嘗官參政。既降，獻文翔鳳妻鄧氏以媚自成。自成惡其傷同類，殺之，而歸鄧氏於其家。六政府侍郎則石首喻上猷、江陵蕭應坤、招遠楊永裕、米脂李振聲、江陵鄧巖忠、西安姚錫胤，尋以宣城丘之陶代振聲爲兵政府侍郎。其餘受僞職者甚衆，不具載。

使高一功、馮雄守襄陽，任繼光守荆州，藺養成、牛萬才守夷陵，王文曜守澧州，白旺守安陸，蕭雲林守荆門，謝應龍守漢川，周鳳梧守禹州。於是河南、湖廣、江北諸賊莫不聽命。自成既殺汝才、一龍，又襲殺養成，奪守應兵，擊殺袁時中於杞縣。獻忠方據武昌，自成遣使賀，且脅之曰：「老回回已降，曹操輩誅死，行及汝矣。」獻忠大懼，南入長沙。

當是時，十三家七十二營諸大賊，降死殆盡，惟自成、獻忠存，而自成獨勁，遂自稱曰新順王。集牛金星等議兵所向。金星請先取河北，直走京師。楊永裕請下金陵，〔一四〕斷燕都糧道。從事顧君恩曰：「金陵居下流，事雖濟，失之緩。直走京師，不勝，退安所歸，失之急。關中，大王桑梓邦也，百二山河，得天下三分之二，宜先取之，建立基業。然後旁略三邊，資其兵力，攻取山西，後向京師，庶幾進戰退守，萬全無失。」自成從之。

傳庭之敗於柿園而歸陝也，大治兵，制火車二萬輛，募壯士，使白廣恩、高傑將，欲俟賊饑而擊之。朝議日督戰，不得已出關。以牛成虎、盧光祖爲前鋒，〔一五〕由靈寶入洛。高傑爲中軍，檄廣恩從新安來會。河南將陳永福守新灘，四川將秦翼明出商、洛，爲掎角。前鋒敗賊澠池，至寶豐，再拔其城。次郟，自成率萬騎還戰，復大敗，幾被擒。會天大雨，道濘，糧車不進。自成遣輕騎出汝州，要截糧道。傳庭乃分軍三，令廣恩從大道，令高傑親隨從間道，迎糧，令永福守營。傳庭既行，永福兵亦爭發，不可禁，遂爲賊所躡。至南陽，傳庭還戰，賊陣五重，官軍克其三。已而稍却，火車奔，騎兵亦大奔。賊縱鐵騎踐之，傳庭大敗。自成空壁追，一日夜踰四百里，官軍死者四萬餘人，失兵器輜重數十萬。傳庭奔河北，轉趨潼關，氣敗沮不復振。

冬十月，自成陷潼關，傳庭死，遂連破華陰、渭南、華、商、臨潼。進攻西安，守將王根子開東門納賊。自成執秦王存樞以爲權將軍，永壽王誼漶爲制將軍。巡撫馮師孔以下死者十餘人，布政使陸之祺等俱降。自成大掠三日，下令禁止。改西安曰長安，稱西京。賜顧君恩女樂一部，賞入關策也。大發民，修長安城，開馳道。自成每三日親赴教場校射，百姓望見黃龍纛，咸伏地呼萬歲。諸將白廣恩、高汝利、左光先、梁甫先後皆降。陳永福以先射中自成曰，保山巔不敢下，自成折箭爲誓，招之，亦降。惟高傑以竊自成妻走延安，爲李過所追，折而東，渡宜川，絕蒲津以守。

自成兵所至風靡，乃詣米脂祭墓。向爲官軍所發，焚棄遺骴，築土封之。求其宗人，贈金封爵以去。改延安府曰天保府，米脂曰天保縣，清澗曰天波府。鳳翔不下，屠之。始，自成入陝西，自謂故鄉，毋有侵暴，未一月抄掠如故。又以士大夫必不附己，悉索諸薦紳，搒掠徵其金，死者瘞一穴。榆林故死守，李過等不能克，自成大發兵攻陷之。副使都任，總兵王世國、尤世威等，俱不屈死。乘勝取寧夏，屠慶陽，執韓王亶𤆭。〔一六〕移攻蘭州，甘肅巡撫林日瑞等亦死。進陷西寧，於是肅州、山丹、永昌、鎭番、莊浪皆降，陝西地悉歸自成。又遣賊渡河，陷平陽，殺宗室三百餘人。高傑奔澤州。詔以余應桂總督三邊，收邊兵剿賊，然全陝已沒，應桂不能進。

十七年正月庚寅朔，自成稱王於西安，僭國號曰大順，改元永昌，改名自晟。追尊其曾祖以下，加謚號，以李繼遷爲太祖。設天佑殿大學士，以牛金星爲之。增置六政府尙書，設弘文館、文諭院、諫議、直指使、從政、統會、尙契司、驗馬寺、知政使、書寫房等官。以乾州宋企郊爲吏政尙書，平湖陸之祺爲戶政尙書，眞寧鞏焴爲禮政尙書，歸安張嶙然爲兵政尙書。復五等爵，大封功臣，侯劉宗敏以下九人，伯劉體純以下七十二人，子三十人，男五十五人。定軍制。有一馬儳行列者斬之，馬騰入田苗者斬之。籍步兵四十萬、馬兵六十萬。兵政侍郎楊王休爲都肆，出橫門，至渭橋，金鼓動地。令弘文館學士李化鱗等草檄馳諭遠近，〔一七〕指斥乘輿。是日，大風霾，黃霧四塞。事聞，帝大驚，召廷臣議。大學士李建泰請督師，帝許之。

時山西自平陽陷，河津、稷山、滎河皆陷，他府縣多望風送款。二月，自成渡河，破汾州，徇河曲、靜樂，攻太原，執晉王求桂，巡撫蔡懋德死之。北徇忻、代，寧武總兵周遇吉戰死。自成先遣游兵入故關，掠大名、眞定而北。身率衆賊並邊東犯，陷大同，巡撫衞景瑗、總兵朱三樂死。自成殺代王傳𤅦，代藩宗室殆盡。犯宣府，總兵姜瓖迎降，巡撫朱之馮死。遂犯陽和，由柳溝逼居庸，總兵官唐通、太監杜之秩迎降。

三月十三日焚昌平，總兵官李守鑅死。〔一八〕始，賊欲偵京師虛實，往往陰遣人輦重貨，賈販都市，又令充部院諸掾吏，探刺機密。朝廷有謀議，數千里立馳報。及抵昌平，兵部發騎探賊，賊輒勾之降，無一還者。賊游騎至平則門，京師猶不知也。十七日，帝召問羣臣，莫對，有泣者。俄頃賊環攻九門，門外先設三大營，悉降賊。京師久乏餉，乘陴者少，益以內侍。內侍專守城事，百司不敢問。

十八日，賊攻益急，自成駐彰義門外，遣降賊太監杜勳縋入見帝，求禪位。帝怒，叱之下，詔親征。日暝，太監曹化淳啓彰義門，賊盡入。帝出宮，登煤山，望烽火徹天，歎息曰：「苦我民耳。」徘徊久之，歸乾清宮，令送太子及永王、定王於戚臣周奎、田弘遇第，劍擊長公主，趣皇后自盡。十九日丁未，天未明，皇城不守，鳴鐘集百官，無至者。乃復登煤山，書衣襟爲遺詔，以帛自縊於山亭，帝遂崩。太監王承恩縊於側。

自成氈笠縹衣，乘烏駁馬，入承天門。僞丞相牛金星，尚書宋企郊、喻上猷，侍郎黎志陞、張嶙然等騎而從。登皇極殿，據御座，下令大索帝后，期百官三日朝見。文臣自范景文、勳戚自劉文炳以下，殉節者四十餘人。宮女魏氏投河，從者二百餘人。象房象皆哀吼流淚。太子投周奎家，不得入，二王亦不能匿，先後擁至，皆不屈，自成羈之宮中。長公主絕而復甦，舁至，令賊劉宗敏療治。

已，乃知帝后崩，自成命以宮扉載出，盛柳棺，置東華門外，百姓過者皆掩泣。越三日己酉，昧爽，成國公朱純臣、大學士魏藻德率文武百官入賀，皆素服坐殿前。自成不出，羣賊爭戲侮，爲椎背、脫帽，或舉足加頸，相笑樂，百官懾伏不敢動。太監王德化叱諸臣曰：「國亡君喪，若曹不思殯先帝，乃在此耶！」因哭，內侍數十人皆哭，藻德等亦哭。顧君恩以告自成，改殯帝后，用衮冕褘翟，加葦廠云。大學士陳演勸進，不許。封太子爲宋王。放刑部、錦衣衛繫囚。

自成自居西安，建置官吏，至是益盡改官制。六部曰六政府，司官曰從事，六科曰諫議，十三道曰直指使，翰林院曰弘文館，太僕寺曰驗馬寺，巡撫曰節度使，兵備曰防禦使，知府州縣曰尹、曰牧、曰令。召見朝官，自成南嚮坐，金星、宗敏、企郊等左右雜坐，以次呼名，分三等授職。自四品以下少詹事梁紹陽、楊觀光等無不污僞命，三品以上獨用故侍郎侯恂。其餘勳戚、文武諸臣奎、純臣、演、藻德等共八百餘人，送宗敏等營中，拷掠責賕賂，至灼肉折脛，備諸慘毒。藻德遇馬世奇家人，泣曰：「吾不能爲若主，今求死不得。」賊又編排甲，令五家養一賊，大縱淫掠，民不勝毒，縊死相望。徵諸勳戚大臣金，金足輒殺之。焚太廟神主，遷太祖主於帝王廟。

時賊黨已陷保定，李建泰降，畿內府縣悉附。山東、河南徧設官吏，所至無違者。及淮，巡撫路振飛發兵拒之，乃去。自成謂眞得天命，金星率賊衆三表勸進，乃從之，令撰登極儀，諏吉日。及自成升御座，忽見白衣人長數丈，手劍怒視，座下龍爪鬣俱動，自成恐，亟下。鑄金璽及永昌錢，皆不就。聞山海關總兵吳三桂兵起，乃謀歸陝西。

初，三桂奉詔入援，至山海關，京師陷，猶豫不進。自成劫其父襄，作書招之，三桂欲降。至灤州，聞愛姬陳沅被劉宗敏掠去，憤甚，疾歸山海，襲破賊將。自成怒，親部賊十餘萬，執吳襄於軍，東攻山海關，以別將從一片石越關外。三桂懼，乞降於我大清。四月二十二日，自成兵二十萬，陣於關內，自北山亙海。我兵對賊置陣，三桂居右翼末，悉銳卒搏戰，殺賊數千人，賊亦力鬬，圍開復合。戰良久，我兵從三桂陣右突出，衝賊中堅，萬馬奔躍，飛矢雨墮，天大風，沙石飛走，擊賊如雹。自成方挾太子登高岡觀戰，知爲我兵，急策馬下岡走。我兵追奔四十里，賊衆大潰，自相踐踏死者無算，僵屍徧野，溝水盡赤。自成奔永平，我兵逐之。三桂先驅至永平，自成殺吳襄，奔還京師。

時牛金星居守，諸降人往謁，執門生禮甚恭。金星曰：「訛言方起，諸君宜簡出。」由是降者始懼，多竄伏矣。自成至，悉鎔所拷索金及宮中帑藏、器皿，鑄爲餅，每餅千金，約數萬餅，騾車載歸西安。二十九日丙戌僭帝號於武英殿，追尊七代皆爲帝后，立妻高氏爲皇后。自成被冠冕，列仗受朝。金星代行郊天禮。是夕焚宮殿及九門城樓。詰旦，挾太子、二王西走，而使僞將軍左光先、谷可成殿。

五月二日，我大淸兵入京師，下令安輯百姓，爲帝后發喪，議謚號，遣將偕三桂追自成。時福王已監國南京，大學士史可法督師討賊。自成至定州，我兵追之，與戰，斬谷可成，左光先傷足，賊負而逃。自成西走眞定，益發衆來攻，我兵復擊之。自成中流矢創甚，西踰故關，入山西。會我兵東返，自成乃鳩合潰散，走平陽。

李巖者，故勸自成以不殺收人心者也。及陷京師，保護懿安皇后令自盡。又獨於士大夫無所拷掠，金星等大忌之。定州之敗，河南州縣多反正，自成召諸將議，巖請率兵往。金星陰告自成曰：「巖雄武有大略，非能久下人者。河南，巖故鄉，假以大兵，必不可制。十八子之讖，得非巖乎？」因譖其欲反。自成令金星與巖飲，殺之，賊衆俱解體。

自成歸西安，復遣賊陷漢中，降總兵趙光遠，進略保寧。時獻忠以兵拒之，乃還。八月建祖禰廟成，將往祀，忽寒慄不能就禮。自成始以巖言，謬爲仁義，及巖死，又屢敗，復强很自用，僞尚書張第元、耿始然皆以小忤死。制銅鏘，〔一九〕官吏坐賕，即鏘斬。民盜一雞者死。西人大懼。

順治二年二月，我兵攻潼關，僞伯馬世耀以六十萬衆迎戰，敗死。潼關破，自成遂棄西安，由龍駒寨走武岡，入襄陽，復走武昌。我兵兩道追躡，連蹙之鄧州、承天、德安、武昌，窮追至賊老營，大破之者八。當是時，左良玉東下，武昌虛無人。自成屯五十餘日，賊衆尚五十餘萬，改江夏曰瑞符縣。尋爲我兵所迫，部衆多降，或逃散。自成走咸寧、蒲圻，至通城，〔二〇〕竄於九宮山。秋九月，自成留李過守寨，自率二十騎略食山中，爲村民所困，不能脫，遂縊死。或曰村民方築堡，見賊少，争前擊之，人馬俱陷泥淖中，自成腦中鉏死。剥其衣，得龍衣金印，眇一目，村民乃大驚，謂爲自成也。時我兵遣識自成者驗其尸，朽莫辨。獲自成兩從父僞趙侯、僞襄南侯及自成妻妾二人，金印一。又獲僞汝侯劉宗敏、僞總兵左光先、僞軍師宋獻策。於是斬自成從父及宗敏於軍。牛金星、宋企郊等皆遁亡。

自成兄子過改名錦，偕諸賊帥奉高氏降於總督何騰蛟。時唐王立於閩，賜錦名赤心，封高氏忠義夫人，號其軍曰忠貞營，隸騰蛟麾下。永明王時，赤心封興國侯，尋死。

張獻忠者，延安衞柳樹澗人也，與李自成同歲生。長隸延綏鎮爲軍，犯法當斬，主將陳洪範奇其狀貌，爲請於總兵官王威釋之，乃逃去。

崇禎三年，陝西賊大起，王嘉胤據府谷，陷河曲。獻忠以米脂十八寨應之，自稱八大王。明年，嘉胤死，其黨王自用復聚衆三十六營，獻忠及高迎祥、羅汝才、馬守應等皆爲之渠。其冬，洪承疇爲總督，獻忠及汝才皆就撫。已而叛入山西，偕羣賊焚掠。尋擾河北，又偕渡河。自是，陝西、河南、湖廣、四川、江北數千里地，皆被蹂躪。當此之時，賊渠率衆無專主，遇官軍，人自爲鬬，勝則爭進，敗則竄山谷不相顧。官軍遇賊追殺，亦不知所逐何賊也。賊或分或合，東西奔突，勢日强盛。

八年，十三家會滎陽，議敵官軍。守應欲北渡，獻忠嗤之，守應怒，李自成爲解，乃定議。獻忠始與高迎祥並起作賊，自成乃迎祥偏裨，不敢與獻忠並。及是遂相頡頏，與俱東掠，連破河南、江北諸縣，焚皇陵。已而迎祥、自成西去。獻忠獨東，圍廬州、舒城，俱不下。攻桐城，陷廬江，屠巢、無爲、潛山、太湖、宿松諸城，應天巡撫張國維禦之。獻忠從英、霍遁，道麻城，合守應等入關，會迎祥於鳳翔。已，復出商、洛，屯靈寶，以待迎祥。迎祥至，則合兵復東。總兵官左良玉、祖寬擊之，獻忠與迎祥分道走。寬追獻忠，戰於嵩縣及九皋山，三戰皆克，俘斬甚衆。獻忠恚，再合迎祥衆還戰，復大敗。迎祥尋與自成入陝西，而守應、汝才諸賊，各盤踞鄖陽、商、洛山中，不能救，獻忠亦遁山中。

明年秋，總督盧象昇去，苗胙土巡撫湖廣，不習兵。於是獻忠自均州，守應自新野，蝎子塊自唐縣，並犯襄陽，衆二十餘萬。總兵秦翼明兵寡不能禦，湖廣震動。獻忠糾汝才、守應及闖塌天諸賊，順流東下，與江北賊賀一龍、賀錦等合，烽火達淮、揚。南京兵部尚書范景文、操江都御史黃道直、總兵官楊御蕃分汛固守，安池道副使史可法親率兵當賊衝。賊從間道犯安慶，連營百里，巡撫國維告警。詔左良玉、馬爌、劉良佐合兵援之，遂大破賊。賊走潛山之天王古寨，〔三〕國維檄良玉搜山，良玉不應，尋北去。賊乃復出太湖，連蘄、黃，敗官軍於酆家店，殺參將程龍、陳于王等四十餘人。會總兵官牟文綬偕良佐來援，復破賊。賊皆遁，獻忠入湖廣。

是時，河南、湖廣賊十五家，惟獻忠最狡黠驍勍，次則汝才。獻忠嘗僞爲官兵，欲紿宛城，良玉適至，獻忠倉皇走，前鋒羅岱射之中額，良玉馬追及，刃拂獻忠面，馬馳以免。會熊文燦爲總理，刊檄撫賊。闖塌天者，本名劉國能，與獻忠有郤，詣文燦降。獻忠創甚，不能戰，大恐。

十一年春，偵知陳洪範隸文燦麾下爲總兵，大喜，因遣間齎重幣獻洪範曰：「獻忠蒙公大恩，得不死，公豈忘之邪？願率所部降以自效。」洪範亦喜，爲告文燦，受其降。巡按御史林銘球、分巡道王瑞栴與良玉謀，俟獻忠至執之，文燦不可。獻忠遂據穀城，請十萬人餉，文燦不敢決。時羣賊皆聚南陽，屠掠旁州縣。文燦赴裕州，益大發檄撫賊。汝才以戰敗乞降於太和山監軍太監李繼改。明年，射塌天、混十萬、過天星、關索、王光恩等十三家渠帥，先後俱降。陝西總督洪承疇、巡撫孫傳庭復大破李自成，自成竄崤、函山中，朝廷皆謂賊撲剪殆盡。

獻忠在穀城，訓卒治甲仗，言者頗疑其欲反。帝方信兵部尚書楊嗣昌言，謂文燦能辦賊，不復憂也。夏五月，獻忠叛，殺知縣阮之鈿，隳穀城，陷房縣，合汝才兵，殺知縣郝景春。十三家降賊一時並叛，惟王光恩不從。獻忠去房縣，左良玉追擊之，羅岱爲前鋒，至羅猴山，岱中伏死，良玉大敗。

嗣昌已拜大學士，乃自請督師，帝大悅。十月朔，嗣昌至襄陽，集諸將議進兵。時羣賊大掠，賀一龍、賀錦犯隨、應、麻、黃，與官軍相持。汝才及過天星竄伏漳、房、興、遠，獻忠踞湖廣、四川界，將西犯。嗣昌視東略稍緩，乃宿輜重襄陽，濬濠築城甚固，令良玉專力剿獻忠。

十三年閏正月，良玉擊賊枸坪關，獻忠遁，追至瑪瑙山。賊據山拒敵，良玉先登，賀人龍、李國奇夾擊，大敗之，斬首千三百餘級，擒獻忠妻妾。湖廣將張應元、汪之鳳追敗之水右壩。川將張令、方國安又邀擊於岔溪。獻忠奔柯家坪，張令逐北深入，被圍，應元、之鳳援之，復破賊。獻忠率千餘騎竄興、歸山中，勢大蹙。

初，良玉之進兵也，與嗣昌議不合。獻忠遣間說良玉，良玉乃圍而弗攻。獻忠因得與山民市鹽芻米酪，收潰散，掩旗息鼓，益西走白羊山。時汝才及過天星從寧昌窺大昌、巫山，欲渡江，爲官兵所扼。獻忠至，遂與之合。獻忠雖累敗，氣益盛，立馬江岸，有不前赴者，輒戮之。賊爭死鬭，官軍退走。賊畢渡，屯萬頃山，歸、巫大震。已而汝才、過天星犯開縣不利，汝才東走，過天星復軼開縣而西。諸將往復追逐，獻忠乃悉衆攻楚兵於土地嶺，副將汪之鳳戰死。〔三〕遂陷大昌，進屯開縣，張令戰死，石砫女土司秦良玉亦敗。汝才復自東至，與獻忠轉趨達州。川撫邵捷春退扼涪江。賊北陷劍州，將入漢中。總兵官趙光遠、賀人龍守陽平、百丈險。賊不得過，乃復走巴西。涪江師潰，捷春論死。獻忠屠緜州，越成都，陷瀘州，北渡陷永川，走漢川、德陽，〔三〕入巴州。又自巴走達州，復至開縣。

先是，嗣昌聞賊入川，進駐重慶。監軍萬元吉曰：「賊或東突，不可無備，宜分中軍間道出梓潼，扼歸路。」嗣昌不聽，擬令諸將盡赴瀘州追賊。

十四年正月，總兵猛如虎、參將劉士傑追之開縣之黃陵城，賊還戰，官軍大敗，士傑及游擊郭開等皆死。獻忠果東出，令汝才拒鄖撫袁繼咸兵，自率輕騎，一日夜馳三百里，殺督師使者於道，取軍符，紿陷襄陽城。獻忠縛襄王翊銘置堂下，屬之酒曰：「我欲借王頭，使楊嗣昌以陷藩誅，王其努力盡此酒。」遂殺之，並殺鄖襄道張克儉、推官鄺曰廣，復得其所失妻妾。又去，陷樊城、當陽、郟。合汝才入光州，殘商城、羅山、息縣、信陽、固始。分軍犯茶山、應城，陷隨州。僞張良玉幟，入泌陽。再攻應山，不克，去。攻鄖陽，守將王光恩力戰，始解。又拔鄖西，羣盜附者萬計，遂東略地。

獻忠自瑪瑙山之敗，心畏良玉，及屢勝，有驕色。秋八月，良玉追擊之信陽，大破之，降賊衆數萬。獻忠傷股，乘夜東奔，良玉急追之。會大雨，江溢道絕，官軍不能進，獻忠走免。已，復出商城，將向英山，又爲副將王允成所破，衆道散且盡，從騎止數十。時汝才已先與自成合，獻忠遂投自成。自成以部曲遇之，不從。自成欲殺之，汝才諫曰：「留之使擾漢南，分官軍兵力。」乃陰與獻忠五百騎，使遁去。道糾土賊一斗穀、瓦罐子等，衆復盛，然猶佯推自成。先是，賊營革、左二賀陷含、巢、潛諸縣，欲西合獻忠，以湖廣官兵沮不得達。及汴圍急，督師丁啓睿及左良玉皆往援汴，獻忠乘間陷亳州，入英、霍山中，與革、左、二賀相見，皆大喜。

明年合攻，陷舒城、六安，掠民益軍。陷廬州，知府鄭履祥死。陷無爲、廬江，習水師於巢湖。太監盧九德以總兵官黃得功、劉良佐之兵戰於夾山，敗績，江南大震。鳳陽總督高斗光、安慶巡撫鄭二陽逮治，詔起馬士英代斗光。是秋，得功、良佐大破賊於潛山，獻忠腹心婦豎盡走蘄水，革、左二賀北投自成。已，獻忠復襲陷太湖。會良玉避自成東下，盡撤湖廣兵自從。獻忠聞之，又襲陷黃梅。

十六年春，連陷廣濟、蘄州、蘄水。入黃州，黃民盡逃，乃驅婦女剗城，尋殺之以塡塹。麻城人湯志者，大姓奴也，殺諸生六十人，以城降賊。獻忠改麻城爲州。又西陷漢陽，全軍從鴨蛋洲渡，陷武昌，執楚王華奎，籠而沈諸江，盡殺楚宗室。錄男子二十以下、十五以上爲兵，餘皆殺之。由鸚鵡洲至道士洑，浮胔蔽江，踰月人脂厚累寸，魚鼈不可食。獻忠遂僭號，改武昌曰天授府，江夏曰上江縣。據楚王第，鑄西王之寶，僞設尚書、都督、巡撫等官，開科取士。以興國州柯、陳兩姓土官悍勇，招降之。題詩黃鶴樓。下令發楚邸金振饑民。蘄、黃等二十一州縣悉附。

時李自成在襄陽，聞之忌且怒，貽書譙責。左良玉兵復西上，僞官吏多被擒殺。獻忠懼，乃悉衆趨岳州、長沙。於是監軍道王瓚、沔陽知州章曠、武昌生員程天一、白雲寨長易道三皆起兵討賊，蘄、黃、漢陽三府皆反正。獻忠遂陷咸寧、蒲圻，偪岳州。沅撫李乾德、總兵孔希貴等據城陵磯拒戰，〔二四〕三戰三克，殲其前部。獻忠怒，百道並進，乾德等不支，皆走，岳州陷。獻忠欲渡洞庭湖，卜於神，不吉，投珓而詬。將渡，風大作，獻忠怒，連巨舟千艘，載婦女焚之，水光夜如晝。騎而逼長沙，巡按劉熙祚奉吉王、惠王走衡州，總兵尹先民降，長沙陷。尋破衡州，吉王、惠王、桂王俱走永州。乃拆桂府材，載至長沙，造僞殿，而自追三王於永。熙祚命中軍護三王入廣西，身入永死守，城陷見殺。又陷寶慶、常德，發故督師楊嗣昌祖墓，斬其屍見血。攻道州，守備沈至緒戰歿，其女再戰，奪父屍還，城獲全。遂東犯江西，陷吉安、袁州、建昌、撫州、永新、安福、萬載、南豐諸府縣。廣東大震，南、韶屬城官民盡逃。賊有獻計取吳、越者，獻忠憚良玉在，不聽，決策入川中。

十七年春陷夔州，至萬縣，水漲，留屯三月。已，破涪州，敗守道劉麟長、總兵曾英兵。〔二五〕進陷佛圖關。破重慶，瑞王常浩遇害。是日，天無雲而雷，賊有震者。獻忠怒，發巨礮與天角。遂進陷成都，蜀王至澍率妃、夫人以下投於井，巡撫龍文光被殺。〔二六〕是時我大清兵已定京師，李自成遁歸西安。南京諸臣尊立福王，命故大學士王應熊督川、湖軍事，兵力弱，不能討賊。獻忠遂僭號大西國王，改元大順。冬十一月庚寅，卽僞位，以蜀王府爲宮，名成都曰西京。用汪兆麟爲左丞相，嚴錫命爲右丞相。設六部五軍都督府等官，王國麟、江鼎鎭、龔完敬等爲尙書。養子孫可望、艾能奇、劉文秀、李定國等皆爲將軍，賜姓張氏，分徇諸府州縣，悉陷之。保寧、順慶先已降自成，置官吏，獻忠悉逐去。自成發兵攻，不克，遂據有全蜀。惟遵義一郡及黎州土司馬金堅不下。

獻忠黃面長身虎頷，人號黃虎。性狡譎，嗜殺，一日不殺人，輒悒悒不樂。詭開科取士，集於青羊宮，盡殺之，筆墨成丘塚。坑成都民於中園。殺各衞籍軍九十八萬。又遣四將軍分屠各府縣，名草殺。僞官朝會拜伏，呼獒數十下殿，獒所齅者，引出斬之，名天殺。又創生剝皮法，皮未去而先絕者，刑者抵死。將卒以殺人多少敍功次，共殺男女六萬萬有奇。賊將有不忍至縊死者。僞都督張君用、王明等數十人，皆坐殺人少，剝皮死，並屠其家。脅川中士大夫使受僞職，敍州布政使尹伸、廣元給事中吳宇英不屈死。諸受職者，後尋亦皆見殺。其慘虐無人理，不可勝紀。又用法移錦江，涸而闕之，深數丈，埋金寶億萬計，然後決堤放流，名水藏，曰：「無爲後人有也。」當是時，曾英、李占春、于大海、王祥、楊展、曹勛等義兵並起，故獻忠誅殺益毒。川中民盡，乃謀窺西安。

順治三年，獻忠盡焚成都宮殿廬舍，夷其城，率衆出川北，又欲盡殺川兵。僞將劉進忠故統川兵，聞之，率一軍逃。會我大清兵至漢中，進忠來奔，乞爲鄉導。至鹽亭界，大霧。獻忠曉行，猝遇我兵於鳳凰坡，中矢墜馬，蒲伏積薪下。於是我兵擒獻忠出，斬之。

川中自遭獻忠亂，列城內雜樹成拱，狗食人肉若猛獸虎豹，齧人死輒棄去，不盡食也。民逃深山中，草衣木食久，徧體皆生毛。獻忠既誅，賊黨可望、能奇、文秀、定國等潰入川南，殺曾英、李乾德等，後皆降於永明王。

校勘記

〔一〕宜川賊王左掛　宜川，原作「宜州」，按明代陝西有宜川縣，無「宜州」。據本書卷四二地理志、明一統志卷三六改。

〔二〕參政洪承疇擊破王左掛　參政，原作「參議」，據本書卷二六〇楊鶴傳、懷宗實錄卷二崇禎二年四月甲午條、國榷卷九〇頁五四七八、懷陵流寇始終錄卷二改。

〔三〕監軍太監楊進朝信之　楊進朝，本書卷二七三左良玉傳及綏寇紀略卷二俱作「楊應朝」。

〔四〕破夔州　本傳繫於六年。按本書卷二三莊烈帝紀、懷宗實錄卷七崇禎七年二月壬申條、國榷卷九三頁五六三〇、懷陵流寇始終錄卷七均繫於崇禎七年二月。

〔五〕陷含山和州殺知州黎弘業及在籍御史馬如蛟等　本傳繫於九年春。按本書卷二九二黎弘業傳、懷宗實錄卷八崇禎八年十二月癸卯條、國榷卷九四頁五七二二都繫於八年十二月。

〔六〕呼知縣邊大綬　邊大綬，本書卷二六二汪喬年傳、明史稿傳一八三李自成傳都作「邊大受」。

〔七〕青川等州縣　青川，原作「青州」。明代四川有青川無「青州」，據本書卷四三地理志改。

〔八〕金堂典史潘夢科皆死　潘夢科，本書卷二九二徐尚卿傳作「潘孟科」。

〔九〕承疇傳庭合擊於潼關原　潼關原，原作「梓潼原」。按本書卷二四莊烈帝紀，梓潼之戰在四川，時在正月，與本傳上文「敗賊梓潼」合。潼關原之戰在十月，其時自成已由川入陝，故下文稱「竄伏商、洛山中」，與潼關原地望相合。據本書卷二六二孫傳庭傳、明史稿傳一八三李自成傳改。

〔一〇〕王世子由崧裸而逃　由崧，原作「由松」，據本書卷一二〇福王傳改。

〔一一〕即穿穴穴城　城，原作「成」，據明史稿傳一八三李自成傳、懷宗實錄卷一五崇禎十五年正月辛巳條、國榷卷九八頁五九一四及懷陵流寇始終錄卷一五改。

〔一二〕十五年正月　正月，原作「二月」，據本書卷二四莊烈帝紀、國榷卷九八頁五九一四、平寇志卷五改。

〔一三〕知州侯君擢皆罵賊死　侯君擢，原作「侯君耀」，據明史卷二九三關永傑傳附侯君擢傳及國榷卷九八頁五九一九改。

〔一四〕楊永裕請下金陵　楊永裕，懷宗實錄卷一六崇禎十六年十月壬申條、國榷卷九九頁五九九六俱作「楊承裕」。

〔一五〕以牛成虎盧光祖爲前鋒　牛成虎，原脱「虎」字，據本書卷二六二孫傳庭傳、明史稿傳一八三李自成傳、懷陵流寇始終録卷一六補。

〔一六〕執韓王亶堉　亶堉，原作「稟堉」，據本書卷二四莊烈帝紀、又卷一〇〇諸王世表、卷一一八諸王傳及國榷卷首頁二四、卷九九頁六〇〇五改。

〔一七〕令弘文館學士李化鱗等草檄馳諭遠近　李化鱗，明史稿傳一八三李自成傳及懷陵流寇始終録卷一七都作「李化麟」。

〔一八〕總兵官李守鑅死　李守鑅，原作「李守鑠」，據明史稿傳一八三李自成傳及懷宗實録卷一七崇禎十七年三月癸卯條、國榷卷一〇〇頁六〇四〇改。

〔一九〕制銅鏩　銅鏩，原作「銅鏌」，據明史稿傳一八三李自成傳改。下同。

〔二〇〕自成走咸寧蒲圻至通城　咸寧，原誤作「延寧」。按地書無「延寧」。湖廣有咸寧，蒲圻鄰縣，其西南即通城縣。下文張獻忠傳正作「咸寧」，今據改。

〔二一〕賊走潛山之天王古寨　天王古寨，本書卷二七四史可法傳作「天堂寨」，懷陵流寇始終録卷一〇作「天堂古寨」，注稱「徐壽輝都此，殿礎猶存」。

〔二二〕副將汪之鳳戰死　汪之鳳，原作「潘之鳳」，據卷二六九張令傳附汪之鳳傳、懷陵流寇始終録卷一三改。國榷卷九七頁五八七四作汪雲鳳。

〔三三〕越成都陷瀘州北渡陷永川走漢州德陽　永川、漢州，原誤作「永州」、「漢川」。按永州、漢川均在湖廣，去成都、瀘州遠甚。永川縣屬四川重慶府，在江北，漢州屬成都府，德陽其領縣，與張獻忠進軍路線合，今據明通鑑卷八七、明史紀事本末卷七七、綏寇紀略卷五、懷陵流寇始終錄卷一三改。

〔三四〕沅撫李乾德總兵孔希貴據城陵磯拒戰至岳州陷　城陵磯，原作「陳陵磯」。按湖廣岳州府無「陳陵磯」，有城陵磯，明設巡檢司於此，今據本書卷四四地理志、明史紀事本末卷七七、明通鑑卷八九改。

〔三五〕敗守道劉麟長總兵曾英兵　曾英，原作「曹英」。本書卷二五三王應熊傳作「曾英」，明通鑑附編卷一上附記上、綏寇紀略卷一〇、懷陵流寇始終錄卷一八、南疆逸史列傳四十七、小腆紀年附考卷六等也都作「曾英」，據改。

〔三六〕巡撫龍文光被殺　龍文光，原作「陳士奇」，據國榷卷一〇二頁六一三七、懷陵流寇始終錄卷一八改。按本書卷二六三陳士奇傳，稱士奇死於重慶，又同卷龍文光傳稱文光代陳士奇作四川巡撫，死於成都。作「龍文光」是。

明史卷三百十

列傳第一百九十八

土司

西南諸蠻，有虞氏之苗，商之鬼方，西漢之夜郎、靡莫、邛、莋、僰、爨之屬皆是也。自巴、夔以東及湖、湘、嶺嶠，盤踞數千里，種類殊別。歷代以來，自相君長。原其爲王朝役使，自周武王時孟津大會，而庸、蜀、羌、髳、微、盧、彭、濮諸蠻皆與焉。及楚莊蹻王滇，而秦開五尺道，置吏，沿及漢武，置都尉縣屬，仍令自保，此卽土官、土吏之所始歟。

迨有明踵元故事，大爲恢拓，分別司郡州縣，額以賦役，聽我驅調，而法始備矣。然其道在於羈縻。彼大姓相擅，世積威約，而必假我爵祿，寵之名號，乃易爲統攝，故奔走惟命。然調遣日繁，急而生變，恃功怙過，侵擾益深，故歷朝徵發，利害各半。其要在於撫綏得人，恩威兼濟，則得其死力而不足爲患。實錄載成化十八年馬平主簿孔性善言：「谿峒蠻僚，雖常梗化，亂豈無因。昔陳景文爲令，瑤、僮皆應差徭，厥後撫字乖方，始仍反側。誠使守令得人，示以恩信，諭以禍福，亦當革心。」帝嘉納之，惜未能實究其用，此可爲治蠻之寶鑑矣。

嘗考洪武初，西南夷來歸者，卽用原官授之。其土官銜號曰宣慰司，曰宣撫司，曰招討司，曰安撫司，曰長官司。以勞績之多寡，分尊卑之等差，而府州縣之名亦往往有之。襲替必奉朝命，雖在萬里外，皆赴闕受職。天順末，許土官繳呈勘奏，則威柄漸弛。成化中，令納粟備振，則規取日陋。孝宗雖發憤釐革，而因循未改。嘉靖九年始復舊制，以府州縣等官隸驗封，宣慰、招討等官隸武選。隸驗封者，布政司領之；隸武選者，都指揮領之。於是文武相維，比於中土矣。其間叛服不常，誅賞互見。茲據其事蹟尤著者，列於篇。

湖廣土司

湖南，古巫郡、黔中地也。其施州衞與永、保諸土司境，介於岳、辰、常德之西，與川東巴、夔相接壤，南通黔陽。谿峒深阻，易於寇盜，元末滋甚。陳友諒據湖、湘間，噉以利，資其兵爲用。諸苗亦爲盡力，有乞兵旁寨爲之驅使者，友諒以此益肆。及太祖殲友諒於鄱陽，進克武昌，湖南諸郡望風歸附，元時所置宣慰、安撫、長官司之屬，皆先後迎降。太祖以原官授之，已而梗化。

洪武三年，慈利安撫使覃垕連搆諸蠻入寇，征南將軍周德興平之。五年，復命鄧愈爲征南將軍，率師平散毛等三十六洞，〔二〕而副將軍吳良復平五開、古州諸蠻凡二百二十三洞，籍其民一萬五千，收集潰散士卒四千五百餘人，平其地。未幾，五開、五谿諸蠻亂，討平之。十八年，五開蠻吳面兒反，勢獗甚。命楚王楨將征虜將軍湯和，〔三〕擊斬九谿諸處蠻僚，俘獲四萬餘人，諸苗始懼。而靖、沅、道、澧之間，十年內亦尋起尋滅。雖開國之初，師武臣力，實太祖控制之道恩威備焉。

永樂初，苗告繼絕，襲冠帶，益就銜勒。垂百年，而五開、銅鼓間又紛紛多警。時英宗北狩，中原所在侵擾，苗勢殊熾。景泰初，總兵官宮聚奏：「蠻賊西至貴州龍里，東至湖廣沅州，北至武岡，南至播州之境，不下二十萬，圍困焚掠諸郡邑。臣所領官軍不及二萬，前後奔赴不能解平越之圍。乞急調京邊軍及征麓川卒十萬前來，以資調遣。」久而師徵不至，更易他帥，浸淫六七載。至天順元年，總督石璞調總兵官方瑛，始剋期征剿。破天堂、小坪、墨溪二百二十七寨，擒僞王侯伯等百餘人，斬賊首千四百餘級，奪回軍人男婦千三百餘口，於是苗患漸平。蓋萌發於貴州，而蔓衍於湖南，皆生苗爲梗。諸土司初無動搖，而永、保諸宣慰，世席富强，每遇征伐，輒願荷戈前驅，國家亦賴以撻伐，故永、保兵號爲虓雄。嘉、隆以還，徵符四出，而湖南土司均備臂指矣。

施州　施南宣撫司　散毛宣撫司　忠建宣撫司　容美宣撫司

永順軍民宣慰使司　保靖州軍民宣慰使司

施州，隋爲清江郡，改施州。明初仍之。洪武十四年改置施州衞軍民指揮使司，屬湖廣都司。領軍民千戶所一：曰大田。領宣撫司三：曰施南，曰散毛，曰忠建。領安撫司八：曰東鄉五路，曰忠路，曰忠孝，曰金峒，曰龍潭，曰大旺，曰忠峒，曰高羅。領長官司七：曰搖把峒，曰上愛茶峒，曰下愛茶峒，曰劍南，曰木册，曰鎭南，曰唐崖。領蠻夷長官司五：曰鎭遠，曰隆奉，曰西泙，〔三〕曰東流，曰臘壁峒。又有容美宣撫司者，亦在境內，領長官司四：曰椒山瑪瑙，曰五峰石寶，曰石梁下峒，曰水盡源通塔平。

初，太祖卽吳王位，甲辰六月，湖廣安定宣撫使向思明遣長官硬徹律等，以元所授宣撫敕印來上，請改授。乃命仍置安定等處宣撫司二，以思明及其弟思勝爲之。又置懷德軍民宣撫司一，以向大旺爲之，統軍元帥二，以南木、潘仲玉爲之。抽攔、不用、黃石三洞，〔四〕各置長官一，以沒葉、大蟲、硬徹律爲之。簳坪洞設元帥府一，以向顯祖爲之。梅梓、麻寮二洞，各置長官一，以向思明、唐漢明爲之。〔五〕皆新降者。丙午二月，容美洞宣撫使田光寶遣弟光受等，以元所授宣撫敕印來上。命光寶爲四川行省參政，行容美洞等處軍民宣撫司事，仍置安撫元帥治之。並立太平、臺宜、麻寮等十寨長官司。

洪武四年，宣寧侯曹良臣帥兵取桑植，容美洞元施南道宣慰使覃大勝弟大旺、副宣慰覃大興、光寶子答谷等皆來朝，納元所授金虎符。命以施州宣慰司爲從三品，東鄉諸長官司爲正六品，以流官參用。五年，忠建元帥墨池遣其子驢吾，率所部溪洞元帥阿巨等來歸附，納元所授金虎符幷銀印、銅章、誥敕。置忠建長官司及沿邊溪洞長官司，以墨池等爲長官。二月，容美宣撫田光寶復遣子答谷來朝。征南將軍鄧愈平散毛、柿谿、赤谿、安福等三十九峒，散毛宣慰司都元帥覃野旺上僞夏所授印。

十四年，江夏侯周德興移師討水盡源、通塔平、散毛諸峒，置施州衞軍民指揮使司。十五年，置施南宣撫司，〔六〕隸施州衞。十七年，散毛、沿邊安撫司安撫覃野旺之子起剌來朝，命爲本司僉事。景川侯曹震言：「散毛等洞蠻時寇掠爲民患，已令施州衞及施南宣撫覃大勝招之，如負固，請發兵討。」

二十二年命忠建宣撫田思進之子忠孝代父職。時思進年八十餘，乞致仕，故有是命。明年，涼國公藍玉克散毛洞，擒剌惹長官覃大旺等萬餘人。置大田軍民千戶所，隸施州衞。以藍玉奏散毛、鎭南、大旺、施南等洞蠻叛服不常，黔江、施州衞兵相去遠，難應援。今散毛地與大水田連，宜置千戶所守禦，乃改散毛爲大田，命千戶石山等領士兵一千五百人，置所鎮之。時忠建、施南叛蠻結寨於龍孔，玉遣指揮徐玉將兵攻之，擒宣撫覃大勝，餘蠻退走。玉復分兵搜之，殺獲男女一千八百餘人，械大勝及其黨八百二十人送京師。磔大勝於市，餘戍開元，給衣糧遣之。

永樂二年復設散毛、施南二長官司。先是，洪武初，諸土司長官來降者，皆予原官。蠻苗吳面兒之難，諸土司地多荒廢，長官亦罷承襲。至是，故土官之子覃友諒等以招復蠻民，請仍設治所。以其戶少，降爲長官司，隸大田軍民千戶所。以友諒爲散毛長官，覃添富爲施南長官。四年，改施南、散毛仍爲宣撫司，以友諒、添富來朝故也。以田應虎爲龍潭安撫。時應虎來朝，言其祖父自宋、元來，俱爲安撫，自蠻亂併其地入散毛，隔遠難治，乞仍舊，從之。時高羅安撫田大民言，招復蠻民四百餘戶，乞還原職治所。木册長官田谷佐、唐崖長官覃忠孝，並言父祖世爲安撫，洪武時大軍平蜀，民驚潰，治所廢，今谷佐等招集三百餘戶，請襲，許之。五年，鎮南長官覃興等來朝，稱係世職，洪武中廢，今招徠蠻民三百戶，乞仍舊，既五峰石寶長官張再武亦以襲職請，從之。同時，設東鄉五路安撫，以覃忠爲之，隸施南。設石梁下峒、椒山瑪瑙、水盡源通塔平三長官司，以向潮文、劉再貴、唐思文爲之，隸容美。既復設忠路、忠孝、金峒三安撫司，隸施州衛，以覃英、田大英、覃添貴爲之。皆因洪武間蠻亂民散，廢其治，今忠等以故官子姪來朝，奏請復設，並從之，各賜印章冠帶。

宣德二年設劍南長官司，〔七〕隸忠路安撫；搖把峒、上愛下愛二茶峒三長官司及鎮邊、隆奉二蠻夷官司，〔八〕皆隸東鄉五路安撫；東流、臘壁峒二蠻夷官司，隸散毛宣撫；石關峒長官司、西泙蠻夷官司，隸金峒安撫。皆以其酋長爲之。先是，忠路安撫司等各奏，前元故土官子孫牟酋蠻等，各擁蠻民，久據谿洞，今就招撫，請設官司，授以職事。兵部以聞，帝以馭蠻當順其情，所授諸司，宜有等殺。兵部議以四百戶以上者設長官司，四百戶以下者設蠻夷官司。元土官子孫量授以職，從所招官司管屬。皆從之。令三年一朝貢如故事。九年，木册長官田谷佐奏：「高羅安撫常倚勢淩轢，侵奪其土地人民，已蒙朝廷分理，然彼宿怨未平，恐復加害。乞徑隸施州衞。」從之。

正統三年命散毛宣撫覃友諒子瑄試職。初，友諒以罪械赴京，中路逃匿，後爲官軍所獲，斃獄。至是，本司以其子爲蠻民信服，乞襲職。帝以友諒罪重宜革，第以蠻故詘法信恩，命瑄試職圖後效。景泰二年，禮部奏：「散毛宣撫司副使黃縉瑄謀殺親兄，律應斬。其妻譚氏遣子忠等貢馬贖罪，然縉瑄罪重，〔九〕法不可宥。宜給鈔以酬馬直。」從之。天順元年，容美宣撫田潮美老疾，請子保富代職，從之。五年，禮部奏：「施州木册長官司土舍譚文壽兇暴，幷造不法誹謗之言，罪當刑。今其母向氏進馬以贖，恐不可從。」帝命給鈔百錠以慰其母，其子仍禁錮之。

成化二年，搖把洞長官向麥答踵奏：「鄰近洗羅峒長，窺知本洞土兵調征兩廣，村寨空虛，煽誘土蠻攻劫，乞調官軍剿治。」五年，禮部奏：「容美宣撫司田保富等，遣人進貢方物不及數，恐使者侵盜，宜停其賞，仍移知所司。」施州等衞八安撫司各奏，成化五年朝覲進馬，已付邊衞騎操，而諸衞收馬文移不至，恐有虛詐，宜勘實給賞。皆從之。弘治二年，木册長官田賢及容美致仕田保富各進馬，爲土人譚敬保等贖罪。刑部言：「蠻民納馬贖罪，輕者可原，重者難宥，宜下按臣察覈。」八年，容美宣撫貢馬及香，禮部以香不及數，馬多道斃，又無文驗，命予半賞。九年，金峒安撫覃彥龍奏：「境內產杉木，嘗鬻金三千貯庫。今彥龍年老，子惟一人，恐身后土人爭奪，乞解部。」工部議非貢典，却之。

正德四年，容美宣撫幷椒山瑪瑙長官司所遣通事劉思朝等赴京進貢，沿途驛傳多需索，爲偵事所發，自魯橋以北計千餘金。部臣以聞，帝以遠蠻宥之。散毛宣撫幷五峰石寶、水盡源通塔平長官司入貢後期，部議半賞，從之。九年命大田千戶所千戶冉霖子舜卿爲指揮僉事，以自陳討川寇功也。十一年，容美宣撫田秀愛其幼子，將逐其兄白俚俾，而以幼子襲。白俚俾恨之，賊殺其父及其弟。事聞，下鎭巡官驗治，磔死。土官唐勝富、張世英等爲白俚俾奏辨，罪亦當坐。詔以蠻僚異類，難盡繩以法，免其並坐，戒飭之。十五年，容美宣撫司同知田世瑛，奏獲鎭南軍民府古印，爲始祖田始進開熙二年頒給，乞改陞宣撫司爲軍民府。禮部議，以開設宣撫，頒印已久，不當更，古印宜繳，從之。

嘉靖七年，容美宣撫司、龍潭安撫司每朝貢率領千人，所過擾害，鳳陽巡撫唐龍以聞。禮部按舊制，進貢不過百人，赴京不過二十人，命所司申飭。忠孝安撫司把事田春者數十人稱入貢，僞造關文，騷擾驛傳，應天巡撫以聞。兵部議，土司違例入貢，且所過橫索，恐有他虞，宜嚴禁諭。二十六年，臘壁峒等長官司入貢，禮部驗印文詐僞，詔革其賞，幷下按臣勘問。

三十三年詔湖廣川貴總督幷節制容美十四司。初，容美土官田世爵與土官向元楫累世相仇。元楫幼，世爵佯爲講好，以女嫁之，謀奪其產，因誣元楫以奸。有司恐激變，令自捕元楫，下獄論死。世爵遂發兵，盡俘向氏，幷籍其土，皆沒入之。久之，撫按知其謀，責與元楫對狀，世爵不出，陰與羅峒土舍黃中等謀叛。於是湖廣巡按御史周如斗請移荆南道分巡施州衞，以便控制，調廣西淸浪等戍軍，以實行伍。疏下督臣馮岳等議，岳等言：「施州地勢孤懸，不可久居，戍軍亦非一時可集。當移荆瞿守備於施州，九永守備於九谿，上荆南道備巡歷。至世爵驕橫，有司不能攝治，獨久繫元楫何爲。宜假督臣以節制容美之權，問世爵抗違之罪，如不悛，卽繩以法。」從之。

時龍潭安撫黃俊素貪暴，據支羅洞寨，以睚眥殺人，繫獄。會白草番反，俊子中請立功爲父貰罪，已又自求爲副指揮，賄當事者許之。俊出益驕，乃與中及羣盜李仲實等，恣行於四川之雲陽、奉節間，副使熊逵等計擒俊與仲實。俊死於獄，中自縛出降，執餘黨譚景雷等自贖。帝命追戮俊，梟示，仲實等論斬，中謫戍，而賞有功者。三十五年，命容美宣撫田九霄襲職，賜紅紵衣一襲，以浙江黃宗山擊倭之功也。

隆慶元年，吏科給事朱繪等言，湖廣施州衞忠路安撫覃大寧一日奏五上，語多不實，請究治。都察院議，金峒安撫土舍覃璧爭印相殺，及磁峒不當轄四川。俱下撫按官勘報。四年，覃璧作亂，傷官軍，撫按請治失事諸臣罪。兵部言：「本衞孤懸境外，事起倉猝，宜從寬貰，以責後功。」帝然之，命所司相機剿撫。五年，巡撫劉慤以覃璧平，條議五事：「一，請以川東所轄巫山、建始、黔江、萬縣改屬上荆道。一，以荆州去施州衞遠，不便巡歷。夷陵西有傳友德所闢取蜀故道，名百里荒者，抵衞僅五百餘里。請以巴東之石硅司巡檢、施州衞之州門驛、三會驛並移近地，俾閭井聯絡。而於百里荒及東卜壠仍創建哨堡，令千戶一員，督班軍百人戍守。一，施州衞延袤頗廣，物產最饒，衞官朘削，致民逃夷地爲亂。宜裁通判，設同知，撫治民蠻，均平徭賦，勿額外橫索。一，金峒世官不宜遽絕，貸覃勝罪，降安撫爲峒長，聽支羅所百戶提調。一，施州所轄十四司應襲官舍，必先白道院，始許理事。其擅立名號者，請嚴治，并令兵巡道每歲經歷施州，豫行調集各官舍獎諭，令赴學觀化。」俱從之。

萬曆十一年，湖廣撫按奏：「施州衞施南等宣撫司各官，仍聽鎭筸參將節制，載入敕書，以一事權。」從之。

崇禎十二年，容美宣撫田元疏言：「六月間，穀賊復叛，撫治兩臣調用土兵。臣卽捐行糧戰馬，立遣土兵七千，令副長官陳一聖等將之前行。悍軍鄧維昌等憚於征調，遂與譚正賓結七十二村，鳩銀萬七千兩，賂巴東知縣蔡文陞以逼民從軍之文上報，阻忠義而啓邊釁。」帝命撫按核其事。時中原寇盜充斥，時事日非，卽土司徵調不至，亦不能問矣。

永順，漢武陵、隋辰州、唐溪州地也。宋初爲永順州。嘉祐中，溪州刺史彭仕羲叛，臨以大兵，仕羲降。熙寧中，築下溪州城，賜名會溪。元時，彭萬潛自改爲永順等處軍民安撫司。

洪武五年，永順宣慰使順德汪倫、堂厓安撫使月直遣人上其所受僞夏印，詔賜文綺襲衣。遂置永順等處軍民宣慰使司，隸湖廣都指揮使司。領州三，曰南渭，曰施溶，曰上谿；長官司六，曰臘惹洞，曰麥著黃洞，曰驢遲洞，曰施溶溪，曰白崖洞，曰田家洞。九年，永順宣慰彭添保遣其弟義保等貢馬及方物，賜衣幣有差。自是，每三年一入貢。永樂十六年，宣慰彭源之子仲率土官部長六百六十七人貢馬。

宣德元年，禮部以永順宣慰彭仲子英朝正後期，請罪之。帝以遠人不無風濤疾病之阻，仍賜予如例。總兵官蕭綬奏：「酉陽宋農里、石提洞軍民被臘惹洞長謀古賞等連年攻劫，又及後溪，招之不從，乞調兵剿之。」謀古賞等懼，願罰人馬贖罪，乃罷兵。正統元年命彭仲子世雄襲職。天順二年諭世雄調土兵會剿貴州東苗。

成化三年，兵部尚書程信請調永順兵征都掌蠻。十三年以征苗功，命宣慰彭顯英進散官一階，仍賜敕獎勞。十五年免永順賦。弘治七年，貴州奏平苗功，以宣慰彭世麒等與有勞，〔一〇〕世麒乞陞職。兵部言非例，請進世麒階昭勇將軍，仍賜敕褒獎，從之。八年，世麒進馬謝恩。十四年，世麒以北邊有警，請帥土兵一萬赴延綏助討賊。兵部議不可，賜敕獎諭，并賜奏事人路費鈔千貫，免其明年朝覲，以方聽調征賊婦米魯故也。

正德元年以世麒從征有功，賜紅織金麒麟服，世麒進馬謝恩。二年進馬賀立中宮，命給賞如例。五年，永順與保靖爭地相攻，累年不決，訴於朝，命各罰米三百石。六年，四川賊藍廷瑞、鄢本恕等及其黨二十八人倡亂兩川，烏合十餘萬人，僭王號，置四十八營，攻城殺吏，流毒黔、楚。總制尚書洪鍾等討之，不克。已而爲官軍所遏，乏食，乃佯聽撫，劫掠自如。廷瑞以女結婚於永順土舍彭世麟，冀緩兵。世麟僞許之，因與約期。廷瑞、本恕及王金珠等二十八人皆來會，世麟伏兵擒之，餘賊潰渡河，官兵追圍之，擒斬及溺死者七百餘人。總制、巡撫以捷聞，獎賚有差，論者以是役世麟爲首功云。七年，賊劉三等自遂平趨東皐，宣慰彭明輔及都指揮曹鵬等以土軍追擊之，賊倉卒渡河，溺死者二千人，斬首八十餘級。巡撫李士實以聞。命永順宣慰格外加賞，仍給明輔誥命。

十年，致仕宣慰彭世麒獻大木三十，次者二百，親督運至京，子明輔所進如之。賜敕褒諭，賞進奏人鈔千貫。十三年，世麒獻大楠木四百七十，子明輔亦進大木備營建。詔世麒陞都指揮使，賞蟒衣三襲，仍致仕；明輔授正三品散官，賞飛魚服三襲，賜敕獎勵，仍令鎭巡官宴勞之。時政出權倖，恩澤皆由於干請。於是郴州民頌世麒征賊時號令嚴明，其土官彭芳等亦頌世麒功，乞蟒衣玉帶。兵部格不可，乃已。世麒辭賞，請立坊，賜名曰表勞。會有保靖兩宣慰爭兩江口之議，詞連明輔，主者議逮治。明輔乃令蠻民奏其從征功，悉辭香爐山應得陞賞，以贖逮治之辱。部議悉已之。

嘉靖六年，論擒岑猛功，免應襲宣慰彭宗漢赴京，而加宗漢父明輔、祖世麒銀幣。二十一年，巡撫陸傑言：「酉陽與永順以採木仇殺，保靖又煽惑其間，大爲地方患。」乃命川、湖撫臣撫戢，勿釀兵端。是年，免永順秋糧。

三十三年冬，調永順土兵協勦倭賊於蘇、松。明年，永順宣慰彭翼南統兵三千，致仕宣慰彭明輔統兵二千，俱會於松江。時保靖兵敗賊於石塘灣。永順兵邀擊，賊奔王江涇，大潰。保靖兵最，永順次之，帝降敕獎勵，各賜銀幣，翼南賜三品服。

先是，永順兵剿新場倭，倭故不出，保靖兵爲所誘遽先入，永順土官田菑、田豐等亦爭入，爲賊所圍，皆死之。議者皆言督撫經略失宜，致永順兵再戰再北。及王江涇之戰，保靖犄之，永順角之，斬獲一千九百餘級，倭爲奪氣，蓋東南戰功第一云。時邀功者方行賞，翼南遂授昭毅將軍。已，陞右參政管宣慰事，與明輔俱受銀幣之賜。時保、永二宣慰破倭後，兵驕，所過皆劫掠，緣江上下苦之。御史請究治，部議以土兵新有功，遽加罰，失遠人心，宜諭責之。并令浙、直練鄉勇，嗣後不得輕調土兵。

四十二年以獻大木功再論賞，加明輔都指揮使，賜蟒衣，其子掌宣慰司事右參政彭翼南爲右布政使，賜飛魚服，仍賜敕獎勵。四十四年，永順復獻大木，詔加明輔、翼南二品服。

萬曆二十五年，東事棘，調永順兵萬人赴援。宣慰彭元錦請自備衣糧聽調，既而支吾，有要挾之迹，命罷之。三十八年賜元錦都指揮銜，給蟒衣一襲，妻汪氏封夫人。四十七年，永順貢馬後期，減賞。兵部言：「前調宣慰元錦兵三千人援遼，已半載，到關者僅七百餘人。」命究主兵者。四十八年進元錦都督僉事。先是，元錦以調兵三千爲不足立功，願以萬兵往。朝廷嘉其忠，加恩優渥。旣而檄調八千，僅以三千塞責，又上疏稱病，爲巡撫所劾，得旨切責。元錦不得已行，兵抵通州北，聞三路敗衄，遂大潰。於是巡撫徐兆魁言：「調永順兵八千，費踰十萬，今奔潰，虛縻無益。」罷之。

保靖，唐溪州地，宋置保靜州，元爲保靖州安撫司。明太祖之初起也，安撫使彭世雄率其屬歸附，命仍爲保靖安撫使。洪武元年，保靖安撫使彭萬里遣子德勝奉表貢馬及方物，詔陞安撫司爲保靖宣慰司，以萬里爲之，隸湖廣都指揮使司。自是，朝貢如制。

永樂元年以保靖族屬大蟲可宜等互仇殺，遣御史劉從政賫敕撫諭之。三年，辰州衞指揮龔能等招諭筸子坪等三十五寨生苗廖彪等，各遣子入貢，因設筸子坪長官司，以彪爲之，隸保靖。九年，宣慰彭勇烈遣人來貢。十二年，筸子坪賊吳者泥自稱苗王，與蠻民苗金龍等爲亂，總兵梁福平之。未幾，者泥子吳擔竹復誘苗吳亞廊糾貴州答意諸蠻叛，都督蕭授斬平之。二十一年，宣慰彭藥哈俾遣人貢馬。

宣德元年，宣慰彭大蟲可宜遣子順來貢。四年，兵部奏：「保靖舊有二宣慰，一爲人所殺，一以殺人當死，其同知以下官皆缺，請改流官治之。」帝以蠻性難馴，流官不諳土俗，令都督蕭授擇衆所推服者以聞。正統十四年，保靖宣慰與族人彭南木答等相訐奏，既而講和，願輸米贖誣奏罪，從之。

景泰七年命調保靖土兵協剿銅鼓、五開、黎平諸蠻，先頒賞犒之。天順二年敕宣慰彭捨怕俾卽選兵進討。三年，保靖奏夏災。成化二年，以保靖宣慰彭顯宗征蠻有功，命給誥命。三年復調保靖兵征都掌蠻。五年免保靖宣慰諸土司成化二年稅糧八百五十三石，以屢調征廣西及荆、襄、貴州有功也。七年，顯宗老不任事，命其子仕瓏代。十三年，以平苗功，顯宗、仕瓏皆進一階。十五年以災免保靖租賦。仕瓏奏，兩江口長官彭勝祖違例進貢，下部臣議，宜逮問，命鎭巡官諭之。

弘治十二年，永順宣慰司奏，仕瓏擅率兵攻長官彭世英，仇殺多年，搆禍不已，乞發兵征剿。部覆以屢行按問不報，宜諭鎭巡官速勘奏聞，從之。十四年，以保靖宣慰等方聽調，免明年朝覲，時有征貴州賊婦米魯之役故也。

初，保靖安撫彭萬里以洪武元年歸附，卽其地設保靖宣慰司，授萬里宣慰使，領白崖、大別、大江、小江等二十八村寨。萬里卒，子勇烈嗣。勇烈卒，子藥哈俾嗣，年幼。萬里弟麥谷踵之子大蟲可宜，諷土人奏己爲副宣慰，同理司事，因殺藥哈俾而據其十四寨。〔二〕事覺，逮問，死獄中，革副宣慰，而所據寨如故。其後，勇烈之弟勇傑嗣，傳子南木杵，孫顯宗，曾孫仕瓏；與大蟲可宜之子忠，忠子武，武子勝祖及其子世英，代爲仇敵。而武以正統中隨征有功，授兩江口長官，勝祖成化中亦以功授前職，並隨司理事，無印署。弘治初，勝祖以年老，世英無官，恐仕瓏奪其地，援例求世襲，奏行覈實，仕瓏輒沮之，以是仇恨益甚，兩家所轄土人亦各分黨仇殺。永順宣慰使彭世麒取勝祖女，復左右之，以是互相攻擊，奏訴無寧歲。弘治十年，巡撫沈暉奏言，令世英入粟嗣父職，將以平之，而仕瓏奏訐不止。是時，敕調世英從征貴州，而兵部移文有「兩江口長官司」字，仕瓏疑世英得設官署，將不聽約束，復奏言之。於是巡撫閻仲宇、巡按王約等請以前後章奏下兵部、都察院，議：「令世英歸所據小江七寨於仕瓏，止領大江七寨，聽仕瓏約束。其原居兩江口係襟喉要地，請調淸水溪堡官兵守之。而徙世英於沱埠，以絕爭端。以後土官應襲子弟，悉令入學，漸染風化，以格頑冥。如不入學者，不准承襲。世麒黨於世英，法當治，但從征湖廣頗效忠勤，已有旨許以功贖。仕瓏、世英並逮問，勝祖照常例發遣。」奏上，從之。弘治十六年六月事也。

正德十四年，保靖兩江口土舍彭惠旣以祖大蟲可宜與彭藥哈俾世仇，至是與宣慰彭九霄復搆怨。永順宣慰彭明輔與之連姻，助以兵力，遂與九霄往復仇殺，數年不息，死者五百餘人，前後訐奏累八十餘章。守巡官繫惠於獄，明輔率衆劫之去，尋復捕繫。事聞，詔都御史吳廷舉勘處。廷舉乃令鎭巡議，以爲惠罪當誅，但土蠻難盡以法繩，宜徙惠置辰、常城中，令九霄出價以易兩江口故地。仍用文官左遷者二人爲首領官，以勸相之。俟數年後革心向化，請敕獎諭，仍擢用爲首領。下兵部議，以惠徙內地，恐貽後患，令廷舉再議。於是廷舉等復請以大江之右五寨歸保靖，大江之左二寨屬辰州，設大剌巡檢司，流官一人主之。惠免遷徙，仍居沱埠，以土舍名目協理巡檢事。部覆如廷舉言。

嘉靖六年以擒岑猛功進九霄湖廣參政，賜銀幣。長子虎臣戰歿，贈指揮僉事，次子良臣襲職時，免赴京。二十六年免保靖秋糧。三十三年詔調宣慰彭藎臣帥所部三千人赴蘇、松征倭。明年遇倭於石塘灣，大戰，敗之。賊北走平望，諸軍尾之於王江涇，大破之。錄功，以保靖爲首，敕賜藎臣銀幣幷三品服，令統兵益擊賊。先是，都司李經率保靖兵追倭至新場，倭二千人伏不出，保靖土舍彭翅引軍探之，中伏，與所部皆死，贈翅一官幷賜棺殮具。及是，以王江涇捷，進藎臣爲昭毅將軍。既又調保靖土兵六千赴總督軍前，從胡宗憲請也。時已敍趙文華、宗憲功，復加藎臣右參政，管宣慰司事，仍賞銀幣。

萬曆四十七年調保靖兵五千，命宣慰彭象乾親統援遼。四十八年加象乾指揮使。象乾至涿州病，中夜兵逃散者三千餘人，部臣以聞。帝嚴旨責統兵者，幷敕監軍道沿途招撫。明年，象乾病不能行，遣其子姪率親兵出關，戰於渾河，全軍皆歿。天啓二年進象乾都督僉事，贈彭象周、彭緄、彭天祐各都司僉書，以渾河之役一門殉戰，義烈爲諸土司冠云。

校勘記

〔一〕率師平散毛等三十六洞　三十六洞，本卷施州傳、太祖實錄卷七三洪武五年四月庚子條都作「三十九洞」，本書卷一二六鄧愈傳作「四十八洞」。

〔二〕命楚王楨將征虜將軍湯和　征虜，原作「征南」，據本書卷三太祖紀、又卷一二六湯和傳及太祖實錄卷一七五洪武十八年九月戊子條改。

〔三〕曰西泙　西泙，本書卷四四地理志作「西坪」，下同。

〔四〕抽攔不用黃石三洞　不用，太祖實錄卷一四甲辰年（至正二十四年）六月戊戌條及國榷卷二頁三一三俱作「不夜」。

〔五〕以向思明唐漢明爲之　向思明，太祖實錄卷一四甲辰年六月戊戌條作「向志明」。

〔六〕十五年置施南宣撫司　本書卷四四地理志及太祖實錄卷一五八洪武十六年十一月乙卯條繫於十六年。

〔七〕宣德二年設劍南長官司　本書卷四四地理志及宣宗實錄卷四三宣德三年五月戊寅條繫於三年。

〔八〕鎮邊隆奉二蠻夷官司　鎮邊，宣宗實錄卷四三宣德三年五月戊寅條同，本書卷四四地理志及卷九〇兵制、明史稿志二一地理志及志六七兵制都作「鎭遠」。

〔九〕然縉瑄罪重　原脱「縉」字，據上文及英宗實錄卷二〇〇景泰二年正月壬戌條補。

〔一〇〕以宣慰彭世麒等與有勞　彭世麒，原作「彭世騏」，下文「騏」又作「麒」。按明史稿傳一八四永順軍民宣慰使司傳、武宗實錄卷一三二正德十年十二月丁丑條俱作「彭世麒」，據改。下同。

〔一一〕因殺藥哈俾而據其十四寨　原脱「哈」字，據上文及孝宗實錄卷二〇〇弘治十六年六月乙巳條補。

明史卷三百十一

列傳第一百九十九

四川土司

四川土司諸境，多有去蜀遠去滇、黔近者。如烏蒙、東川近於滇，烏撒、鎭雄、播州近於黔。明太祖略定邊方，首平蜀夏，置四川布政司，使招諭諸蠻，次第歸附。故烏蒙、烏撒、東川、芒部舊屬雲南者，皆隸於四川，不過歲輸貢賦，示以羈縻。然夷性獷悍，嗜利好殺，爭相競尚，焚燒劫掠，習以爲恒。去省窵遠，莫能控制，附近邊民，咸被其毒。皆由規模草創，未嘗設立文武爲之鈐轄，聽其自相雄長。雖受天朝爵號，實自王其地。以故終明之世，常煩撻伐。唯建昌、松、茂等處設立衞所，播州改遵義、平越二府以後，稍安戢云。

四川土司一

烏蒙烏撒東川鎭雄四軍民府　馬湖　建昌衞 寧番衞　越巂衞　鹽井衞

會川衞　茂州衞　松潘衞　天全六番招討司　黎州安撫司

烏蒙、烏撒、東川、芒部，古爲竇地、的巴、〔一〕東川、大雄諸甸，皆唐烏蒙裔也。宋有封烏蒙王者。元初置烏蒙路，遂以東川、芒部皆隸於烏蒙、烏撒等處宣慰司。烏撒富盛甲諸部，元時嘗置軍民總管府，而於東川置萬戶府。地勢並在蜀之東南，與滇、黔壤土相接，皆據險阻深，與中土聲教隔離。

明太祖既平蜀，規取雲南，大師皆集於辰、沅，欲幷剪諸蠻以通蜀道。洪武十四年遣內臣齎敕諭烏蒙、烏撒諸部長曰：「西南諸部，自古及今，莫不朝貢中國。朕受天命爲天下主十有五年，而烏蒙、烏撒、東川、芒部、建昌諸部長猶桀驁不朝。朕已遣征南將軍潁川侯、左副將軍永昌侯、右副將軍西平侯率師往征。猶恐諸部長未喻朕意，故復遣內臣往諭。如悔罪向義，當卽躬親來朝，或遣人入貢，亟攄誠款，朕當罷兵，以安黎庶。爾其省之。」

時征南將軍傅友德已分遣都督胡海洋等帥師五萬，由永寧趨烏撒，復自率師由曲靖循格孤山而南，以通永寧之兵，擣烏撒。時元右丞實卜聞海洋兵至，乃聚兵赤水河以拒之。及聞大軍繼進，皆遁。友德令諸軍築城，版牐方具，蠻寇大集。友德屯兵山岡，持重以待。既知士勇可用，乃縱兵接戰。有芒部土酋率衆來援，實卜兵與合，鋒甚銳。大軍鼓譟而前，其酋長多中槊墜馬死。大軍益奮，蠻衆力不支，大潰，斬首三千，獲馬六百，實卜率衆遁。遂城烏撒，克七星關以通畢節，又克可渡河。於是東川、烏蒙、芒部諸蠻震讋，皆望風降附。

十五年置東川、烏撒、烏蒙、芒部諸衞指揮使司，詔諭諸部人民。以雲南已降附，宜益効順中國，以享昇平。復諭諸部長曰：「今置郵傳通雲南，宜率土人，隨其疆界遠邇，開築道路，各廣十丈，準古法，以六十里爲一驛。符至奉行。」又敕征南將軍友德等曰：「烏蒙、烏撒、東川、芒部諸酋長雖已降，恐大軍一還，仍復嘯聚。符到日，悉送其酋長入朝。」又諭以「貴州已設都指揮使，然地勢偏東，今宜於實卜所居之地立司，以便控制，卿其審之」。

已，烏撒諸蠻復叛，帝諭友德曰：「烏撒諸蠻伺官軍散處，卽有此變，朕前已慮之，今果然。然雲南之地如曲靖、普安、烏撒、建昌，勢在必守，其東川、芒部、烏蒙，未可遽守也。且留屯大軍蕩埽諸蠻，戮其渠長，方可分兵守禦耳。」乃命安陸侯吳復爲總兵，平涼侯費聚副之，征烏撒、烏蒙諸叛蠻。幷諭勿與蠻戰於關索嶺上，當分兵掩襲，直擣其巢，使彼各奔救其家之不暇，必不敢出以抗大師。俟三將軍至，破擒之。是月，副將軍西平侯沐英自大理還軍，會友德擊烏撒，大敗其衆，斬首三萬餘級，獲馬牛羊萬計，餘衆悉遁，復追擊破之。帝諭友德等，師捷後，必戮其渠魁，使之畏懼。搜其餘黨，絕其根株，使彼智窮力屈，誠心款附，方可留兵鎭守。又諭宜乘兵勢修治道途，令土酋諭其民，各輸糧一石以給軍，爲持久計。

十六年以雲南所屬烏撒、烏蒙、芒部三府隸四川布政使司。烏蒙、烏撒、東川、芒部諸部長百二十人來朝，貢方物。詔各授以官，賜朝服、冠帶、錦綺、鈔錠有差。其烏撒女酋實卜，〔三〕加賜珠翠。芒部知府發紹、烏蒙知府阿普病卒，詔賜綺衣幷棺殮之具，遣官致祭，歸其柩於家。十七年割雲南東川府隸四川布政使司，幷烏撒、烏蒙、芒部皆改爲軍民府，而定其賦稅。烏撒歲輸二萬石，氈衫一千五百領；烏蒙、東川、芒部皆歲輸八千石，氈衫八百領。又定茶鹽布疋易馬之數，烏撒歲易馬六千五百匹，烏蒙、東川、芒部皆四千匹。凡馬一匹，給布三十疋，或茶一百斤，鹽如之。實卜復貢馬，賜綺鈔。十八年，烏蒙知府亦德言，蠻地刀耕火種，比年霜旱疾疫，民飢窘，歲輸之糧無從徵納。詔悉免之。二十年徵烏撒知府阿能赴京。

二十一年命西平侯沐英南征。英言，東川强盛，據烏山路作亂，罪狀已著，必先加兵。但其地重關複嶺，上下三百餘里，人迹阻絕，須以大兵臨之。帝命潁國公傅友德仍爲征南將軍，英與陳桓爲左右副將軍，率諸軍進討。敕友德等曰：「東川、芒部諸夷，種類皆出於羅羅。厥後子姓蕃衍，各立疆場，乃異其名曰東川、烏撒、烏蒙、芒部、祿肇、水西。無事則互起爭端，有事則相爲救援。若唐時閣羅鳳亡居大理，唐兵追捕，道經芒部諸境，羣蠻聚衆據險設伏。唐將不備，遂墮其計，喪師二十萬，皆將帥無謀故也。今須預加防閑，嚴爲之備。」烏撒軍民府葉原常獻馬三百匹、米四百石於征南將軍，以資軍用，且願收集土兵從征。英等以聞，從之。復命景川侯曹震、靖寧侯葉昇等分討東川，平之，捕獲叛蠻五千五百三十八人。

二十三年，烏撒土知府阿能，烏蒙、芒部土官，各遣子弟入監讀書。二十七年，烏撒知府卜穆奏，霑益州屢侵其地，命沐春諭之。二十八年，戶部言：「烏撒、烏蒙、芒部、東川歲賦氊衫不如數，詔已免徵。今有司仍追之，宜申明。」從之。二十九年，烏蒙軍民府知府實哲貢馬及氊衫。自是，諸土知府三年一入貢，以爲常，或有恩賜，則進馬及方物謝恩。

宣德七年，兵部侍郎王驥言，烏蒙、烏撒土官祿昭、尼祿等，爭地仇殺，宜遣官按問。八年遣行人章聰、侯璡齎敕往諭，仍敕巡按與三司官往平之。設烏蒙儒學教授、訓導各一員。以通判黃甫越言，元時本府向有學校，今文廟雖存，師儒未建。乞除教官，選俊秀子弟入學讀書，以廣文治，從之。

正統七年裁烏撒軍民府通判、推官、知事、檢校各一員。十一年裁烏蒙、東川知事、檢校各一員，并革烏撒、烏蒙遞運所。景泰元年敕諭烏撒、烏蒙諸府土官普茂等，以貴州諸苗叛亂，恐滋蔓鄰近，宜戒嚴防守，毋聽賊衆誘惑，倘來逼犯，便當勦殺。時烏撒進萬壽表踰期，部議宜究，詔以遠人宥之。嗣後，朝貢過期及表箋不至者，朝廷率以土官多從寬貸，應賞者給其半。天順元年，鎮守四川中官陳清等奏，芒部所轄白江蠻賊千餘作亂，攻圍筠連縣治，敕御史項愫會鎮巡官捕之。

成化十二年，烏撒知府隴舊等奏，同知剛正撫字有方，蠻民信服，今九年秩滿，乞再任三年，以慰羣望。從之。弘治十四年，烏撒所轄可渡河巡檢司言：「自閏七月二十七日，〔三〕大雷雨不止，至二十九日，水漲山崩地裂，山鳴如牛吼，地陷湧出清泉數十派，衝壞廬舍橋梁及壓死人口牲畜無算。又本府阿都地方，八月亦暴風雨，田土淤沒二百餘處，死者三百餘人。」

正德十五年討斬芒部僰蠻阿又磉等。初，芒部土舍隴壽，與庶弟隴政及兄妻支祿爭襲仇殺。所部僰蠻阿又磉等乘機倡亂流劫。事聞，命鎮守中官會撫按官捕治。至是，貴州參政傅習、都指揮許詔，督永寧宣撫司女土官奢爵等，討擒阿又磉等四十三人，斬一百十九級，事乃定。

嘉靖元年命芒部護印土舍隴壽襲知府，免赴京。故事，土官九品以上，皆保送至京乃襲。時壽、政等爭襲，不敢離任。朝廷以嫡故立壽，恐壽赴京而政等乘隙爲亂，故有是命。然政與支祿倚烏撒土舍安寧等兵力，仇殺如故。壩底參將何卿請於巡撫許廷光，發土兵二萬五千人，命貴州參將楊仁等將之，受何卿節制，相機進剿。政、祿佯聽撫，乞緩師，而令賊黨阿黑等掠周泥站、七星關，復遣阿核等糾集諸苗，剽掠畢節諸處，殺傷官軍，燬官民房屋甚衆。兵部言賊勢猖獗，宜速征。於是何卿等進剿，斬首二百餘級，俘二十餘人，降其衆數百。政敗奔烏撒，卿檄烏撒土舍安寧、土婦奢勿擒之。安寧佯許諾，僅以阿核等屍獻，竟不出政，兵久不解。都御史湯沐以聞，詔切責諸將及守巡官罪，而革何卿冠帶，令剿賊自贖。

四年，政誘殺壽，奪其印。巡撫王軏、巡按劉巘各上其事。巘言從蠻情，立支祿便。軏以隴政、支祿怙終稔惡，戕朝廷命吏，罪不可赦。乃命鎭巡官諭安寧，縛政、祿及諸助惡者。時政已爲官軍擒於水西，追獲芒部印信，前後斬首六百七十四級，生擒一百六十七人，招撫白烏石等四十九寨，以捷聞。貴州巡按劉廷簠言：「烏撒所獻阿核等屍，及水西所縛隴政，眞僞未可信，恐首惡尙在，不無後慮，請覈實。」五年，兵部奏：「芒部隴氏，釁起蕭牆，騷動兩省，王師大舉，始克蕩平。今其本屬親支已盡，無人承襲，請改爲鎭雄府，設流官知府統之。分屬夷良、毋響、落角利之地，爲懷德、歸化、威信、安靜四長官司，使隴氏疏屬阿濟、白壽、祖保、阿萬四人統之。如程番府例，令三年一入朝，貢馬十二匹，而以通判程洸爲試知府。」

六年，芒部賊沙保等謀復隴氏，擁隴壽子勝糾衆攻陷鎭雄城，執程洸，奪其印，殺傷數百人，洸奔畢節。事聞，兵科給事中鄭自壁等言：「鎭雄初設流官，蠻情未服，而有司失先事之防，不亟收遺裔隴勝，而令沙保得擁孺子，致煽禍一方。宜速遣總兵何卿併力剿寇。」於是兵部覆言：「隴勝非眞隴壽子，故議設流官，有司撫循失策，遂生叛亂。沙保罪不容誅，當剿。何卿方守松潘，勢難相援，宜亟趣都御史王廷相之任，幷敕總兵牛桓調兵速進。」時沙保出鎭雄府印乞降，然尙持兩端，欲立土官如故。四川撫按以保狡悍不可馴，檄瀘州守備丁勇擊之。又遣使勞賜芒部撫夷郤良佐，使計擒沙保。保怒，復叛。

七年，川、貴諸軍會剿，敗沙保等，擒斬三百餘級，招撫蠻羅男婦以千計。捷聞，設鎭雄流官如舊。而芒部、烏撒、毋響苗蠻隴革等復起，攻劫畢節屯堡，殺掠士民，紛紛見告。兵部尙書李承勛以伍文定專主用兵爲失計，疏及之。而御史楊彝復言芒部改土易流非長策，又時値荒饉，小民救死不贍，何能趣戰。時帝亦軫念災傷，令罷芒部兵，俟有秋再議征討。於是四川巡撫唐鳳儀言：「烏蒙、烏撒、東川諸土官，故與芒部爲脣齒。自芒部改流，諸部內懷不安，以是反者數起。今懷德長官阿濟等雖自詭擒賊，其心固望隴勝得一職，以存隴後。臣請如宣德中復安南故事，俯順輿情，則不假兵而禍源自塞。」川、貴巡按戴金、陳講等奏如鳳儀言。金又以首惡如毋響、祖保等，宜剿誅以折其驕氣，始下撫處之令，許生獻沙保等，待阿濟以不死，然後復隴勝故職，或降爲知州。其長官或因或革，或分隸，庶操縱得宜，恩威並著。章下部覆，乃革鎭雄流官知府，而以隴勝爲通判，署鎭雄府事。令三年後果能率職奉貢，准復知府舊銜。時嘉靖九年四月也。

三十九年命勘東川阿堂之亂。初，東川土知府祿慶死，子位幼，妻安氏攝府事。有營長阿得革頗擅權，謀奪其官。因先求烝安氏不得，乃縱火焚府治，走武定州，爲土官所殺。得革子堂奔水西，賄結烏撒土官安泰，入東川，囚安氏，奪其印。貴州宣慰安萬銓故與祿氏姻連，乃起兵攻阿堂所居寨，破之。堂妻阿聚攜幼子奔霑益州土官安九鼎。萬銓脅九鼎，取阿聚及幼子殺之。堂以是怨九鼎，時相攻擊。堂兵侵羅雄州境，九鼎及祿位與羅雄土官者濬等，各上書訟堂罪。詔下雲、貴、四川撫按官會勘。堂聽勘於車洪江，具服罪，願獻所劫府印并霑益、羅雄人口牲畜及侵地，乞貸死。

時位及弟僎已前歿，官府因訊祿氏所當襲者，堂以己幼子詭名祿哲以報。據府印如故，復與九鼎治兵相攻。九鼎訴之雲南巡撫游居敬，謂堂怙亂，請致討，且自詭當率所部爲前鋒，必擒堂以獻。居敬信之，遂上疏言堂稔惡不悛，請專意進剿，爲地方除害。帝允部議，行川、貴撫按會勘具奏。居敬遽調土漢兵五萬餘進剿。雲南承平久，一旦兵動，費用不貲，賦斂百出，諸軍衞及有司土官舍等乘之爲姦利，遠近騷動。巡按王大任言：「逆堂奪印謀官，法所必誅。第彼猶借朝廷之印以約土蠻，冒祿氏之宗以圖世職，而四川之差稅辦納以時，雲、貴之鄰壤未見侵越，此其非叛明矣。其與九鼎治兵相攻，彼此俱屬有罪。居敬乃信一偏之詭辭，違會勘之明旨，輕動大衆，恐生意外患。且外議籍籍，謂居敬入九鼎重賄，欲爲雪怨，及受各土官賂，攘盜帑積，皆有實跡。請亟罷居敬，暫停征剿爲便。」乃命逮居敬。時堂聞大兵至東川，逃深箐，諸將分兵於新舊諸城，窮搜不獲，地方民夷大遭屠掠。

四十年，營長者阿易謀於堂之心腹母勒阿濟等，掩殺堂於戛來奂石之地，其子阿哲就擒，哲時年八歲。事雖定，而府印不知所在。於是安萬銓取東川府經歷印，畀祿位妻寧著署之，以照磨印畀羅雄土官者濬，而以寧著女妻者濬子。仍留水西兵三千於東川，爲寧著防衞。水西與東川鄰，萬銓本水西土官，故議者謂其有陰據東川之志。巡按王大任以誅阿堂聞，因言：「東川地方殘傷，該府三印悉爲土官部置，請通敕川、貴總督及鎭巡官，按究各土官私擅標署之罪。幷訪祿氏支派之宜立，與所以處阿哲者。」部覆報可。

四十一年鑄給四川東川府印。初，阿堂旣誅，索府印不獲，人疑爲安萬銓所匿，及是屢勘，印實亡失。而祿位近派悉絕，惟同六世祖有幼男阿采。撫按官雷賀、陳瓚請以采襲祿氏職，姑予同知銜，令寧著署掌，後果能撫輯其衆，仍進襲知府。其新印請更名，以防奸僞。有旨不必更，餘如議。先是，烏撒與永寧、烏蒙、霑益、水西諸土官，境土相連，世戚親厚，旣而以各私所親，彼此搆禍，奏訐紛紜，詳四川永寧土司傳中，當事者頗厭苦之。萬曆六年乃令照蠻俗罰牛例處分，務悔禍息爭，以保境安民，然終不能靖也。

三十八年詔東川土司並聽雲南節制。時巡按鄧渼疏稱：〔四〕「蜀之東川偪處武定、尋甸諸郡，只隔一嶺，出沒無時，朝發夕至。其酋長祿壽、祿哲兄弟，安忍無親，日尋干戈。其部落以劫殺爲生，不事耕作。蜀轄遼遠，法紀易疏。滇以非我屬內，號令不行。以是驕蹇成習，目無漢法。今惟改敕滇撫兼制東川。」因條三利以進，詔從之。

先是，四川烏撒軍民府，雲南霑益州，雖滇、蜀異轄，宗派一源。明初大軍南下，女土官實卜與夫弟阿哥二人，率衆歸順，授實卜以烏撒土知府，授阿哥以霑益土知州。其後，彼絕此繼，通爲一家。萬曆元年，霑益女土官安素儀無嗣，奏以土知府祿墨次子繼本州，卽安紹慶也。已，祿墨及長子安雲龍與兩孫俱歿，安紹慶奏以次子安効良歸宗，襲土知府。安雲龍之妻隴氏，卽鎭雄女土官者氏之女也，以雲龍雖故，尙有遺孤，且挾外家兵力，與紹慶爲敵。紹慶則以隴氏所出，明係假子，亦倚霑益兵力，與隴氏爲難。彼此仇殺，流毒一方。士民連名上奏，事行兩省會勘，歷十有四年不結。是年，安雲翔奏稱：「隴氏有子官保，今已長成。効良倚父兵，强圖竊據，殺戮無辜。」因極言効良不可立者數事。

三十九年，廷臣議行川、貴大吏勘報。貴州撫臣以土官爭職在雲南，而爲害在黔、蜀，必得三省會勘，始可定獄。帝命速勘，乃命隴鶴書承襲鎭雄土知府。鶴書，原名阿卜，自其始祖隴飛沙獻土歸順，授爲世職知府，五傳而爲庶魯卜，別居於果利地，又四傳而爲庶祿姑，別居夷良、七欠頭地，又五傳而隴氏之正支斬矣。水西安堯臣贅於祿，欲奄有之，衆論不平，始有驅安立隴之奏，奉旨察立隴後。女官者氏以阿固應。阿固者，魯卜之六世孫，而易名隴正名者也。於是主立阿固，而先立其父阿章。章尋病死，阿固不爲夷衆所服，往復察勘。者氏及四十八目、十五火頭等共推阿卜。阿卜者，祿姑之五世孫，咸以爲長且賢，而者氏且以印獻，遂定立阿卜，而以阿固充管事，從巡撫喬應星之議也。

四十一年，烏撒土舍安効良初與安雲翔爭立，朝廷以嫡派立効良。雲翔數爲亂，謀逐効良，焚劫烏撒。四川撫按上其事，以効良爲雲龍親姪，雲翔乃其堂弟，親疏判然，効良自當立。雲翔擾害地方，欺罔朝廷，罪原難赦，但爲奸人指使，情可原，姑准復冠帶。從之。

四十三年，雲南巡按吳應琦言：「東川土官祿壽、祿哲爭襲以來，各縱部衆，越境劫掠。擁衆千餘，剽掠兩府，浹旬之間，村屯並掃，荼毒未有如此之甚者。或撫或剿，毋令養禍日滋。」下所司勘奏。貴州巡按御史楊鶴言：「烏撒土官，自安雲龍物故，安咀與安効良爭官奪印，仇殺者二十年。夷民無統，盜寇蜂起，堡屯焚燬，行賈梗絕者亦二十年。是爭官奪印者蜀之土官，而蹂踐糜爛者黔之赤子。誠改隸於黔，則彈壓旣便，干戈可戢。」又言：「烏撒者，滇、蜀之咽喉要地。臣由普安入滇，七日始達烏撒。見効良之父安紹慶據霑益，當曲靖之門戶。効良據烏撒，又扼滇、蜀之咽喉。父子各據一方，且壤地相接，無他郡縣上司以隔絕鈐制之，將來尾大不掉，實可寒心。蓋黔有可制之勢，而無其權；蜀有遙制之名，而無其實。誠以爲隸黔中便。」帝命所司速議。

泰昌元年，雲南撫按沈儆炌等言：〔三〕「蜀之東川，業奉朝命兼制，然事權全不相關。祿千鍾、祿阿伽縱賊披猖，爲患不已。是東川雖隸蜀，而相去甚遠，雖不隸滇，而禍實震鄰。宜特敕蜀撫按，凡遇襲替，務合兩省會勘。蜀察其世次，滇亦按無侵犯，方許起送，亦覊縻綏靜之要術也。」詔下所司。

時諸土司皆桀驁難制，烏撒、東川、烏蒙、鎭雄諸府地界，復相錯於川、滇、黔、楚之間，統轄既分，事權不一，往往軼出爲諸邊害。故封疆大吏紛紛陳情，冀安邊隅，而中樞之臣動諉勘報，彌年經月，卒無成畫，以致疆事日壞。播州初平，永寧又叛，水西煽起，東川、烏蒙、鎭雄皆觀望騎牆，心懷疑二。於是安効良以烏撒首附逆於邦彥，幷力攻陸廣，復合霑益賊圍羅平，陷霑益，爲雲南巡撫閔洪學所敗。洪學以兵力不繼，好語招之，令擒賊自贖，効良亦佯爲恭順。又見黔師出陸廣，滇師出霑益，水、烏之勢已成騎虎，遂合永寧、水西諸部三十六營，直抵霑益，對壘城下五日。副總兵袁善、宣撫使沙源等督將士力戰，出奇兵破之，効良敗死。妻安氏無子，妾設白生其爵、其祿。二婦素不相能，安氏居鹽倉，設白母子居抱渡。安氏遂代効良爲土官，然亦未絕其爵，其爵亦以安氏爲安位姐，不敢抗。

崇禎元年，四川巡撫差官李友芝齎冠帶奬賞其爵母子，令管烏撒。安氏惡分，始絕其爵。其爵夜襲安氏鹽倉，不克，與設白、其祿逃東川界，爲東川所拒，而拖渡又失。李友芝爲請於制府，發滇兵三千援其爵，滇撫不應。安氏懼，謀迎霑益土官安邊爲婚，授之烏撒以拒其爵。安邊亦欲偶安氏以拒其祿，以催糧爲名至建昌。安氏遂迎邊至鹽倉成婚。一時皇皇謂水西必糾霑、烏入犯。雲南巡撫謝存仁以聞，存仁因移鎭曲靖以觀變。安邊、安氏請復烏撒衞以自贖。

二年，總督朱燮元調集漢土兵，列營霑益，趣滇撫會兵進烏撒境。安邊、安氏逃避偏橋。大兵入鹽倉，拔難民一千餘人。師還，安邊、安氏復還鹽倉，遣人至軍前，請俟烏城克復，束身歸命，意實緩師。乃復發兵逐安邊、安氏，以鹽倉授其爵。兵至望城坡，遇賊哨騎百餘，麾兵奮擊，賊盡奔箐中，遂復烏撒城。安邊駐三十里外，擁兵求見，諭令束身歸誠。邊夜遁，遂棄鹽倉，入九龍囤。烏撒陷賊八年，至是始復。乃召其爵來鹽倉，令約束九頭目以守，且令圖獻安邊、安氏。其爵以鹽倉殘燬，乞移烏撒城，從之。時其爵署烏撒知府，其祿署霑益知州，雖懦稚頗忠順，其母亦頗有主持，能得衆。

安邊屢乞降於總督朱燮元，且藉水西安位代申，以邊實紹慶嫡孫，宜襲知州，請罪其爵、其祿。燮元曲爲調護，欲予以職銜，分烏撒安置之。雲南撫按堅執不可，以安邊令其黨勒兵於野馬川，復以千金誘其爵頭目，日爲幷吞霑、烏計。萬一其爵被襲，則烏撒失，而前功盡棄。烏撒失，霑益危，而全滇動搖，非但震鄰，實乃切膚。竟不行。安邊乃乞師於安位，納之霑益，而逐其祿，時安氏在也。既而安氏死，安位與之貳，其祿乃假手羅彩令者布發難，邊溢死。不移日，其祿率兵至，詭言爲其叔報仇，士民歸者如流，於是其祿復有霑益。而廟堂之上方急流寇，不復能問云。

馬湖，漢牂牁郡內地也，有龍馬湖，因名焉。唐爲羈縻州四，總名馬湖部。洪武四年冬，馬湖路總管安濟，遣其子仁來歸附，詔改馬湖路爲馬湖府。領長官司四：曰泥溪，曰平夷，曰蠻夷，曰沐川。以安濟爲知府，世襲。六年，安濟以病告，乞以子安仁代職，詔從之。自是，三年一入貢。七年，馬湖知府珉德遣其弟阿穆上表貢馬，廷臣言：「洪武四年，大兵下蜀，珉德叔安濟遣子入朝，朝廷授以世襲知府，恩至渥矣。今珉德既襲其職，不自來朝而遣其弟，非奉上之道。」帝却其所貢馬。十二年，珉德貢香楠木，詔賜衣鈔。十六年，珉德來朝，獻馬十八匹，賜衣一襲、米二十石、鈔三十錠。

永樂十二年，泥溪、平夷、蠻夷、沐川四長官司遣人貢方物，賜鈔幣。宣德八年，平夷長官司奏，比者火延公廨，凡朝廷頒降榜文、倉庫稅糧錢帛及案牘皆救免，乞宥罪，幷獻馬二匹。帝曰：「遠蠻能恭謹畏法如此。」置不問。正統二年，泥溪土官醫學正科田璣盜官藏絲鈔，援永、宣時例，邊夷有犯，聽以馬贖，許之。三年，免馬湖府舉人王有學充吏。先是，有學會試，過期不至，例充吏。有學原籍長官司，因遣通事貢馬，乞宥罪，仍肄習太學，許之。

弘治八年，土知府安鰲有罪，伏誅。鰲性殘忍虐民，計口賦錢，歲入銀萬計。土民有婦女，多淫之。用妖僧百足魘魅殺人。又令人殺平夷長官王大慶，大慶聞而逃，乃殺其弟。爲橫二十年。巡按御史張鸞請治之，得實，伏誅，遂改馬湖府爲流官知府。

建昌衞，本邛都地。漢武帝置越巂郡。隋、唐皆爲巂州。至德初，沒於吐番。貞元中收復。懿宗時，爲蒙詔所據，改建昌府，以烏、白二蠻實之。元至元間，置建昌路，又立羅羅斯宣慰司以統之。

洪武五年，羅羅斯宣慰安定來朝，而建昌尙未歸附，十四年遣內臣齎敕諭之，乃降。十五年置建昌衞指揮使司。元平章月魯帖木兒等自雲南建昌來貢馬一百八十匹，幷上元所授符印。詔賜月魯帖木兒綺衣、金帶、韡襪，家人綿布一百六十疋、鈔二千四百四十錠。以月魯帖木兒爲建昌衞指揮使，月給三品俸贍其家。十六年，建昌土官安配及土酋阿派先後來朝，貢馬及方物，皆賜織金文綺、衣帽、韡韈。十八年，月魯帖木兒舉家來朝，請遣子入學，厚賜遣之。二十一年，建昌府故土官安思正妻師克等來朝，貢馬九十九匹。詔授師克知府，賜冠帶、襲衣、文綺、鈔錠，因命師克討東川、芒部及赤水河叛蠻。二十三年，安配遣子僧保等四十二人入監讀書。二十五年，致仕指揮安配貢馬，詔賜配及其把事五十三人幣鈔有差。

已而月魯帖木兒反，合德昌、會川、迷易、柏興、邛部幷西番土軍萬餘人，殺官軍男婦二百餘口，掠屯牛，燒營屋，劫軍糧，率衆攻城。指揮使安的以所部兵出戰，敗之，斬八十餘級，擒其黨十餘人。賊退屯阿宜河，轉攻蘇州。指揮僉事魯毅率精騎出西門擊之，賊衆大集，毅且戰且却，復入城拒守。賊圍城，毅乘間遣壯士王旱突入賊營，斫賊，賊驚遁。於是置建昌、蘇州二軍民指揮使司及會川軍民千戶所，〔六〕調京衞及陝西兵萬五千餘人往戍之。仍諭將士互相應援，設伏出奇，幷諭擒賊首獻者賞千金。復諭總兵官涼國公藍玉，以月魯帖木兒詭詐，不可信其降，致緩師養禍。

四川都指揮使瞿能率各衞兵至雙狼寨，擒僞千戶段太平等，賊衆大潰，月魯帖木兒敗遁。能督兵追捕，攻托落寨，拔之。轉戰而前，進至打沖河三里所，與月魯帖木兒遇，大戰，又敗之。俘其衆五百餘人，溺死者千餘，獲牛馬無算。官軍入德昌，能遂調指揮同知徐凱分兵入普濟州搜捕。復駕橋於打沖河，遣指揮李華引兵追托落寨餘孽，進至水西，斬月魯帖木兒把事七人，其截路寨土蠻長沙、納的皆中矢死。能還攻天星、卧漂諸寨，皆克之，先後俘殺千八百餘人。月魯帖木兒遁入柏興州。

帝遣諭藍玉曰：「月魯帖木兒信其逆黨達達、楊把事等，或遣之先降，或親來覘我，不可不密爲防。其柏興州賈哈喇境內麼些等部，更須留意。」賈哈喇者，麼些洞土酋也。初，王師克建昌，授以指揮之職，自是從月魯帖木兒叛。玉率兵至柏興州，遣百戶毛海以計誘致月魯帖木兒幷其子胖伯，遂降其衆，送月魯帖木兒京師，伏誅。玉因奏：「四川地曠山險，控扼西番。松、茂、碉、黎當吐番出入之地，馬湖、建昌、嘉定俱爲要道，皆宜增屯衞。」報可，命玉班師。

二十七年，麼些洞蠻寇打沖河西守堡，都督徐凱擊敗之。二十九年，威龍土知州普習叛。普習，月魯帖木兒妻兄也。官軍捕之，普習中流矢死。三十一年，徐凱等平卜木瓦寨，執賈哈喇，送京師，誅之。寨地峻險，三面陡絕，下臨大江，江流悍急，不可行舟，惟一道僅可通人行。官軍至，輒自上投石，不得進。凱乃斷其汲道困之，寇窮促，凱督將士抵其寨，力攻破之，遂就擒。因改建昌路爲建昌衞，置軍民指揮使司。〔七〕安氏世襲指揮使，不給印，置其居於城東郭外里許。所屬有四十八馬站，大頭土番、僰人子、白夷、麼些、俗鹿、倮羅、韃靼、回紇諸種散居山谷間。北至大渡，南及金沙江，東抵烏蒙，西訖鹽井，延袤千餘里。以昌州、普濟、威龍三州長官隸之，有把事四人，世轄其衆，皆節制於四川行都指揮使司。西南土官，安氏殆爲稱首。

配六世孫安忠無後，妻鳳氏管指揮使事。鳳氏死，族人安登繼襲，復無子，妻瞿氏管事，以族人世隆嗣。世隆復無子，繼妻祿氏管事。祿死，以族姪安崇業嗣。崇業與祿氏不相能，因養那固爲假子，其奴祿祈從臾搆難，歲仇殺。鎮巡官讞之，殺那固而戍祿祈，事遂平。

安氏所轄四驛，曰祿馬、阿用、白水、瀘沽，各百里有差。其涼山拖郎、桐槽、熱水諸番，則以强弱爲向背。所領昌州等三長官司，皆在衞東、西、南三百里內。洪武十八年，土官盧尼姑、吉撒加、白氏等歸附，皆令世襲爲知州。月魯帖木兒之亂，諸州皆廢革。永樂元年復置，〔八〕悉改爲長官司，仍隸建昌。其千戶所之隸於衞者有三：曰禮州，曰打沖河，曰德昌。禮州，漢蘇示縣；打沖河，唐沙野城；德昌，元定昌路也。

寧番衞，元時立於邛都之野，曰蘇州。洪武間，土官怕兀它從月魯帖木兒爲亂，廢州置

衞。環而居者，皆西番種，故曰寧番。有冕山、鎭西、禮州中三千戶所。〔九〕

越嶲衞，漢邛都及闌二縣地。〔一〇〕有奴諸城，卽蜀漢時諸葛亮征蠻所築以憩軍者也。元置邛部安撫招討司，已，改邛部州。

洪武中，嶺眞伯以招討使來歸，因改爲邛部軍民州。洪武二十五年置越嶲軍民指揮使司於邛部州，〔一一〕命指揮僉事李質領謫戍軍士守之。二十六年置越嶲衞。永樂元年改邛部爲長官司，隸越嶲衞。

萬曆中，土官嶺柏死，孽子應昇負印去，柏妾沙氏爭之不得。土目阿堆等擁沙氏，焚利濟站廬舍，擁兵臨城。總兵劉顯率兵往撫之，沙氏悔禍，殺阿堆等自贖，顯遂以印授之。後沙氏淫於族人阿祭，印復爲昇所奪。祭死，其子嶺鳳起嗾他番刺殺應昇。鎭守官因平蠻之師，誘鳳起縶之，收其印，而誅從鳳起爲亂者百餘人。印無所歸，緘於庫。部衆無統，肆行爲盜。普雄部衆姑咱等乘勢蜂起，郵傳不通，遠近震恐。十五年，鎭巡官會師討之，斬馘千數，鳳起病死，其衆爭歸附，因置平夷、歸化二堡以居之。有鎭西千戶所。

鹽井衞，古定筰縣也。元初爲落蘭部。至元中，於黑、白鹽井置閏鹽縣，於縣置柏興府。洪武中，改爲柏興千戶所，旋改鹽井衞，又於二井置鹽課司。永樂五年設馬刺長官司，其村落多白夷居之。長官世阿氏，洪武時歸附，授世職。地接雲南北勝州，稱庶富，人亦擾馴。

打沖河守禦中左千戶所，其土千戶刺兀，於洪武二十五年征賈哈喇效順來歸。其子馬刺非復貢馬赴京，〔一三〕授本所副千戶。永樂十一年陞正，以別於四所。地與麗江、永寧二府隣，麗江土官木氏侵削其地幾半。

會川衞，越巂之會無縣也。唐上元中，移邛都縣於會川鎭，以川原並會故名。宋屬大理，爲會川府。元置會川路，治武安州，隸羅羅斯宣慰司。洪武十七年，會川土同知馬誠來朝，復立會川府，領武安、永昌、麻龍等州。二十六年革會川府。初，月魯帖木兒反，土知府王春陷會川，燬民居府治，至是遂墮其城。尋改爲會川衞軍民指揮使司，領迷易千戶所。土官賢姓，其先雲南景東僰種也，徙其屬來田種。洪武十六年歸附，以隨征東川、芒部勞，授世襲副千戶。居所治城外，所轄僰蠻僅八百戶。

茂州，古冉駹國地。漢武帝置汶山郡，宣帝爲北部都尉。隋爲蜀州，尋改會州。唐貞觀改茂州。宋、元仍舊，治汶山縣。

洪武六年，茂州權知州楊者七及隴木頭、靜州、岳希蓬諸土官來朝貢。十一年置茂州衞指揮使司。時四川都司遣兵修灌縣橋梁至陶關，汶川土酋孟道貴疑之，集部落阻陶關道。都司遣指揮胡淵、童勝等統兵分二道擊之，一由石泉，一由灌口。由灌口者進次陶關，蠻衆伏兩山間，投石崖下，兵不能進。適汶川土官來降，得其間道。乃選勇士捲旗甲，乘夜潛出兩山後，遲明從山頂張旗幟，發火礮，蠻驚潰。師進雁門關，道險，蠻復據之。乃駐平野，得小舟渡，至龍止鐵冶寨，擊破之。其由石泉者次泥池，蠻悉衆拒。千戶薛文突陣射却之，士卒奮擊，大敗其衆。兩軍遂會於茂州，楊者七迎降，以者七仍領其州。乃詔立茂州衞，留指揮楚華將兵三千守之。十五年，者七陰結生番，約日伏兵陷城。有小校密告於官，遂發兵捕斬者七。生番不之覺，如期入寇，官軍掩擊敗之，於是盡徙羌民於城外。

正德二年，太監羅籥奏，茂州所轄卜南村、曲山等寨，乞爲白人，願納糧差。其俗以白爲善，以黑爲惡。禮部覆，番人向化，宜令入貢給賞。從之。十四年，巡撫馬昊調松潘兵，攻小東路番寨，而茂州核桃溝上、下關番蠻懼，遂糾白石、羅打鼓諸寨生番，攻圍城堡，游擊張傑敗績。十五年，巡撫盛應期奏，綽頭番犯松州，總兵張傑克之，復犯雄溪屯，指揮杜欽敗之，烟崇等寨皆降。萬曆十九年，威、茂諸番作亂，攻破新橋，乘勢圍普安等堡。四川巡撫李尚忠檄諸路兵追剿過河，普安諸堡得以保全。

茂州地方數千里，自唐武德改郡會州，〔一三〕領羈縻州九，前後皆蠻族，向無城郭。宋熙寧中，范百常知茂州，民請築城，而蠻人來爭。百常與之拒，且戰且築，城乃得立。自宋迄元，皆爲羌人所據，不置州縣者幾二百年。洪武十一年平蜀，置疊溪右千戶所，隸茂州衞。而置威茂道，開府茂州，分游擊以駐疊溪，規防始立。然東路生羌，白草最强，又與松潘黃毛韃相通，出沒爲寇，相沿不絕云。其通西域要路，爲桃坪，卽古桃關也，有繩橋渡江。守桃坪者，爲隴木司。

茂州長官司三：曰隴木，曰靜州，曰疊溪。隴木長官司，其長官卽隴木里人也。洪武時歸附，授承直郎，世襲長官，歲貢馬二匹。所屬玉亭、神溪十二寨，俱爲編氓，有保長統之。

靜州長官司，其地卽唐之悉唐縣，其長官亦靜州里人也。襲官貢馬，與隴木同。正德間，與岳希蓬、節孝爲亂，攻茂城，斷水道七日。節孝弟車勺潛引水以濟我軍。事平，使車勺襲職，轄法虎、核桃溝八寨，俱編戶爲氓，亦有保長統之。

疊溪千戶所，永樂四年置。領長官司二：曰疊溪，在治北一里；曰鬱卽，在治西十五里。

疊溪郁氏，洪武十五年歸附，給印世襲，凡三年貢馬四匹。長官所轄河東熟番八寨，皆大姓，及馬路、小關七族。其土舍轄河西小姓六寨。地土廣遠，饒畜產，椒麥路積。人皆梟黠，名雖熟番，與生番等。

鬱卽長官嗽保，萬曆十八年與黑水、松坪稱兵，攻新橋，明年伏誅。漢關墩附近諸小姓，舊屬鬱卽，至是改屬疊溪。初，都督方政平曆日諸寨，設長寧安撫司，隸松潘。至正統元年，總兵蔣貴言其遼闊，亦改隸於疊溪守禦千戶。

松潘，古氐羌地。西漢置護羌校尉於此。唐初置松州都督，廣德初，陷於吐蕃。宋時，吐蕃將潘羅支領之，名潘州。元置吐蕃宣慰司。

洪武十二年命平羌將軍御史大夫丁玉定其地，勅之曰：「松潘僻在萬山，接西戎之境，朕豈欲窮兵遠討，但羌戎屢寇邊，征之不獲已也。今捷至，知松州已克，徐將資糧於谷州，進取潘州。若盡三州之地，則疊州不須窮兵，自當來服。須擇士勇者守納都、疊溪路，其驛道無阻遏者，不可守也。來降諸戎長，必遣入朝，朕親撫諭之。」遂併潘州於松州，置松州衞指揮使司。丁玉遣寧州衞指揮高顯城其地。十三年，帝以松州衞遠在山谷，屯種不給，餽餉爲難，命罷之。未幾，指揮耿忠經略其地，奏言松州爲番蜀要害地，不可罷，命復置。

十四年，置松潘等處安撫司，以龍州知州薛文勝爲安撫使，秩從五品。又置十三族長官司，秩正七品：曰勒都，曰阿昔洞，曰北定，曰牟力結，曰蛒匝，〔一四〕曰祈命，曰山洞，曰麥匝，曰者多，曰占藏先結，曰包藏先結，曰班班，曰白馬路。其後復隸松潘者，長官司四，曰阿思，曰思囊兒，曰阿用，曰潘斡寨；安撫司四，曰八郎，曰阿角寨，曰麻兒匝，曰芒兒者。後又以思曩日安撫司附焉。諸長官司每三年入貢，賞賜如例。十五年，占藏先結等土酋來朝，貢馬一百三匹，詔賜綺鈔有差。十六年，耿忠言：「臣所轄松潘等處安撫司屬各長官司，宜以其戶口之數，量其民力，歲令納馬置驛，而籍其民充驛夫，供繇役。」從之。既而松潘羌民作亂，官兵討平之。甃松州及疊溪城。

十七年，松潘八積族老虎等寨蠻亂。官兵擊破之，獲馬一百二十，犏牛三百，氂牛五百九十。景川侯曹震請擇良馬貢京師，餘給軍，其犏牛、氂牛非中國所畜，令易糧餉犒軍，從之。十八年，松州羌反。成都衞指揮成信等率兵攻其牟力等寨，破之。兵還，又遇賊三千人於道，復擊敗之，追至乞剌河乃還。

二十年，改松州衞爲松潘等處軍民指揮使司，改松潘安撫司爲龍州。二十一年，朶貢生番則路、南向等引草地生番千餘人寇潘州阿昔洞長官司，殺傷人口。指揮周助率馬步軍同松潘衞軍討之，番寇率衆迎戰，千戶劉德破之，斬首三十四級，獲馬三十餘匹。賊潰，渡河四十餘里，復收敗卒屯聚。指揮周能追擊之，斬首一百三十餘級，獲馬六十餘匹，溺死甚衆，羣番遠遁。二十六年，西番思曩日等族來歸，進馬百三十匹，命給金銅信符幷賜文綺襲衣。

宣德二年，麻兒匝順化，喇嘛著八讓卜來歸。置麻兒匝安撫司，以喇嘛著八讓卜爲安撫。麻兒匝在阿樂地，去松潘七百餘里。初，著八讓卜時侵掠邊民及遮八郎安撫司朝貢路。松潘衞指揮吳瑋遣人招之，因遣其姪完卜來貢獻，言其地廣民衆，過於八郎，請置宣撫司以轄之。帝命置安撫，遣敕諭之。

四川巡按等奏松潘衞所轄阿用等寨蠻寇，擁衆萬餘，傷敗官軍，請討之。帝意邊將必有激之者。旣四川都司奏至，言並非番寇。實由千戶錢宏因調發松潘官軍往征交阯，衆憚行，宏詭言番寇至，當追捕，冀免調。又領軍突入麥匝諸族，逼取牛馬，致番人忿怨。復以大軍將致討懾之，番衆驚潰，約黑水生番爲亂。帝命逮宏等，而責諸司怠玩邊務，亟捕諸傷官軍者。遣都指揮僉事蔣貴往，同松潘衞指揮吳瑋招撫番寇，令調附近諸衞軍二萬人以行。時賊圍松潘、疊溪、茂州，斷索橋，官軍與戰皆敗，出掠縣竹諸縣，官署民居皆被焚燬，鎭撫侯璉死之。蜀王遣護衞官校七千人來援，命都督陳懷與指揮蔣貴等合師亟討之，而梟宏於松潘以徇，幷竄諸將之貪淫玩寇者。三年，陳懷等率諸軍屢敗賊於圪答壩、葉棠關，奪永鎮等橋，復疊溪，撫定祁命等十族，又招降渴卓等二十餘寨，松潘平。

八年，八部安撫司及思囊兒十四族朝貢之使陛辭，令賚敕還諭其土官，俾約束所轄蠻民，安分循理，毋作過以取罪戾。九年敕指揮僉事方政、蔣貴等撫剿松潘。政等至，榜諭禍福，威、茂諸衞俱聽命，惟松潘、疊溪所轄任昌、巴猪、黑虎等寨梗化。政令指揮趙得、宮聚等以次進兵，平龍溪等三十七寨，班師還。命蔣貴佩平蠻將軍印，[一五]鎮守松潘。十年，貴奏，比因番人不靖，松潘、疊溪諸處倉糧，支銷殆盡，別無儲積。帝命戶部於四川歲運之數，量益二分給之。

正統三年，巖州長官司讓達作亂，侵雜道諸邊，雜道長官安白訴於朝。帝命四川三司往諭之，皆歸服。四年，松潘指揮趙得奏：「祁命族番寇商巴作亂，官軍捕擒之。其弟小商巴復聚浦江、新塘等關，據險劫掠，乞發大軍剿除。」帝命李安充總兵官，王翺參贊軍務，調成都左衞官軍及松潘土兵，合二萬人征之。已，翺知商巴爲都指揮趙諒所陷，乃按誅諒而釋商巴等，事遂已。

九年，松潘指揮僉事王杲奏：「比者，黑虎等寨番蠻攻圍椒園、松溪等關堡，殺傷官民。欲行擒剿，恐各寨驚疑，應諭能擒賊者重賞之。」報可。十年，黑虎寨賊首多兒太伏誅。[一六]初，多兒太掠茂州境，爲官軍所獲，誡而釋之。未幾，復糾諸寨入掠。帝命序班祁全往諭諸寨，擒多兒太至京，梟其首。十一年以寇深爲僉都御史，提督松潘兵備。時松潘皆已向化，惟歪地骨鹿族二十寨不服，命督高廣、王杲等剿之。設思曩日安撫司，以阿思觀爲之使，隸松潘衞。先是，阿思觀父端葛，洪武中歸順，給金牌撫番，至阿思觀又能招撫，故有是命。

景泰三年，鎭守松潘刑部左侍郎羅綺等奏：「雪兒卜寨賊首卓時芳等，〔一七〕烟崇寨賊首阿兒結等，累年糾合於安化關劫掠。臣會師抵其巢穴，斬首不計其數，生擒卓時芳、阿兒結等，梟斬於市。」七年，提督松潘羅綺復奏：「松潘土番王永習性兇獷，嘗殺其土官高茂林男婦五百餘口，及故土官董敏子伯浩等二十餘人。今又糾合番蠻，攻劫地方。臣與指揮周貴等統領官軍，直抵桑坪，已將永等誅滅，邊境肅清。」降敕褒賞。天順五年，番衆入龍安、石泉等處，擾糧道。六年敕松潘總兵許貴曰：「敍州蠻賊出沒爲患，比松潘尤甚，其馳往會剿。」貴聞命，會兵敍州，追討昔乖仵、莫洞、都夜三寨，分兵兩哨，克硬寨四十餘，斬首一千一百餘級。

成化二年，鎭守太監閻禮奏：「松、茂、疊溪所轄白草壩等寨，番羌聚衆五百人，越龍州境剽掠。白草番者，唐吐蕃贊普遺種，上下凡十八寨。部曲素强，恃其險阻，往往剽奪爲患。」四年，禮復奏：「白草諸番擁衆寇安縣、石泉諸處，因各軍俱調征山都掌蠻，致指揮王璟備禦不謹。」命副總兵盧能剿之。能遣指揮閻斌巡邊至廟子溝，番賊三百突至，殺傷相當。斌以失機逮治。九年，巡撫夏塤奏：「黑虎寨賊首夜合等劫攻關堡，左參將宰用、兵備副使沈琮督兵馳詣松溪堡敗之，斬獲夜合等三十六級。」松潘指揮僉事堯彧奏：「臣與兵備沈琮分勦白馬路水土、茹兒等番寨，大克之。」

弘治二年，松潘番寇殺傷平夷堡官軍，命逮指揮以下各官治之。三年免思曩日安撫等十六族明年朝覲，以守臣言其地方災傷也。七年，松潘空心寨番賊犯邊，都指揮僉事李鎬敗之。十三年，番賊入犯松潘壩州坡抵關，勢益獗。命逮指揮湯綱等，〔一八〕而敕巡撫張瓚調漢、土官兵五萬，由東南二路分勦，〔一九〕破白羊嶺、鵓飲溪等三十一寨，斬四百餘級。商巴等二十六族皆納款。十四年復攻黃頭、青水諸寨，前後殺獲男婦七百餘人，赭其碉房九百，墜崖死者不可勝計，諸番稍靖。

正德元年，巡撫劉洪奏：「祈命族八長官司所攝番衆多至三十寨，少亦二十餘寨，環布松潘兩河。其土官已故子孫，自應承襲。今宜察勘，有原降印信者，方許襲。」報可。十六年，松潘衞熟番八大蘘等作亂，同知杜欽平之。

嘉靖五年命都督僉事何卿鎭守松潘。時黑虎五寨及烏都、鵓鴿諸番叛，卿次第平之，降者日至。卿有威望，在鎭十七年，松潘以寧。二十三年以北警召卿入衞，繼之者李爵、高岡鳳，未幾皆爲巡撫劾罷。二十六年復命卿往鎭。時白草番亂，卿會巡撫張時徹討擒渠惡數人，俘斬九百七十餘級，克營寨四十七，毀碉房四千八百，獲馬牛器械儲積無算。終嘉靖世，松潘鎭號得人，邊境安堵焉。

初，龍州薛文勝於洪武六年來降，命仍知龍州。既置松潘安撫司，命文勝爲安撫使。既罷松州衞，仍以松潘爲龍州。宣德七年陞龍州爲宣撫司，〔二〇〕以土知州薛忠義爲宣撫使。龍州者，漢陰平道也。宋景定間，臨邛進士薛嚴來守是州，捍衞有功，得世襲。自文勝歸附，其部長李仁廣、王祥皆輸糧餉有功，亦得世襲。及宣德中，以征松潘功，陞州爲宣撫使，仁廣爲副使，祥爲僉事，各統兵五百世守白馬、白草、木瓜番地。

至嘉靖四十四年，宣撫薛兆乾與副使李蕃相仇訐，兆乾率衆圍執蕃父子，毆殺之。撫按檄兵備僉事趙教勘其事。兆乾懼，與母陳氏及諸左右糾白草番衆數千人，分據各關隘拒命，絕松潘餉道。脅僉事王華，不從，屠其家。居民被焚掠者無算。是年春，與官軍戰，不利，求救於上下十八族番蠻，皆不應。兆乾率其家屬奔至石壩，官軍追及之，就擒。四十五年，兆乾伏誅，籍其家，母及其黨二十二人皆以同謀論斬，餘黨悉平。遂改龍州宣撫司爲龍安府，設立流官如馬湖，而割保寧之江油、成都之石泉二縣分隸之。

萬曆八年，雪山國師喇嘛等四十八寨，勾北邊部落爲寇，圍漳臘，守備張良賢破之。犯鎭虜，百戶杜世仁力戰，城得全，世仁死焉。又犯制臺，良賢復擊之，追至思答弄，連戰大破之，火落赤之姪小王子死焉。十九年，巡按李化龍言：「松潘爲四川屛蔽，疊、茂爲松潘咽喉。番戎作梗，松潘力不能支，宜移四川總兵於松潘以備防禦。」是時疊、茂諸番衆糾結爲亂，鎮巡官率兵剿之，俘馘八百餘級，番寇亦斬其部長黑卜、白什等，獻功贖罪。而松坪諸惡屯據大雪山頂，諸將卒搜討，亦有斬獲。以捷聞，遂設平武縣於龍安府。

松潘以孤城介絕域，寄一綫饋運路於龍州，制守爲難。洪武時欲棄者數，以形勝扼險，不可罷，乃內修屯務，外輯羌戎，因俗拊循，擇人爲理，番衆相安者垂四十餘年。及宣德初，調兵啓釁，致動干戈，自是置鎮建牙，宿重兵以資彈壓，亦時服時叛。自漳臘以北卽爲大荒，斯籌邊者之所亟圖也。

天全，古氐羌地。五代孟蜀時，置碉門、黎、雅、長河西、魚通、寧遠六軍安撫司。宋因之，隸雅州。元置六安撫司，屬土番等處宣慰司，後改六番招討，又分置天全招討司。明初并爲天全六番招討司，隸四川都司。

洪武六年，天全六番招討使高英遣子敬嚴等來朝，貢方物。帝賜以文綺龍衣。以英爲正招討，楊藏卜爲副招討，秩從五品，每三歲入貢，賜予甚厚。二十一年，楊藏卜來朝，言茶戶向與西番貿易，歲收其課。近在官收買，額遂虧，乞從民便，許之。先是，高敬嚴襲招討使，偕楊藏卜奏請簡土民爲兵，以守邊境，詔許之。敬嚴等遂招選土民，敎以戰陣，得馬步卒千餘人。至是藏卜來朝，奏其事，詔更天全六番招討司爲武職，令戍守邊界，控制西番。三十一年，帝諭左都督徐增壽曰：「曩因碉門拒長河西口，道路險隘，以致往來跋涉艱難，市馬數少。今聞有路自碉門出枯木任場徑抵長河西口，〔三〕通雜道長官司，道路平坦，往來徑直，可卽檄所司開拓，以便往來。」

永樂二年，高敬讓來朝，幷賀立皇太子，且遣其子虎入國子學，賜虎衣衾等物。十年，敬讓遣子虎貢馬。初，虎入國學讀書，以丁母憂去，至是服闋還監，皇太子命禮部賜予如例。

宣德五年，六番招討司奏：「舊額歲辦烏茶五萬斤，二年一次，運付碉門茶馬司易馬。今戶部令再辦芽茶二千二百斤，山深地瘠，艱於采辦，乞減其數。」帝令免烏茶只辦芽茶。十年命高鳳署天全六番招討司事。先是，敬讓以罪下獄死。至是，其子鳳乞襲父職。帝念其祖有撫綏功，命暫理招討事。正統四年命鳳襲。

正德十五年，招討高文林父子稱兵亂，副招討楊世仁亦助惡。命四川撫按官討之。初，文林等與蘆山縣民爭田搆釁，知縣處置失宜，致叛亂。踰年，討斬文林，擒其子繼恩，擇其宗人承襲。

初，天全招討司治碉門城，元之碉門安撫司也，在雅州境。明初，宣慰余思聰、王德貴歸附，始降司爲州，設雅州千戶所，而設碉門百戶，近天全六番之界。又置茶課司以平互市。蓋其地爲南詔咽喉，三十六番朝貢出入之路。

三十六番者，皆西南諸部落，洪武初，先後至京，授職賜印。立都指揮使二：曰烏斯藏，曰朶甘。爲宣慰司者三：曰朶甘，曰董卜韓胡，曰長河西魚通寧遠。爲招討司者六，爲萬戶府者四，爲千戶所者十七，是爲三十六種。或三年，或五年一朝貢，其道皆由雅州入，詳西番傳。

黎州，漢沈黎郡地。史記稱越巂以東北，君長以十數，筰都最大。自唐蒙通夜郎，邛、筰之君請爲內臣，因置筰都縣，復曰旄牛縣。元鼎中，以爲沈黎郡。唐割雅、巂二州置黎州。天寶初，改爲洪源郡，尋改漢源。宋屬成都路。元屬土番等處宣慰司。洪武八年省漢源縣，置黎州長官司，以芍德爲長官。德，雲南人，馬姓。祖仕元，世襲邛部州六番招討使。明氏據蜀，德兄安復爲黎州招討使。明氏亡，蠻民潰散，德奉母還居邛部。至是，四川布政司招之，德遂來朝貢馬，請置長官司。詔以德爲黎州長官，賜印及衣服綺帛。十一年，陞爲黎州安撫司，卽以德爲使。十四年，德遣使貢馬。詔賜德鈔五十四錠、文綺七疋。自是，三年一入貢。弘治十四年命黎州安撫隸四川都司。

萬曆十九年，安撫馬祥無後，妻瞿氏掌司事，取瞿姓子撫之，將有他志。祥姪士舍居松坪者，遂與兵攻城，奪印，番衆乘機剽掠。時參將吳文傑方有征東之役，移師剿平之。二十四年降黎州安撫司爲千戶所，立所治於司南三十里大田山壩。分上七枝編戶，屬大渡河千戶所，下七枝仍屬松坪馬氏約束。松坪在司之東南，自炒米城直接峨眉，高山峻坂三百餘里，皆安撫族人居之。

黎、雅諸蠻，宋時屢爲邊患。明興，以諸蠻皆天全六番諸部，散居於二州之境，遂於黎州設安撫，於天全六番設招討，以示羈縻。而雅州所屬，與招討所轄之蠻民，境土相連，時有爭訟。徼外大、小木瓜種分三枝，膩乃卜最强，世居西河。初屬馬湖土官安氏鈐轄，自馬湖改流，諸瓜叛入邛部，歸嶺氏。其地自西河至涼山、雪山諸處，周圍蟠據。嘉靖末，諸瓜畜牧蕃盛，時窺邊，邛部長官嶺柏不能制，嘉、峨、犍爲諸邊皆爲侵擾。鎭巡官督邛部兵捕之，瓜兵益熾，乃議大征，分建昌、越巂、馬湖三路兵進討。瓜部始惶駭請降，願歲貢馬方物，乃定。其地四千八百四十餘畝，徵糧四百四十餘石，輸峨眉縣。

明初與安撫司同置者，有大渡河守禦千戶所。唐時，河平廣可通漕，戍將一不守，則黎、雅、邛、嘉、成都皆動搖。宋建隆三年，王全斌平蜀，以圖來上。議者欲因兵威復越巂，藝祖以玉斧畫圖曰：「外此，吾不有也。」自是之後，河中流忽陷下五六十丈，水至此，洶湧如空中落，船筏不通，名爲噎口，殆天設險以限內外云。

校勘記

〔一〕的巴　明史稿傳一八五烏蒙烏撒東川鎮雄四軍民府傳、明一統志卷七二作「巴的」。

〔二〕烏撒女酋實卜　實卜，原作「卜實」，據本傳上下文及明史稿傳一八五烏蒙烏撒東川鎮雄四軍民府傳、太祖實錄卷一五六洪武十六年九月戊午條、卷一六九洪武十七年十二月丁酉條改。

〔三〕自閏七月二十七日　閏七月，原作「閏二月」，據本書卷三〇五行志、孝宗實錄卷一七八弘治十四年八月癸丑條改。按弘治十四年閏在七月，作「閏二月」誤。

〔四〕時巡按鄧渼疏稱　鄧渼，原作「鄧漾」，據明史稿傳一八五烏蒙烏撒東川鎮雄四軍民府傳及神宗實錄卷四六〇萬曆三十七年七月甲申條、卷四六八萬曆三十八年三月丁酉條改。

〔五〕雲南撫按沈儆炌等言　沈儆炌，原作「沈敬炌」，據本書卷二四九蔡復一傳附沈儆炌傳、明實錄泰昌元年十二月己巳條改。

〔六〕及會川軍民千户所　會川，原作「會州」，據本書卷四三地理志、明史稿傳一八五建昌衞傳、太祖實錄卷二一八洪武二十五年六月癸丑條改。

〔七〕因改建昌路爲建昌衞置軍民指揮使司　本傳繫於三十一年。按本書卷四三地理志、太祖實錄卷二一八洪武二十五年六月癸丑條及明一統志卷七三俱繫此於洪武二十五年六月。

〔八〕永樂元年復置　本書卷四三地理志及太宗實錄卷三〇永樂二年七月辛丑條均繫昌州等長官司之復置於永樂二年。

〔九〕有冕山鎭西禮州中三千戶所　按本書卷四三地理志稱寧番衞「領千戶所一」，卽冕山橋後千戶所。又禮州後千戶所及禮州中中千戶所屬建昌衞，鎭西後千戶所屬越巂衞，與本傳上文所記建昌衞及下文越巂衞所屬千戶所基本相符。此處疑衍「鎭西禮州中三」六字。

〔一〇〕漢邛都及闌二縣地　闌，原作「闡」，按漢書卷二八上地理志有「闌縣」，無「闡縣」，據改。

〔一一〕洪武二十五年置越巂軍民指揮使司於邛部州　原脫「二」字，作「洪武十五年」，據本書卷四三地理志及太祖實錄卷二一九洪武二十五年七月丙午條補。

〔一二〕其子馬剌非復貢馬赴京　馬剌非，原作「剌馬非」，據本書卷三一三永寧傳及宣宗實錄卷五九宣德四年十月丁亥條改。

〔一三〕自唐武德改郡會州　會州，原作「會川」，據本傳上文及舊唐書卷四一地理志、寰宇通志卷六一、讀史方輿紀要卷六七改。

〔一四〕曰蛒匝　蛒匝，太祖實錄卷一三五洪武十四年正月乙未條、明會典卷一〇八同，本書卷四三地理志作「蠟匝」。

〔一五〕命蔣貴佩平蠻將軍印　平蠻將軍，原作「征蠻將軍」，據本書卷一五五蔣貴傳及宣宗實錄卷一一三宣德九年十月乙丑條改。

〔一六〕十年黑虎寨賊首多兒太伏誅　十年，原作「十五年」，據英宗實錄卷一二七正統十年三月戊子條、國榷卷二六頁一六八二刪「五」字。按多兒太死於正統十年三月，且正統無十五年，「五」字衍。

〔一七〕雪兒卜寨賊首卓時芳等　卓時芳，本書卷一六〇羅綺傳、英宗實錄卷二一八景泰三年七月己酉條作「卓勞」。下同。

〔一八〕番賊入犯松潘壩州坡抵關勢益獗命逮指揮湯綱等　坡抵關、湯綱，孝宗實錄卷一六五弘治十三年八月甲申條作「坡底關」、「楊綱」。

〔一九〕而敕巡撫張瓚調漢土官兵五萬由東南二路分剿　此繫於弘治十三年，疑係誤入。按張瓚鎮壓松潘人民事，在成化十三年，見本書卷一四憲宗紀、國朝獻徵錄卷三〇張瓚傳，並參見本書卷一七二張瓚傳及憲宗實錄卷一七九成化十四年六月丙申條。且張瓚成化十八年已卒，不得預弘治間事。

〔三〇〕宣德七年陞龍州爲宣撫司　七年，原作「九年」，據本書卷四三地理志、寰宇通志卷七〇、明一統志卷七〇改。

〔三一〕今聞有路自碉門出枯木任場徑抵長河西口　場，原作「傷」，據太祖實錄卷二五六洪武三十一年正月丙午條改。

明史卷三百十二

列傳第二百

四川土司二

播州宣慰司　永寧宣撫司　酉陽宣撫司　石砫宣撫司

遵義府卽播州。秦爲夜郞且蘭地。漢屬牂牁。唐貞觀中，改播州。乾符初，南詔陷播，太原楊端應募復其城，爲播人所懷服，歷五代，子孫世有其地。宋大觀中，楊文貴納土，置遵義軍。元世祖授楊邦憲宣慰使，賜其子漢英名賽因不花，封播國公。

洪武四年平蜀，遣使諭之。五年，播州宣慰使楊鏗同知羅琛、總管何嬰、蠻夷總管鄭瑚等，相率來歸，貢方物，納元所授金牌、銀印、銅章。詔賜鏗衣幣，仍置播州宣慰使司，鏗、琛皆仍舊職。領安撫司二，曰草塘，曰黃平；長官司六，曰眞州，曰播州，曰餘慶，曰白泥，曰容山，曰重安。以嬰等爲長官。七年，中書省奏：「播州土地旣入版圖，當收其貢賦，歲納糧二千五百石爲軍儲。」帝以其率先來歸，田稅隨所入，不必以額。已，復置播州黃平宣撫司。播州江渡蠻黃安作亂，貴州衞指揮張岱討平之。八年，鏗遣其弟錡來貢，賜衣幣。自是，每三歲一入貢。十四年遣使齎敕諭鏗：「比聞爾聽浮言，生疑貳。今大軍南征，多用戰騎，宜率兵二萬、馬三千爲先鋒，庶表爾誠。」十五年城播州沙溪，以官兵一千人、土兵二千人戍之。改播州宣慰司隸貴州，改黃平衞爲千戶所。十七年，鏗子震卒於京，命有司歸其喪。二十年徵鏗入朝，貢馬十四。帝諭以守土保身之道，賜鈔五百錠。二十一年，播州宣慰使司并所屬宣撫司官，各遣其子來朝，請入太學，帝敕國子監官善訓導之。

永樂四年免播州荒田租，設重安長官司，隸播州宣慰司，以張佛保爲長官，以佛保嘗招輯重安蠻民嚮化故也。七年，宣慰使楊昇招諭草塘、黃平、重安所轄當科、葛雍等十二寨蠻人來歸。

宣德三年，昇賀萬壽節後期，禮部議予半賞。帝以道遠，勿奪其賜。七年，草塘所屬穀儆等四十一寨蠻作亂，〔二〕總兵陳懷勦撫之，旋定。

正統十四年，宣慰使楊綱老疾，以其子輝代。景泰三年，輝奏：「湖、貴所轄臻、剖、五坌等苗賊，糾合草塘、江渡諸苗黃龍、韋保等，殺掠人民，屢撫復叛，乞調兵征勦，以靖民患。」帝命總督王來、總兵梁珤等，會同四川巡撫勦之。七年，調輝兵征銅鼓、五開叛苗，賜敕頒賞。

成化十年以播州賊齎果等屢歲爲患，敕責川、貴鎭巡官。正統末，苗蠻聚衆寇邊，土官同知羅宏奏，輝有疾，乞以其子愛代。帝命愛襲職，仍敕愛卽率兵從總兵官剿賊。先是，輝奏所屬夭壩干地五十三寨及重安所轄灣溪等寨，屢被苗蠻占據，乞令湖、貴會兵征之。命如輝言。部議以愛年幼，請仍起輝暫理軍事。又以輝難獨任，宜敕都御史張瓚親至播州督理，勵輝等振揚威武，以備征調，其機宜悉聽瓚裁處。

十二年，瓚督諸軍及輝攻敗灣溪、夭壩干地諸苗，凡破山寨十六，斬首四百九十六級，撫男婦九千八百餘口。事下兵部，以苗就撫者多，宜量爲處分。瓚議設安寧宣撫司，幷懷遠、宣化二長官司，建靖南、龍場二堡，命輝董其役。輝調兵民五千餘，立治所，委所屬黃平諸長官，分甓城垣。將竣，輝因奏：「各寨苗蠻，近頗知懼，但大軍還後，難保無虞。播州向設操守土兵一千五百人，今撥守懷遠、靖南、夭漂、龍場各二百人，宣化百人，安寧六百人，其家屬宜徙之同居，爲固守計。其工之未畢者，宜命臣子愛董之，而聽臣致仕如故。」詔從之。時灣溪既立安寧宣撫，爛土諸蠻惡其逼，遂引齎果等攻陷夭漂、靖南城堡，圍安寧。愛新襲，力弗能支，求援於川、貴二鎭。兵部奏起輝再統兵剿之，又敕川、貴兵爲助。十五年，貴州巡撫陳儼奏：「苗賊齎果轉橫，乞調川、湖等官軍五萬五千，剋期會貴州，聽儼節制。」兵部言：「賊作於四川，而貴州守臣自欲節制諸軍，恐有邀功之人主之。且興師五萬，以半年計，須軍儲十三萬五千石，山路險峻，輸運之夫須二十七萬衆，況天將暑，瘴癘可虞。」帝然其奏。

二十二年，愛兄宣撫楊友訐奏愛，帝命刑部侍郎何喬新往勘。二十三年，喬新奏：「輝在日，溺其庶子友，欲令承襲，長官張淵阿順之。安撫宋韜謂楊氏家法，立嗣以嫡，愛宜立。輝不得已立愛，又欲割地以授友，謀於淵，因以夭壩干乃本州懷遠故地，爲生苗所據，請兵取之。容山長官韓瑄以土民安輯日久，不宜征。淵與輝計執瑄，杖殺之。前巡撫張瓚受輝賂，以其地設安寧宣撫司，冒以友任宣撫。輝立券，以所有金玉、服用、莊田召諸子均分之。輝沒，淵乃與友潛謀刺愛，淵弟深亦與謀，不果。友遂奏愛居處器用僭擬朝廷，又通唐府，密書往來，私習兵法、天文，謀不軌，事皆誣。」帝命斬淵、深。以愛信讒薄兄，友因公擅殺，且謀嫡，盜官錢，皆有罪。愛贖復任，友還保寧羈管，仍敕喬新從宜處治。

弘治元年增設重安守禦千戶所，命播州歲調土兵一千助戍守。七年，以平苗功，賜敕勞愛。十四年，調播州兵五千征貴州賊婦米魯等。

正德二年陞播州宣慰使楊斌爲四川按察使，仍理宣慰事。舊制，土官有功，賜衣帶，或旌賞部衆，無列銜方面者。斌狡橫，不受兩司節制，諷安撫羅忠等上其平普安等戰功，重賂劉瑾，得之。踰年，巡按御史俞緇言不宜授，乃裁之，仍原職。

初，友既編置保寧，愛益恣，厚斂以賄中貴，征取友向所居凱里地者獨苛。同知楊才居安寧，乘之，朘剝尤甚，諸苗憤怨。凱里民爲友奏復官，弗得，乃潛入保寧，以友還，糾衆作亂，攻播州，焚愛居第及公私廨宇略盡，遂殺才，多所殘戮。愛屢奏於朝，帝命鎮巡官調兵征之。會友死，遂緩師。已而鎮巡官言：「友子弘能悔過自新，且善撫馭，蠻衆願聽其約束。其前爲友所焚殺者，俱已隨土俗折償，且還所侵奪於官。乞授弘冠帶爲土舍，協同播州經歷司撫輯諸蠻。其家衆置保寧者仍歸之，隸播州管轄。幷諭斌與弘協和，不得再造釁端。」報可。未幾，播州安撫宋淮奏：「貴州凱口爛土苗婚於凱里草塘諸寨，〔二〕陰相搆結，誘山苗爲亂。乞賜斌敕，令每年巡視邊境，會湖廣鎮巡官撫處。」部議，土官向無領敕出巡者。諭斌宜撫綏土衆，輯睦親族，以副朝廷優待之意。因授致仕宣慰愛爲昭毅將軍，給誥命，賜麒麟服。時斌又爲其父請進階及服色，禮科駁之，以服色等威所繫，不可假。兵部以愛舊有剿賊功，皆許之。斌復爲其子相請入學，幷得賜冠帶。

十二年，播州安撫羅忠、宋淮等奏：「斌有父喪，欲援文臣例守制，但邊防爲重，乞仍令掌印理事。」初，楊弘既歸凱里，〔三〕與重安土舍馮綸等有怨。弘卒，綸等誘苗蠻攻之，更相仇殺，侵軼貴州境。巡撫鄒文盛言狀，且請移文四川，會官撫處，踰歲不報。文盛乃遣參議蔡潮入播州，督致仕楊斌撫平之。因言：「宜復安寧宣撫，俾弘子弟襲之。斌未衰，宜仍起任事，以制諸蠻寨。潮有撫蠻勞，宜量擢。」兵部議：「安寧已革不可復，斌子既代，亦不可起。土官應襲與否，屬四川，非黔所得專。盛所請難行，而功不可誣。」十六年賜斌蟒衣玉帶。

嘉靖元年賜播州儒學四書集註，從宣慰楊相奏也。弘既死，其弟張求襲職不得，時盜邊，劫白泥司印信，復與相搆兵。守臣乞改凱里屬貴州，以張爲土知州解釋之。兵部議：「張習父兄之惡，幸免於辜；敢肆然執印信以要挾，當命川、貴守臣按其前後爭產殺人諸罪，置於理。若張悔過輸情，還所獲印，尚可量授一官，聽調殺賊以自効。倘或怙終，必誅以爲玩法戒。」既，遂許張襲宣撫，而改安寧爲凱里，隸貴州。

初，楊相之祖父皆以嫡庶相爭，梯禍數世。至是，相復寵庶子煦。嫡子烈母張，悍甚，與烈盜兵逐相。相走，客死水西。烈求父屍，宣慰安萬銓因要挾水烟、天旺故地，而後予屍，烈陽許之。及相喪還，烈靳地不予，遂與水西搆難，又殺其長官王黻。時嘉靖二十三年也。

烈既代襲，遂與黻黨李保治兵相攻，垂十年，總督馮岳調總兵石邦憲討平之。眞州苗盧阿項者亦久稱亂，邦憲以兵七千擊敗之。有言賊求援於播者，邦憲曰：「吾方調水西兵，聲揚烈助逆罪，烈暇救人乎。」已，擒阿項父子，斬獲四百餘人。初，嘉靖初，議分凱里屬貴州，既，又以播地多在貴州境，并改屬思石兵備。及眞州盜平，地方安靖，播人以爲非便。川、貴守臣異議不決，命總督會勘。總督奏，仍以播歸四川，而貴州思石兵備仍兼制播、酉、平、邑諸土司事，報可。

隆慶五年，烈死，子應龍請襲，命予職。萬曆元年給應龍宣慰使敕書。八年賜故宣慰楊烈祭葬，從應龍請也。十四年，應龍獻大木七十，材美，賜飛魚服，又復引其祖斌賜蟒例。部議，以斌有軍功，且出特恩，未可爲比。帝命以都指揮使銜授應龍。

十八年，貴州巡撫葉夢熊疏論應龍兇惡諸事，巡按陳效歷數應龍二十四大罪。時方防禦松潘，調播州土兵協守，四川巡按李化龍疏請暫免勘問，俾應龍戴罪圖功。由是，川、貴撫按疏辨，在蜀者謂應龍無可勘之罪，在黔者謂蜀有私暱應龍之心。於是給事中張希皐等，以事屬重大，兩省利害，豈漫不相關者，乞從公會勘，無執成心。十九年，夢熊主議，播州所轄五司改土爲流，悉屬重慶，與化龍意復相左。化龍遂引嫌求斥。蓋應龍本雄猜，阻兵嗜殺，所轄五司七姓悉叛離。嬖妾田雌妻張氏，并及其母。妻叔張時照與所部何恩、宋世臣等上變，告應龍反。夢熊請發兵剿之，蜀中士大夫悉謂蜀三面鄰播，屬裔以什伯數，皆其彈壓，且兵驍勇，數征調有功，剪除未爲長策。以故，蜀撫按並主撫。朝議命勘，應龍願赴蜀，不赴黔。

二十年，應龍詣重慶對簿，坐法當斬，請以二萬金贖。御史張鶴鳴方駁問，會倭大入朝鮮，徵天下兵，應龍因奏辨，且願將五千兵征倭自贖，詔釋之。兵已啓行，尋報罷。巡撫王繼光至，嚴提勘結，應龍抗不出。張時照等復詣奏闕下，繼光用兵之議遂決。二十一年，繼光至重慶，與總兵劉承嗣等分兵三道進婁山關，屯白石口。應龍佯約降，而統苗兵據關衝擊。承嗣兵敗，殺傷大半。會繼光論罷，即撤兵，委棄輜重略盡。黔師協剿，亦無功。時四川新撫譚希忠與貴州鎮、撫再議剿，御史薛繼茂主撫。應龍上書自白，遣其黨攜金入京行間，執原奏何恩詣綦江縣。

二十二年，以兵部侍郎邢玠總督貴州。二十三年，玠至蜀，察永寧、酉陽皆應龍姻媾，而黃平、白泥久爲仇讐，宜剪其枝黨。乃檄應龍，謂當待以不死。會水西宣慰安疆臣請父國亨卹典，兵部尚書石星手札示疆臣，趣應龍就吏得貰，疆臣奉札至播招應龍。時七姓恐應龍出得除罪，而四方亡命竄匿其間，又幸龍反，因以爲利，驛傳文移，輒從中阻。玠檄重慶知府王士琦詣綦江，趣應龍安穩聽勘。應龍使弟兆龍至安穩，治郵舍，儲糒，叩頭郊迎，致餼牽如禮，言：「應龍縛渠魁，待罪松坎。所不敢至安穩者，恐墮安穩仇民不測禍也，幸請至松坎受事。」士琦曰，「松坎亦曩奏勘地」，即單騎往。應龍果面縛道旁，泣請死罪，願執罪人，獻罰金，得自比安國亨。國亨者，曩亦被訐懼罪不出界，故應龍引之。士琦爲請于玠，許之，應龍乃縛獻黄元等十二人。案驗，抵應龍斬，論贖，輸四萬金助採木，仍革職，以子朝棟代，次子可棟羈府追贓，黄元等斬重慶市，總督以聞。時倭氛未靖，兵部欲緩應龍，事東方，朝廷亦以應龍向有積勞，可其奏，於松坎設同知治焉，以士琦爲川東兵備副使彈治之。

應龍獲寬，益恬終不悛。尋可棟死於重慶，益痛恨。促喪歸不得，復檄完贓，大言曰：「吾子活，銀卽至矣。」擁兵驅千餘僧招魂去。分遣土目，置關據險。厚撫諸苗，名其健者爲硬手，州人稍殷厚者，沒入其貲以養苗。苗人咸願爲出死力。

二十四年，應龍殘餘慶，掠大阡、都壩，焚劫草塘、餘慶二司及興隆、都勻各衞。又遣其黨圍黄平，戮重安長官家，勢復大熾。二十五年流劫江津及南川，臨合江，索其仇袁子升，縋城下，磔之。時兵備王士琦調征倭，應龍益統苗兵，大掠貴州洪頭、高坪、新村諸屯。已，又侵湖廣四十八屯，阻塞驛站。詷原奏仇民宋世臣、羅承恩等挈家匿偏橋衞，襲破之。大索城中，戮其父母，淫其妻女，備極慘酷。

二十七年，貴州巡撫江東之令都司楊國柱部卒三千剿應龍，奪三百落。賊佯北，誘師殲焉，國柱等盡死。東之罷，以郭子章代，而起李化龍節制川、湖、貴州諸軍事，調東征諸將劉綎、麻貴、陳璘、董一元南征。時應龍乘大兵未集，勒兵犯綦江。城中新募兵不滿三千，賊兵八萬奄至，游擊張良賢巷戰死，綦江陷。應龍盡殺城中人，投屍蔽江，水爲赤。益結九股生苗及黑脚苗等爲助，屯官壩，聲窺蜀。已，遂焚東坡、爛橋，楚、黔路梗。

二十八年，應龍五道並出，破龍泉司。時總督李化龍已移駐重慶，徵兵大集，遂以二月十二日誓師，分八路進。每路約三萬人，官兵三之，土司七之，旗鼓甲仗森列，苗大驚。總兵劉綎破其前鋒，楊朝棟僅以身免，賊膽落。遂連克桑木、烏江、河渡三關，〔四〕奪天都、三百落諸囤。賊連敗，乃乘隙突犯烏江，詐稱水西隴澄會哨，誘永順兵，斷橋，淹死將卒無算。尋綎破九盤，入婁山關。關爲賊前門，萬峰插天，中通一線。綎從間道攀藤毀柵入，陷焉。四月朔，師屯白石，應龍率諸苗決死戰。綎親勒騎衝中堅，分兩翼夾擊，敗之。追奔至養馬城，連破龍爪、海雲險囤，壓海龍囤。賊所倚天險，謂飛鳥騰猿不能逾者。時偏沅師已破青蛇囤，安疆臣亦奪落濛關，至大水田，焚桃溪莊。賊見勢急，父子相抱哭，上囤死守，每路投降文緩師。總兵吳廣入崖門關，營水牛塘，與賊力戰三日，却之。賊詭令婦人於囤上拜表痛哭云：「田氏且降。」復詐爲應龍仰藥死報廣，廣輕信按兵。已，覘賊詐，益厲兵攻，燒二關，奪賊樵汲路。八路師大集海龍囤，遂築長圍，更番迭攻。賊知必死。會化龍聞父喪，詔以縗墨視師。化龍念賊前囤險不能越，令馬孔英率勍兵併力攻其後。天苦雨，將士馳泥淖中苦戰。六月四日，天忽霽，綎先士卒，克土城。應龍益迫，散金募死士拒戰，無應者。起，提刀巡壘，見四面火光燭天，大兵已登囤，破土城入。應龍倉皇同愛妾二閽室縊，且自焚。吳廣獲其子朝棟，急覔應龍屍，出焰中。賊平。

計出師至滅賊，百十有四日，八路共斬級二萬餘，生獲朝棟等百餘人。化龍露布以聞，獻俘闕下，剉應龍屍，磔朝棟、兆龍等於市。播州自唐入楊氏，傳二十九世，八百餘年，至應龍而亡。

三十一年，播州餘逆吳洪、盧文秀等叛，總兵李應祥等討平之。分播地爲二，屬蜀者曰遵義府，屬黔者爲平越府。

永寧，唐藺州地。宋爲瀘州江安、合江二縣境。元置永寧路，領筠連州及騰川縣，後改爲永寧宣撫司。

洪武四年平蜀，永寧內附，置永寧衞。六年，筠連州滕大寨蠻編張等叛，詐稱雲南兵，據湖南長寧諸州縣，命成都衞指揮袁洪討之。洪引兵至敍州慶符縣，攻破清平關，擒僞千戶李文質等。編張遁走，復以兵犯江安諸縣。洪追及之，又敗其衆，焚其九寨，獲編張子僞鎭撫張壽。編張遁匿溪洞，餘黨散入雲南。帝聞之，勅諭洪曰：「南蠻叛服不常，不足罪。

既獲其俘，宜編爲軍。且駐境上，必以兵震之，使讋天威，無遺後患。」未幾，張復聚衆據滕大寨，洪移兵討敗之。追至小芒部，張遁去，遂取得花寨，擒阿普等。自是，張不敢復出，其寨悉平。遂降筠連州爲縣，屬敍州，〔五〕以九姓長官司隸永寧安撫司。

七年陞永寧等處軍民安撫司爲宣撫使司，秩正三品。八年以祿照爲宣撫使。十七年，永寧宣撫使祿照貢馬，詔賜鈔幣冠服，定三年一貢如例。十八年，祿照遣弟阿居來朝，言比年賦馬皆已輸，惟糧不能如數。緣大軍南征，蠻民驚竄，耕種失時，加以兵後疾疫死亡者多，故輸納不及。命蠲之。二十三年，永寧宣撫言，所轄地水道有一百九十灘，其江門大灘有八十二處，〔六〕皆石塞其流。詔景川侯曹震往疏鑿之。二十四年，震至瀘州按視，有枝河通永寧，乃鑿石削崖，以通漕運。

二十六年，以祿照子阿聶襲職。先是，祿照坐事逮至京，得直，還卒於途。其子阿聶與弟智皆在太學，遂以庶母奢尾署司事。至是，奢尾入朝，請以阿聶襲，從之。永樂四年，免永寧荒田租。

宣德八年，故宣撫阿聶妻奢蘇朝貢。九年，宣撫奢蘇奏：「生儒皆土僚，朝廷所授官言語不通，難以訓誨。永寧監生李源資厚學通，乞如雲南鶴慶府例，授爲儒學訓導。」詔從之。景泰二年，減永寧宣撫司稅課局鈔，以苗賊竊發，客商路阻，從布政司請也。

成化元年，山都掌大壩等寨蠻賊分劫江安等縣，兵部以聞。二年，國子學錄黃明善奏：「四川山都掌蠻屢歲出沒，殺掠良民。景泰元年招之復叛，天順六年撫之又反。近總兵李安令永寧宣撫奢貴赴大壩招撫，亦未效。恐開釁無已，宜及大兵之集，早爲定計，毋釀邊患。」三年，明善復言：「宋時多剛縣蠻爲寇，用白艻子兵破之。白艻子者，卽今之民壯；多剛縣者，卽今之都掌多剛寨也。前代用鄉兵有明效，宜急募民壯，以助官軍。都掌水稻十月熟，宜督兵先時取其田禾，則三月之內蠻必餒矣。軍宜分三路：南從金鵝池攻大壩，中從戎縣攻箐前，北從高縣攻都掌。小寨破，大寨自拔。又大壩南百餘里爲芒部，西南二百里爲烏蒙，令二府土官截其險要。更用火器自下而上，順風延爇，寨必可攻。且徵調土兵，須處置得宜，招募民壯，須賞罰必信。」詔總兵官參用之。時總督尙書程信亦奏：「都掌地勢險要，必得土兵嚮道。請敕東川、芒部、烏蒙、烏撒諸府兵，並速調湖廣永順、保靖兵，以備征遣。」又請南京戰馬一千應用。皆報可。四年，信奏：「永寧宣撫奢貴開通運道，擒獲賊首，宜降璽書奬賚。」從之。

十六年，白羅羅羿子與都掌大壩蠻相攻，禮部侍郎周洪謨言：「臣敍人也，知敍蠻情。戎、珙、筠、高諸縣，在前代皆土官，國朝始代以流，言語性情不相習，用激變。洪、永、宣、正四朝，四命將徂征，隨服隨叛。景泰初，益滋蔓，至今爲梗。臣向嘗言仍立土官治之，爲久遠計。而都御史汪浩儌幸邊功，誣殺所保土官及寨主二百餘人，諸蠻怨入骨髓，轉肆劫掠。及尚書程信統大兵，僅能克之。臣以謂及今順蠻人之情，擇其衆所推服者，許爲大寨主，俾世襲，庶可相安。」又言：「白羅羅者，相傳爲廣西流蠻，有衆數千，無統屬。景泰中，糾戎、珙苗，攻破長寧九縣，今又侵擾都掌。其所居，崖險箐深，旣難剪滅，亦宜立長官司治之。地近芒部，宜卽隸之。羿子者，永寧宣撫所轄。而永寧乃雲、貴要衝，南跨赤水、畢節六七百里，以一柔婦人制數萬强梁之衆，故每肆劫掠。臣以爲宣撫土僚，仍令宣撫奢貴治之。其南境寨蠻近赤水、畢節要路者，宜立二長官司，仍隸永寧宣撫。夫土官有職無俸，無損國儲，有益邊備。」從之。二十五年，永寧宣撫司女土官奢祿獻大木，給誥如例。

萬曆元年，四川巡撫曾省吾奏：「都蠻叛逆，發兵征討，土官奢効忠首在調，但與貴州土官安國亨有讐。請並令總兵官劉顯節制，使不得藉口復讐，妄有騷動。」從之。初，烏撒與永寧、烏蒙、水西、霑益諸土官境相連，復以世戚親厚。旣而安國亨殺安信，信兄智結永寧宣撫奢効忠報讐，彼此相攻。而安國亨部下吏目與智有親，恐爲國亨所殺，因投安路墨。墨詐稱爲土知府安承祖，赴京代奏。已而國亨亦令其子安民陳訴，與奢効忠俱奉命聽勘於川貴巡撫。議照蠻俗罰牛贖罪，報可。効忠死，妻世統無子，妾世續有幼子崇周。世統以嫡欲奪印，相讐殺。方奏報間，總兵郭成、參將馬呈文利其所有，遽發兵千餘，深入落紅。奢氏九世所積，搜掠一空。世續亦發兵尾其後。效忠弟沙卜出拒戰，且邀水西兵報讐。成兵敗績，乃檄取沙卜於世統，統不應，復殺把總三人，聚苗兵萬餘，欲攻永寧洩怨。巡按劾成等邀利起釁，宜逮；而議予二土婦冠帶，仍分地各管所屬，其宣撫司印俟奢崇周成立，赴襲理事。報可。十四年，奢崇周代職，未幾死。

奢崇明者，効忠親弟盡忠子也。幼孤，依世統撫養一十三年。至是，送之永寧，世續遺之鞍馬，許出印給之。事已定，而諸奸閻宗傳等自以昔從世續逐世統，殺沙卜，懼崇明立，必復前恨，遂附水西，立阿利以自固。安疆臣陰陽其間，蠻兵四出，焚劫屯堡，官兵不能禁。總督以聞，朝議命奢崇明暫管宣撫事，冀崇明蠲夙恨，以收人心。而閻宗傳等攻掠永寧、普市、〔七〕摩尼如故。崇明承襲幾一載，世續印竟不與，且以印私安疆臣妻弟阿利。巡撫遣都司張神武執世續索印，世續言印在鎭雄隴澄處。

隴澄者，水西安堯臣也。隴氏垂絕，堯臣入贅，遂冒隴姓，稱隴澄。敍平播州、敍州功，澄與焉，中朝不知其爲堯臣也。堯臣外怙播功，內仗水西，有據鎭雄制永寧心。蜀撫按以堯臣非隴氏種，無授鎭雄意。堯臣以是懷兩端，陰助世續。意世續得授阿利，則己據鎭雄益堅。又朝廷厭兵，宗傳、阿利等方驛騷，己可臥取隴氏也。而閻宗傳等每焚掠，必稱鎭雄兵，以怖諸部。川南道梅國樓所俘蠻丑者言，鎭雄遣將魯大功督兵五營屯大壩，水西兵已渡馬鈴堡，約攻永寧，普市遂潰，宗傳等以空城棄去。奢崇明又言，堯臣所遣目把彭月政、魯仲賢六大營助逆不退，聲言將抵敘南，攻永寧、瀘州。於是總兵侯國弼等，皆歸惡於堯臣。都司張神武等所俘喚者、朗者，皆鎭雄土目，堯臣亦不能解。

黔中撫按以西南多事，兵食俱詘，無意取鎭雄。堯臣因以普市、摩尼諸焚掠，皆歸之蜀將。議者遂以貪功起釁，爲蜀將罪。四川巡撫喬璧星言：「堯臣狡謀，欲篡鎭雄，垂涎藺地有年矣。宗傳之背逆恃鎭雄，猶鎭雄之恃水西也。水西疆臣不助兵，臣已得其狀，宜乘逆孽未成，令貴州撫按調兵與臣會剿。倘堯臣稔惡如故，臣卽移師擊之，毋使弗摧之虺復爲蛇，弗窒之罅復爲河也。」疏上，廷議無敢決用師者。久之，阿利死，印亦出，蜀中欲逐堯臣之論，卒不可解。時播州淸疆之議方沸騰，黔、蜀各紛紛。至是，永寧議兵又如聚訟矣。時朝廷已一意休兵。三十五年，命釋奢世續，赦閻宗傳等罪，訪求隴氏子孫爲鎭雄後。並令安疆臣約束堯臣歸本土司，聽遙授職銜，不許冒襲隴職。於是宗傳降，堯臣請避去，黔督遂請撤師。

舊制，永寧衞隸黔，土司隸蜀。自水、藺交攻，軍民激變，奢崇明雖立，而行勘未報。摩尼、普市千戶張大策等復請將永寧宣撫改土爲流。兵部言，無故改流，置崇明何地，命速完前勘諸案。於是蜀撫擬張大策以失守城池罪，應斬，黔撫擬張神武以擅兵劫掠，〔八〕罪亦應

斬。策，黔人，武，蜀人也。由是兩情皆不平，諸臣自相搆訟，復紛結不解。會奢崇明子寅
與水西已故土官妻奢社輝爭地，安兵馬十倍奢，而奢之兵精，兩相持。蜀、黔撫按不能制，
以狀聞。四十八年，黔撫張鶴鳴以赤水衞白撒所屯地爲永寧占據，宜清還，皆待勘未決。
天啓元年，崇明請調馬步兵二萬援遼，從之。崇明與子寅久蓄異志，借調兵援遼，遣
其壻樊龍、部黨張彤等，領兵至重慶，久駐不發。巡撫徐可求移鎭重慶，趣永寧兵。樊龍
等以增行糧爲名乘機反，殺巡撫、道、府、總兵等官二十餘員，遂據重慶。分兵攻合江、納
溪，〔九〕破瀘州，陷遵義，興文知縣張振德死之。興文，故九絲蠻地也。進圍成都，僞號大
梁，布政使朱燮元、周著，按察使林宰分門固守。石砫土司女官秦良玉遣弟民屏、〔一〇〕姪翼
明等，發兵四千，倍道兼行，潛渡重慶，營南坪關。良玉自統精兵六千，沿江上趨成都。諸
援兵亦漸集。時寅攻城急，陰納劉勳等爲內應，事覺伏誅。復造雲梯及旱船，晝夜薄城，城
中亦以礮石擊毀之。相持百日，會賊將羅乾象遣人輸款，願殺賊自効。是夜，乾象縱火焚
營，賊兵亂，崇明父子倉皇奔，錢帛穀米委棄山積，窮民賴以得活。乾象因率其黨胡汝高
等來降。時燮元已授巡撫，率川卒追崇明，江安、新都、遵義諸郡邑皆復。時二年三月也。
樊龍收餘衆數萬，據重慶險塞。燮元督良玉等奪二郎關，總兵杜文煥破佛圖關，諸將迫重
慶而軍。奢寅遣賊黨周鼎等分道來救，鼎敗走，爲合江民所縛。官軍與平茶、酉陽、石砫三

土司合圍重慶，城中乏食。燮元遂以計擒樊龍，殺之，張彤亦爲亂兵所殺，生擒龍子友邦及其黨張國用、石永高等三十餘人，遂復重慶。

時安邦彥反於貴州，崇明遙倚爲聲援。三年，川師復遵義，進攻永寧，遇奢寅於土地坎，率兵搏戰。大兵奮擊，敗之。寅被創遁，樊虎亦戰死。進克其城，降賊二萬。復進拔紅崖、天台諸囤寨，降者日至。崇明勢益蹙，求救於水西，邦彥遣十六營過河援之。羅乾象急破藺州，焚九鳳樓，覆其巢。崇明踉蹌走，投水西。邦彥與合兵，分犯遵義、永寧。川師敗之於芝蔴塘，賊遁入青山。諸將逼渭河，鏖入龍場陣，獲崇明妻安氏及奢崇輝等，斬獲萬計。藺州平。總督朱燮元請以赤水河爲界，河東龍場屬黔，河西赤水、永寧屬蜀。永寧設道、府，與遵義、建武聲勢聯絡。

未幾，貴州巡撫王三善爲邦彥所襲死，崇明勢復張，將以踰春大舉寇永寧。會奢寅爲其下所殺，而燮元亦以父喪去，崇明、邦彥得稽誅。崇明稱大梁王，邦彥號四裔大長老，諸稱元帥者不可勝計，合兵十餘萬，規先犯赤水。崇禎初，起燮元總督貴、湖、雲、川、廣諸軍務，大會師。燮元定計誘賊深入向永寧，邀之於五峰山桃紅壩，令總兵侯良柱大敗之，崇明、邦彥皆授首。是役也，掃蕩蜀、黔數十年巨憝，前後皆燮元功云。

酉陽，漢武陵郡酉陽縣地。宋爲酉陽州。元屬懷德府。〔一〕洪武五年，酉陽軍民宣慰司冉如彪遣弟如喜來朝貢。置酉陽州，以如彪爲知州。八年改爲宣撫司，仍以冉如彪爲使。置平茶、邑梅、麻兔、石耶四洞長官司，以楊底綱、楊金奉、冉德原、楊隆爲之，每三年一入貢。石耶不能親至京，命附於酉陽。二十七年，平茶洞署長官楊再勝，謀殺兄子正賢及洞長楊通保等。正賢等覺之，逃至京師，訴其事，且言再勝與景川侯謀反。帝命逮再勝鞫之，再勝辭服，當族誅，正賢亦應緣坐。帝誅再勝，釋正賢，使襲長官。西陽宣撫冉興邦以襲職來朝，命改隸渝州。

永樂三年，指揮丁能、杜福撫諭亞堅等十一寨生苗一百三十六戶，各遣子入朝，命隸酉陽宣撫司。四年免酉陽荒田租。五年，興邦遣部長龔俊等貢方物，並謝立儒學恩。

景泰七年調宣撫僉事冉廷璋兵，征五開、銅鼓叛苗，賜敕諭賞賚。天順十三年命進宣撫冉雲散官一階，以助討叛苗及擒石全州之功也。

弘治七年，宣撫冉舜臣以征貴州叛苗功，乞陞職。兵部以非例，請進舜臣階明威將軍，賜敕褒之。十二年，舜臣奏宋農寨蠻賊糾脅諸寨洞蠻，殺掠焚劫，乞剿捕。保靖、永順二宣慰亦奏，邑梅副長官楊勝剛父子謀據酉陽，結俊倍洞長楊廣震等，號召宋農、後溪諸蠻，聚兵殺掠，請並討。兵部議，酉陽溪洞連絡，易煽動，宜卽撲滅，請行鎭巡官酌機宜。十四年調酉陽兵五千協剿貴州賊婦米魯。

正德三年，酉陽宣撫司護印舍人冉廷璽及邑梅長官司奏，湖廣鎭溪所洞苗聚衆攻劫，請兵勦捕。八年，宣撫冉元獻大木二十，乞免男維翰襲職赴京，從之。二十年，元再獻大木二十，詔量加服色酬賞。

萬曆十七年，宣撫冉維屏獻大木二十，價逾三千。工部議，應加從三品服，以爲土官輸誠之勸，從之。四十六年調酉陽兵四千，命宣撫冉躍龍將之援遼。四十七年，躍龍遣子天胤及文光等領兵赴遼陽，駐虎皮、黃山等處三載，解奉集之圍。再援瀋陽，以渾河失利，冉見龍戰沒，死者千餘人。撤守遼陽，又以降敵縱火，冉文煥等戰沒，死者七百餘人。兵部尙書張鶴鳴言：「躍龍遣子弟萬里勤王，見龍旣殺身殉國，躍龍又自捐金二千兩，運軍器至山海關，振困招魂，忠義可嘉。臣在貴州時，躍龍亦自捐餉征紅苗，屢建奇功。今又著節於邊，宜加優恤，以風諸邊。」

天啓元年授躍龍宣慰使，並妻舒氏，皆給誥命，仍恤陣亡千七百餘家。二年，奢崇明叛，躍龍率援師合圍重慶。及崇明誅，其土舍冉紹文與有功。四年，躍龍以東西赴調效命，爲弟見龍及諸陣亡者請賚卹。命下所司。

崇禎九年，宣慰使冉天麟疏言：「庶孽天胤假旨謀奪臣爵土，不遂，擅兵戕殺。」下撫按察勘。時蜀方憂盜，大吏自顧不暇，土官事多寢閣云。

石砫，以石潼關、砫蒲關而名。後周置施州。唐改青江郡。宋末，置石砫安撫司。元改石砫軍民府，尋仍爲安撫司。

洪武七年，石砫安撫使馬克用遣其子付德與同知陳世顯入朝，貢方物。八年，改石砫安撫司爲宣撫司，隸重慶府。十六年，石砫溪蠻寇施州，黔江守禦官軍擊破之。十八年，石砫宣撫同知陳世顯遣子興潮等奉表貢方物，賀明年正旦。二十四年賜石砫宣撫同知陳興潮及其子文義白金百兩，以從征散毛洞有功故也。

宣德五年命宣撫馬應仁子鎭爲宣撫。初，應仁有罪應死，貸謫戍。至是，帝念其祖克用嘗效力先朝，命求其子孫之良者用之，故有是命。

成化十八年，四川巡撫孫仁奏：「三月內盜三百人入石砫，殺宣撫馬澄及隸卒二十餘人，焚掠而去。以石砫地鄰酆都，互爭銀場相訐，有司不爲區治，致相讐殺。」命責有司捕賊。仁奏：「石砫歲辦鉛課五千一百三十斤，正統後停之。鄰境軍民假以徵課，乘機竊取，釀成禍階。請除其課，閉其洞，仍移忠州臨江巡檢於酆都南賓里之姜池，以便防守。」從之。是年，命馬徽爲宣撫。

萬曆二十二年，石硅女土官覃氏行宣撫事。土吏馬邦聘謀奪其印，與其黨馬斗斛、斗霖等，集衆數千，圍覃氏，縱火焚公私廬舍八十餘所，殺掠一空。覃氏上書言：「臣自從征疊、茂，擊賊大雪山，斬首捕寇，皆著有成勞，屢膺上官奬賞。今邦聘無故虔劉孤寡，臣豈不能出一旅與之角勝負，誠以非朝命，不敢也。今叛人斯在，請比先年楚金洞舍覃碧謀簒事，願與邦聘同就吏。」二十三年命四川撫按讞其獄，事未決。會楊應龍反播州，覃與應龍爲姻，而斗斛亦結應龍，兩家覬望，獄遂解。覃氏有智計，性淫，故與應龍通。長子千乘失愛，暱次子千駟，謂應龍可恃，因聘其女爲千駟妻。千駟入播，同應龍反。千乘襲馬氏爵，應調，與酉陽冉御龍同征應龍。應龍敗，千駟伏誅，而千乘爲宣撫如故。千乘卒，妻秦良玉以功封夫人，自有傳。

校勘記

〔一〕草塘所屬穀僘等四十一寨蠻作亂　穀僘，明史稿傳一八六播州宣慰司傳作「穀撒」。

〔二〕貴州凱口爛土苗婚於凱里草塘諸寨　凱里，原作「凱離」，據本卷上下文、本書卷四六地理志改從一致。

〔三〕楊弘既歸凱里　楊弘，原避清諱作「楊宏」，據本傳上文、本書卷一九四鄒文盛傳、明史稿傳一八六播州宣慰司傳改。下同。

〔四〕遂連克桑木烏江河渡三關　河渡，原脫「河」字。按明史稿傳一八六播州宣慰司傳作「連克桑木烏江河渡三關」，國榷卷七八頁四八五〇稱萬曆二十八年三月「壬子，貴陽兵克烏江關；甲寅，克河渡關。」萬曆三大征考稱三月初八日克桑木關，十一日克烏江關，十二日克河渡關。據補。

〔五〕遂降筠連州爲縣屬敍州　此繫於洪武六年，本書卷四三地理志繫於洪武四年。

〔六〕其江門大灘有八十二處　八十二處，原作「十二處」，脫「八」字。按本書卷一三二曹震傳作「八十餘灘」，太祖實錄卷二〇四洪武二十三年九月「是月」條作「八十二處」，據補。

〔七〕而閻宗傳等攻掠永寧普市　普市，原作「普寧」，據本書卷二七一童仲揆傳、明史稿傳一二九張神武傳、神宗實錄卷四三二萬曆三十五年四月丁未條改。

〔八〕黔撫擬張神武以擅兵劫掠　張神武，原作「張仲武」。按上下文都稱「張神武」，「張仲武」只此處一見。本書卷二七一童仲揆傳附有張神武傳，事跡與此合，據改。神武，江西新建人，時爲四川都指揮使故稱「蜀人」，非指籍貫。

〔九〕分兵攻合江納溪　納溪，原作「汭溪」，據本書卷四三地理志改。

〔一〇〕石砫土司女官秦良玉遣弟民屏　民屏，原作「明屏」，據本書卷二七〇秦良玉傳、又卷二四九王三善傳改。

〔一一〕元屬懷德府　懷德府，原作「紹慶府」，據本書卷四三地理志、元史卷六〇地理志改。